Das Buch

Adeline Yen Mah, die 1937 als fünftes Kind einer wohlhabenden chinesischen Familie im japanisch besetzten Tientsin geboren wurde, erzählt in einer Retrospektive ihre mitreißende Lebensgeschichte. Nachdem ihre Mutter nach Adelines Geburt gestorben ist, heiratet der willensschwache Vater Joseph die schöne, aber herzlose Eurasierin Jeanne. Die Stiefmutter – von den Kindern ›Niang‹, Mutter, genannt – bringt noch zwei weitere Kinder zur Welt und führt von Anfang an ein eisernes Regiment über die Familie. Adeline, die es als einzige wagt, der herrschsüchtigen Stiefmutter zu trotzen, erlebt eine freudlose Jugend. Unter dem Einfluss Niangs kommt es auch unter den Geschwistern zu Machtkämpfen und Intrigen.

Vor dem Hintergrund der turbulenten politischen Ereignisse des Zweiten Weltkriegs, der anschließenden Kämpfe des Kuomintang und der Kulturrevolution entfaltet sich Adelines persönliches Drama: ihr Kampf in der eigenen Familie und ihr Ringen um die Identität als Frau zwischen den chinesischen Traditionen und den Werten des Westens. Schließlich flieht Adeline nach London und siedelt dann in die USA über, wo sie Ärztin wird. Nach einer gescheiterten Ehe findet sie ihr Glück bei dem chinesischstämmigen Bob. Doch erst nach dem Tod ihrer Stiefmutter, die bis zum Schluss unversöhnlich geblieben ist, gelingt es Adeline, Frieden mit ihrer Familie und ihrer eigenen Vergangenheit zu schließen.

Die Autorin

Adeline Yen Mah wurde 1937 im von den Japanern besetzten Tientsin geboren. Nach ihrem Schulabschluss studierte sie Medizin in London und in den USA, wo sie mit großem Erfolg eine Praxis leitete und in verschiedenen Krankenhäusern als Anästhesistin arbeitete. Heute lebt sie glücklich verheiratet abwechselnd in Los Angeles, London und Hongkong.

Adeline Yen Mah

Fallende Blätter

Die ergreifende
Lebensgeschichte einer jungen
Chinesin

Aus dem Amerikanischen
von Karin Balzer

WILHELM HEYNE VERLAG
MÜNCHEN

HEYNE ALLGEMEINE REIHE
Nr. 01/13490

Die Originalausgabe
FALLING LEAVES. The True Story of an Unwanted
Chinese Daugther
erschien bei John Wiley & Sons, Inc., New York

Umwelthinweis:

Das Buch wurde auf chlor- und säurefreiem
Papier gedruckt.

3. Auflage

Taschenbucherstausgabe 04/2002

Wilhelm Heyne Verlag GmbH & Co. KG, München
Printed in Germany 2003
Umschlagillustration: Kim McGillivray
Umschlaggestaltung: Nele Schütz Design, München
Satz: Filmsatz Schröter GmbH, München
Druck und Bindung: Elsnerdruck, Berlin

ISBN 3-453-19579-5

http://www.heyne.de

Gewidmet meiner Tante Baba, deren unerschütterlicher Glaube an mich mir durch alle Qualen meiner Kindheit hindurch Halt gab.
Und meinem Ehemann Bob, ohne dessen Liebe dieses Buch nicht zustande gekommen wäre.

Inhalt

Anmerkung der Autorin

Ich fühlte mich verpflichtet, diese wahre Geschichte aufzuschreiben, obwohl es mir nicht immer leichtfiel. Für viele meiner Angehörigen empfinde ich auch heute noch tiefe Zuneigung und hege nicht den Wunsch, Mitglieder meiner Familie ohne Grund zu verletzen. Ich habe mich deshalb entschlossen, die Vornamen meiner noch lebenden Verwandten und ihrer Familien zu ändern. Nur die Namen meiner Eltern blieben unverändert und sind ebenso wahr wie die hier geschilderten Ereignisse.

Prolog

Hongkong, 19. Mai 1988

Seit fast vierzig Jahren waren wir zum ersten Mal wieder fast vollständig versammelt. Zwar hatte jeder von uns die anderen einzeln oder zu mehreren und manchmal auch heimlich besucht, doch bei jedem Familientreffen fehlte immer einer. Heute war es Vater.

Susan, unsere jüngste Schwester, die durch die Heirat mit dem millionenschweren Banker Tony Liang zu den oberen Zehntausend zählte, war auch diesmal nicht dabei. Sie war weder zu Vaters Beerdigung noch zur Verlesung seines Letzten Willens eingeladen worden. In der Todesanzeige, die in der *South China Morning Post* erschien, fehlte ihr Name ebenfalls. »Joseph Zirong Yen, der geliebte Ehemann von Jeanne Prosperi Yen und Vater von Lydia, Gregory, Edgar, James und Adeline, verstarb am 13. Mai 1988 friedlich im Sanatorium von Hongkong.«

Am Vormittag war Vater auf dem katholischen Friedhof in North Point an der Ostseite von Hongkong beigesetzt worden. Jetzt, um sechzehn Uhr dreißig, kamen wir alle zur Testamentseröffnung in der eindrucksvollen Kanzlei Johnson, Stokes & Masters im siebten Stock des Prince's Building zusammen.

Leicht nervös saßen wir im Konferenzraum wartend an einem großen, ovalen Tisch mit polierter Granitplatte. Sie glänzte wie der gleichfarbene Granitfußboden in der Nachmittagssonne, die durch die großen Fenster hoch über dem Hafen hereinfiel. Lydia, meine älteste Schwester, rückte zu mir herüber und legte mir den rechten Arm schützend um die Schulter. Meine drei älteren Brüder, Gregory, Edgar und James, saßen düster dreinblickend nebeneinander. Louise, James' hübsche Gattin, schaute fürsorglich auf unsere französisch-chinesische Stiefmutter, die wir *niang* 娘 nannten, eine chinesische Bezeichnung für Mutter. Sie saß am Kopfende des Tisches neben ihrem Rechtsanwalt. Aus ihrer goldenen Zigarettenspitze, die sie zwischen den sorgfältig manikürten Fingern hielt, stieg eine kleine Rauchwolke auf. Der Raum erschien mir sehr groß. Meine Trauer verursachte mir Übelkeit.

Mein Vater war sehr wohlhabend und zählte trotz seiner Risikobereitschaft zu den erfolgreichsten Geschäftsmännern Hongkongs. 1949 flüchtete er aus Schanghai, gründete zunächst eine Import-Export-Firma und expandierte bald in Industrie, Hochbau, Handel und Immobilien. Er besaß sogar ein Unternehmen, das an der äußerst umkämpften Börse von Hongkong notiert wurde. James und Niang verwalteten seine Finanzen, als er zu krank wurde, um sich selbst darum zu kümmern.

Niang trug einen teuren, schwarzen Pariser Seidenanzug und am Revers, passend zu den funkelnden Diamantringen an ihrer Hand, eine große Diamantbrosche. Ihr pechschwarz gefärbtes Haar war sorgfältig über die hohe Stirn drapiert. Sie nahm eine Designerbrille aus einer schwarzen Krokodillederhandtasche und setzte sie auf. Dann nickte sie ihrem Anwalt zu, der daraufhin jedem von uns eine Abschrift von Vaters Testament aushändigte.

Er räusperte sich und sagte: »Ihre Mutter, meine Mandantin, Frau Jeanne Yen, hat darum gebeten, daß Sie vorerst noch nicht umblättern. Ich erkläre Ihnen die Gründe hierfür später.« Er begann die erste Seite vorzulesen. Wir hingen an seinen Lippen. Ich fühlte mich zurückversetzt in meine Kindheit in Schanghai.

»Mein Letzter Wille und Testament, Joseph Yen, wohnhaft in der Magazine Gap Road 18, Magnolia Mansions 10a, Victoria, Kronkolonie Hongkong«, las er. Dann folgten die üblichen Ausführungen über den Widerruf aller früheren Testamente und Zusatzverfügungen. Vater bestellte seine Frau Jeanne Yen zur alleinigen Testamentsvollstreckerin. »Ich vermache ihr mein gesamtes Vermögen, in jeglicher Form und an jedem Ort. Sollte Niang vor mir sterben«, fuhr der Anwalt fort, »setze ich James zu meinem alleinigen Testamentsvollstrecker und Vermögensverwalter ein.«

Nun hatte der Anwalt das Ende der ersten Seite erreicht. Er hustete nervös und sagte: »Es ist meine Pflicht, den Anweisungen Ihrer Mutter, Frau Jeanne Yen, zu folgen und Ihnen mitzuteilen, daß zum Vermögen Ihres Vaters kein Geld gehört.«

Wir starrten ihn verblüfft an. Kein Geld? Alle Blicke richteten sich auf unsere Stiefmutter. Sie sah uns nacheinander an. »Da das Vermögen kein Geld umfaßt«, meinte sie, »gibt es eigentlich keinen Grund für euch, das Testament weiterzulesen. Es ist für keinen von euch etwas da. Euer Vater starb, ohne einen Pfennig Geld zu hinterlassen.« Sie streckte die Hand aus, und langsam, zögernd, aber gehorsam überreichten wir ihr unsere Abschriften des Testaments, ohne die nächste Seite gelesen zu haben.

Niemand sagte ein Wort. Drückendes Schweigen. Alle blickten unbehaglich auf Niang und warteten auf eine Erklärung.

»Ihr versteht offenbar nicht. Das Testament eures Vaters ist völlig bedeutungslos, denn er besaß kein Geld.«

Sie stand auf und gab dem Anwalt sämtliche Kopien des ungelesenen Testaments zurück. Damit war die Testamentseröffnung beendet.

Niemand zweifelte an der Rechtmäßigkeit ihres Handelns oder hätte es gewagt, sich die nächste Seite genauer anzusehen. Verdutzt und befremdet gehorchten wir alle Niangs Befehl. Wir hatten keine Ahnung, wie Vater über sein Vermögen verfügt oder wie er sich die Zukunft unserer Familie vorgestellt hatte.

Vater war ein sehr vermögender Mann. Warum gaben wir sein Testament wie willenlose Marionetten ungelesen zurück?

Die Erklärung für diesen kollektiven Gehorsam an jenem Nachmittag liegt weit zurück in der Vergangenheit. Ein chinesisches Sprichwort lautet: »Fallende Blätter kehren zu ihren Wurzeln zurück, *luo ye gui gen* 落葉歸根.« Meine Wurzeln liegen in einer Schanghaier Familie, deren Geschicke von meinem vermögenden Vater und seiner schönen eurasischen Ehefrau gelenkt wurden. Sie reichen weit zurück in die Zeit der historischen Vertragshäfen, der ausländischen Gesandtschaften und des Aufeinanderprallens von Ost und West innerhalb und außerhalb meiner weitläufigen Familie.

1. KAPITEL

Für jedes Haus findet sich die richtige Tür

Men Dang Hu Dui

門當户對

Bereits als Dreijährige verkündete meine Großtante ihre Unabhängigkeit, indem sie sich kategorisch weigerte, sich die Füße wickeln zu lassen. Entschlossen riß sie sich die Bandagen ebenso rasch wieder von den Füßen, wie sie gewickelt wurden. Sie kam 1886 in Schanghai 上海, der Stadt am Meer, zur Welt. Zu dieser Zeit herrschte die Qing-Dynastie, und China wurde von dem Kindkaiser Guangxu regiert, der weit weg in der Verbotenen Stadt lebte. Meine Großtante, das verwöhnte Nesthäkchen der Familie, war acht Jahre jünger als mein Großvater Ye Ye 爺爺. Sie gewann schließlich den ungleichen Kampf, als sie Essen und Trinken verweigerte, bis ihre Füße, wie sie es nannte, »gerettet und befreit« wurden.

Im späten neunzehnten Jahrhundert war Schanghai mit keiner anderen Stadt in China zu vergleichen und einer der fünf Vertragshäfen, die nach dem Ersten Opiumkrieg 1842 für den ausländischen Handel geöffnet wurden. Allmählich erblühte die Stadt zu einem gigantischen Bindeglied zwischen China und dem Rest der Welt. Strategisch günstig am Huangpu gelegen, einem Nebenfluß des mächtigen Jangtsekiang, war die Stadt per Schiff und Fähre mit den westlichen Provinzen verbunden. Auf der östlichen Seite betrug die Entfernung zum Pazifischen Ozean kaum fünfzig Meilen.

Großbritannien, Frankreich und die Vereinigten Staaten von Amerika errichteten eigene Gesandtschaften in der Stadt. Noch heute, mitten unter den vielen Wolkenkratzern, ist der Einfluß der fremden Handelsmächte an Schanghais Architektur abzulesen. Einige der großen Herrenhäuser, in denen früher Diplomaten und Handelsmagnaten lebten, besitzen immer noch die vornehme Grandeur des Tudorstils der großen Häuser am Ufer der Themse im englischen Henley oder den gallischen Glanz einer Villa im Loiretal.

Exterritorialität bedeutete, daß innerhalb der ausländischen Gesandtschaften jeder, ob Ausländer oder Chinese, dem jeweiligen ausländischen Recht unterstand und nicht den Gesetzen Chinas. Die Ausländer hatten einen eigenen Gemeinderat, eigene Polizeikräfte und bewaffnete Truppen. Jedes an eine fremde Macht abgetretene Gebiet wurde praktisch eine eigene Stadt innerhalb der Stadt, eine kleine Enklave in den Vertragshäfen entlang der chinesischen Küste. In China herrschte damals nicht geschriebenes Recht; die wahren Herrscher waren vom Kaiser ernannte Beamte. Diese Mandarine wurden von der Bevölkerung wie Halbgötter verehrt. Fast einhundert Jahre lang, von 1842 bis 1941, wurden dann die »Weststaatler« in ganz China als höhere Wesen betrachtet, deren Wünsche mehr galten als die der eigenen Mandarine. Die weißen Eroberer wurden von den Chinesen mit Ehrfurcht, Angst und Respekt behandelt.

Streitfälle wurden zwar vor einem chinesischen Gericht verhandelt, doch den Vorsitz führte immer ein ausländischer Konsularvertreter mit absoluter Machtbefugnis, dem bei der Urteilsfindung das letzte Wort zustand. Die örtliche Bevölkerung fühlte sich auch dadurch erniedrigt, daß ihr die besten Viertel der eigenen Stadt verschlossen blieben: Einheimische durften dort keine Gebäude oder Grund und Boden besitzen oder erwerben, zum Teil wurde ihnen sogar der Zugang zu diesen Vierteln verwehrt. Diskriminierung, Rassentrennung und Machtmißbrauch waren im Geschäftsleben zwischen Chinesen und Ausländern gang und gäbe. Die westlichen »Eroberer« betrachteten Chinesen als niedere Besiegte, die darüber natürlich äußerst erbost waren.

In der von Mauern umgebenen Altstadt Nandao, die im Süden an die französische Gesandtschaft grenzte, besaß mein Großvater ein Teehaus. In diesen alten chinesischen Vierteln standen dicht an dicht gedrängt niedrige Häuser an kleinen, geschäftigen Marktplätzen, die man durch schmale Gassen mit farbenfrohen Ladenschildern erreichte. Die Geschäfte gingen gut, trotz der harten Konkurrenz durch mobile Garküchen auf Bambuskarren, Imbißbuden am Straßenrand und bescheidene, winzige Kaffeehäuser. Als meine Großtante sieben Jahre alt war, verlegte ihr Vater sein Teehaus in ein eleganteres Viertel innerhalb der Internationalen Gesandtschaft, die aus dem Zusammenschluß der früheren britischen und amerikanischen Gesandtschaften entstanden war. Er zog damals mit der ganzen Familie in ein Haus, das nur wenige Straßen weiter in einem ruhigen Wohnviertel innerhalb der französischen Gesandtschaft lag.

Die Franzosen bauten Wohnblocks und Bürogebäude und legten Gärten und herrliche Alleen an, die die Namen französischer Würdenträger erhielten. Auf diesen Boulevards drängten sich bald Kaffeehausbummler, importierte Limousinen, Schubkarren und unzählige Rikschas. Allmählich wurde Schanghai als das Paris des Orients bekannt. Großtante hingegen erklärte stets, eigentlich müsse Paris das Schanghai Europas genannt werden.

Die älteren Geschwister meiner Großtante erhielten nur eine dürftige Schulbildung, lernten jedoch wenigstens Schreiben und Lesen bei einem Hauslehrer. Meine Großtante war das Nesthäkchen der fünf Kinder. Als sie ins lernfähige Alter kam, war mein Urgroßvater schon zu Wohlstand gekommen, und sie wurde daher auf die teure christliche McTyeire-Mädchenschule geschickt. Damit war sie das erste Kind der Yen-Familie, dem eine Erziehung nach westlichem Stil zuteil wurde.

Inzwischen hatte sich Schanghai zum größten Handels- und Industriezentrum Chinas entwickelt. Der älteste Bruder meiner Großtante kam durch eine Ersatzteilfabrik für Rikschas, Fahrräder und einige der moderneren Haushaltsgeräte zu Vermögen. Er starb früh, wahrscheinlich an Syphilis, denn wie alle chinesischen Männer damals gab auch er sich den drei Lastern Opium, Glücksspiel und Bordellbesuche hin. Begüterte Frauen spielten zwar auch und nahmen Opium, taten es aber heimlich und diskret zu Hause. Großtantes zweiter Bruder baute einen blühenden Import-Export-Teehandel auf. Da er sich jedoch auch mit jener Geschlechtskrankheit infizierte, konnte er keine Kinder zeugen. Ihre Schwester war zwar rechtzeitig verheiratet worden, starb jedoch an Tuberkulose. Ihr dritter Bruder, mein Großvater Ye Ye, war ein sanftmütiger und freundlicher Mensch, ein gläubiger Buddhist, groß, schlank, mit einer poetisch-romantischen Ader und angenehmen Umgangsformen. Die damalige Männermode – rasierte Augenbrauen und das zu einem langen Zopf geflochtene Haar – gefiel ihm überhaupt nicht. Selbst als junger Mann rasierte er sich regelmäßig den Kopf, die einzige erlaubte Alternative, trug ein rundes Käppchen und einen sorgfältig gestutzten Schnurrbart. Fest entschlossen, nicht den gleichen gefährlichen Pfad wie seine Brüder zu beschreiten, erwies er sich als noch tüchtiger als sie.

Während ihrer Zeit auf der McTyeire-Schule entdeckte Großtante ihre Leidenschaft für Pferde, und sie übte diesen Sport bis ins hohe Alter aus. Sie lernte fließend Englisch, wurde getauft und gewann durch die Kirche viele westliche Freunde. Einer dieser Freunde, ebenfalls Mitglied der Liga gegen das Füßeeinbinden, verschaffte ihr einen Posten in der Sparkontenabteilung der Bank of Shanghai. Während ihrer zwanzigjährigen Tätigkeit lernte sie alle Aspekte des Bankgeschäfts kennen und übernahm schließlich die Leitung der Abteilung.

Großtante hat nie geheiratet. Damals konnten Töchter noch ganz legal verkauft oder getauscht werden, und eine Ehefrau wurde im Haushalt ihres Mannes oft wie eine Magd behandelt, besonders von der Schwiegermutter; wenn sie keinen Sohn zur Welt brachte, wurde eine Konkubine gekauft. Für einen Witwer war eine zweite Ehe völlig normal, galt aber bei Witwen als höchst unkeusch. Die meisten wohlhabenden Männer gingen regelmäßig ins Bordell, doch eine Frau konnte wegen Untreue zum Tode verurteilt werden.

Ich erinnere mich an meine Großtante als eine große, imposante Erscheinung, die von allen Verwandten mit größtem Respekt behandelt wurde. Selbst Ye Ye und Vater erfüllten ihr jeden

Wunsch, ein erstaunliches Verhalten in einer Gesellschaft, in der Frauen nur wenig galten. Wir Kinder wurden angewiesen, sie respektvoll Großonkel, *Gong Gong* 公公, zu nennen. Es war üblich, erfolgreiche Frauen, die innerhalb der Großfamilie einen hohen Rang einnahmen, mit dem Titel anzusprechen, der einem Mann gleichen Ranges zugestanden hätte.

Mit einem Meter vierundsiebzig war sie fast so groß wie Ye Ye. Aufrecht, würdevoll und mit nichtverkrüppelten Füßen war sie äußerst präsent, im Kontrast zu dem unterwürfigen Verhalten, das sich für Frauen ihrer Zeit eigentlich geziemte. Das schwarze Haar ließ sie sich so kurz schneiden, daß die Ohren frei blieben. Sie kämmte es glatt nach hinten und betonte so die runde Stirn über ihrem ovalen Gesicht. Hinter dem kreisrunden Drahtgestell ihrer getönten Brille blickten große, klare Augen in die Welt. Sie war immer elegant gekleidet, bevorzugte dunkle, einfarbige Seidenqipaos – chinesische Hosenanzüge – mit Mandarinkragen und Schmetterlingsknöpfen. Sie hatte einen blassen Teint und winzige Sommersprossen auf der Nase. Gewöhnlich legte sie etwas Make-up, ein bißchen Rouge und einen leichten Schimmer Lippenstift auf; exquisite Perlen- und Jadeohrringe schmückten ihre Ohren. Sie bewegte sich leicht und mit sportlicher Eleganz und konnte bis weit über das sechzigste Lebensjahr hinaus reiten und Tennis spielen. Ich besitze ein Photo von ihr, auf dem sie in einer weißen Bluse mit dunkler Schleife und eng sitzender Jodhpurhose auf einem großen schwarzen Hengst sitzt und selbstsicher lächelt.

1924 gründete Großtante ihre eigene Bank, die »Shanghai Women's Bank«. Die Tragweite dieser Leistung war kaum zu überbieten. In einer Feudalgesellschaft, in der schon die Vorstellung von einer Frau, die alle täglichen Entscheidungen allein trifft und wichtige Geschäftsverhandlungen selbständig führt, spöttisches Gelächter hervorrief, bewies meine Großtante außergewöhnlichen Mut.

Aufgrund ihrer Reputation hatte sie keine Schwierigkeiten, die für ihre Bank erforderliche Finanzierung zu gewährleisten. Es wurden Aktien ausgegeben und voll gezeichnet. Ihre Bank, die sich den spezifischen Bedürfnissen der Frauen widmen wollte, beschäftigte ausschließlich weibliches Personal. Und sie kamen alle: unverheiratete Töchter mit ihren Erbschaften und Spargroschen, die ersten Ehefrauen, Hauptfrauen genannt, mit ihren Mitgiften und Gewinnen aus dem Mah-Jongg-Spiel, die Konkubinen, sogenannte Nebenfrauen, mit den Geldgeschenken ihrer Männer und die berufstätigen und kindererziehenden Frauen, die sich in anderen, von Männern beherrschten Banken nicht länger bevormunden lassen wollten. Die Shanghai Women's Bank warf von Anfang an Gewinne ab, und das blieb bis zum Rücktritt meiner Großtante 1953 so.

Mit diesen Gewinnen errichtete sie ein sechsstöckiges Bankgebäude in der Nanking Road 480, einer Straße, die in den zwanziger und dreißiger Jahren als die angesehenste Geschäftsadresse in ganz China galt. Ihre Bank lag im Zentrum der internationalen Gesandtschaft neben den wichtigsten Bürogebäuden und Kaufhäusern, kaum eine Meile südlich des »Bund«, der berühmten parkähnlichen Uferpromenade, spöttisch auch Schanghais Wall Street genannt, auf der die einheimischen Chinesen zu jener Zeit keinerlei Immobilien erwerben durften. Ihr Personal wohnte in komfortablen Schlafräumen in den oberen Stockwerken. Beim Bau wurde nur bestes Material verwandt und die modernste Technik für Aufzüge und Sanitäranlagen wie Toilettenspülung, Zentralheizung, fließend heißes und kaltes Wasser eingesetzt. Großtante wohnte zusammen mit ihrer Freundin Miss Guang, die sie durch die Kirche kennengelernt hatte, in einem geräumigen Penthouse im sechsten Stock. Es gab Gerüchte über ihr Verhältnis, denn sie schliefen im selben Raum und im selben Bett: In China rümpfte man zwar die Nase über intime Freundschaften zwischen Frauen, duldete sie jedoch. Miss Guang, Jahrgang 1903, besaß ein eigenes Vermögen und zählte zu Großtantes ersten Anlegern. Sie wurde zur Vizepräsidentin der Bank ernannt. Später adoptierte Großtante eine Tochter – ein von kinderlosen, aber vermögenden Frauen häufig beschrittener Weg ohne große Formalitäten. Sie hatten drei Hausmädchen, einen Koch und einen Chauffeur und veranstalteten in ihrer geräumigen Wohnung großartige Feste. So manches wichtige Geschäft kam bei einer Schale Haifischflossensuppe in Großtantes Penthouse zustande.

Mit sechsundzwanzig heiratete Großtantes drittältester Bruder Ye Ye meine damals fünfzehn Jahre alte Großmutter, die aus einer äußerst angesehenen Schanghaier Familie stammte. Es war eine Zweckehe – für jedes Haus findet sich die richtige Tür, *men dang hu dui* 門當户對 –, die durch eine *mei-po*, eine professionelle Ehevermittlerin zustande kam. Ihr Vater besaß auf der anderen Straßenseite von Urgroßvaters Teehaus einen kleinen Kräuterladen voll getrockneter Blätter, Wurzeln, Nashornpulver, Hirschgeweihe, gedörrter Schlangengallenblasen und anderer exotischer Arzneien. Braut und Bräutigam sahen sich am Tag ihrer Hochzeit 1903 zum ersten Mal.

Am Abend vor der Hochzeit wurde meine Großmutter zu ihrem Vater gerufen. »Ab morgen gehörst du zur Yen-Familie«, sagte er. »Von nun an ist unser Haus nicht länger dein Heim, und ohne die Erlaubnis deines Mannes darfst du künftig keinen Kontakt mit uns aufnehmen. Deine Pflicht ist es jetzt, ihn und seine Familie zu erfreuen. Gebäre ihm viele Söhne. Unterdrücke deine eigenen Wünsche. Werde ein williger Nachttopf und Spucknapf der Yens, dann können wir stolz auf dich sein.«

Am nächsten Tag wurde die zitternde Braut in einem roten Seidengewand, das Gesicht mit einem roten Seidentuch bedeckt, in einer von einem Fachgeschäft für Hochzeiten und Beerdigungen gemieteten rot-goldenen Sänfte, auf deren Seitenwände ein Phönix und ein Drache gemalt waren, in das Haus der Schwiegereltern getragen. Der Hochzeitszug war eine farbenprächtige, lärmende Prozession mit roten Laternen, Fahnen, Trompeten und dröhnenden Gongs. Es war für beide Familien Ehrensache, für diese Gelegenheit auch die letzten Ersparnisse zusammenzukratzen. Meine Großeltern bekamen zu ihrer Hochzeit viele Geschenke von Freunden und Verwandten und auch größere Geldbeträge zur Deckung der Kosten.

Die Ängste der jungen Braut waren völlig unangebracht, denn Ye Ye erwies sich als liebender und rücksichtsvoller Ehemann. Auf ihr Drängen brach das junge Paar mit einer langen Tradition:

Sie verließen das Heim der Yen-Familie und zogen in eine Mietwohnung innerhalb der französischen Gesandtschaft. Großmutter brachte sich selbst das Rechnen und sogar höhere Mathematik bei, die ihr beim täglichen Mah-Jongg-Spiel sehr zustatten kam. Ich erinnere mich an sie als gescheite und willensstarke Kettenraucherin mit gewickelten Füßen, kurzem Haar und rasiermesserscharfer Zunge.

Als sie drei Jahre alt war, waren ihr die Füße ganz eng mit einer langen, schmalen Stoffbandage eingebunden worden. Dabei wurden die vier kleineren Zehen unter die Fußsohle gedrückt, nur der große Zeh blieb nach vorne gerichtet. Dieser Verband wurde dann jahrelang jeden Tag etwas fester gewickelt, die Zehen schmerzhaft nach innen gequetscht und das Wachstum des Fußes dauerhaft gehemmt, um die von chinesischen Männern so sehr geschätzten winzigen Füße zu erzielen. Die Frauen wurden auf diese Weise völlig verkrüppelt, sie konnten nur noch mit kleinen, unbeholfenen Schritten gehen – ein Symbol ihrer Unterwürfigkeit und des Wohlstands ihrer Familie. Großmutter litt ihr Leben lang unter schmerzenden Füßen. Später nahm sie lieber gesellschaftlichen Spott und Hohn in Kauf, als ihrer Tochter diese Qualen ebenfalls anzutun.

Meine Großeltern lernten, einander zu lieben, und zeugten in rascher Folge sieben Kinder, von denen jedoch nur zwei überlebten. Tante Baba kam 1905 zur Welt, mein Vater zwei Jahre später.

Am 10. Oktober 1911, als Tante Baba sechs Jahre alt war, wurde die Mandschu-Dynastie gestürzt. Am Weihnachtstag dieses Jahres kehrte Dr. Sun Yatsen, der Anführer der chinesischen Revolutionäre, in einem Triumphzug aus dem Exil nach Schanghai zurück und wurde Präsident der Republik China. Zu seinen ersten Amtshandlungen gehörte die Abschaffung der Tradition des Füßewickelns.

Ye Ye verdiente den Unterhalt für seine Familie mit einer kleinen Flotte Sampans, jenen kleinen Bumbooten, von denen es auf dem dichtbefahrenen Huangpu in Schanghai nur so wimmelte. Er kaufte und vermietete sie. In den kleinen Sampans wurden Waren aus dem Landesinneren in den Hafen transportiert und auf die riesigen Frachtdampfer verladen, die am Bund festmachten; in umgekehrter Richtung wurde die gelöschte Fracht ins Innere des Landes gebracht. Ye Ye spielte nie und verschwendete sein Geld auch nicht in Bordellen und Opiumhöhlen, und mit vierzig hatte er es bereits zu erheblichem Wohlstand gebracht. Eines Tages trug ihm der junge K. C. Li, der dynamische Eigentümer der aufstrebenden Import-Export-Gesellschaft Hwa Chong Hong, an, eine Filiale in Tientsin, einer etwa tausend Meilen nördlich von Schanghai gelegenen Hafenstadt, zu übernehmen.

Ye Ye hütete seit langem ein Geheimnis: Er litt an Seekrankheit und konnte nicht einmal eine Fahrt auf einem seiner eigenen Sampans ertragen. Also beschloß er, sein gutgehendes Geschäft in Schanghai zu verkaufen und in den Norden zu gehen. Seine Familie ließ er zurück, denn Tante Baba und mein Vater besuchten katholische Missionsschulen, die als die besten in ganz China galten, und er wollte ihre Erziehung und Ausbildung nicht unterbrechen.

2. KAPITEL

Eisen in Gold verwandeln

Dian Tie Cheng Jin

點鐵成金

Als Ye Ye 1918 nach Tientsin, »Furt des Himmels« 天津, zog, war der letzte Qing-Kaiser bereits entthront worden und China in viele kleine, durch Kriegsherren regierte Lehen zersplittert. Im Norden beherrschte Japan bereits Korea und hatte nun auch ein Auge auf China geworfen. Nach dem Ersten Weltkrieg durfte Japan nach den Beschlüssen der Versailler Friedenskonferenz als Belohnung für seine Neutralität gegenüber Großbritannien und den Alliierten die deutschen Kolonien in der Shandong-Provinz für sich in Anspruch nehmen. Dadurch ermutigt, besetzte Japan Schritt für Schritt die Mandschurei; japanische Soldaten infiltrierten den gesamten Süden bis Tientsin.

Tientsin, in der flachen und fruchtbaren großen Ebene im Nordosten gelegen, war der zweitgrößte Vertragshafen. Er wurde erst nach der erneuten Niederlage Chinas gegen Großbritannien (und Frankreich) im Zweiten Opiumkrieg 1858 für den Handel geöffnet. Das Abkommen von Tientsin ergänzte den bestehenden Vertrag um zehn weitere Häfen zwischen der Mandschurei und Taiwan. Die Stadt litt unter heißen, trockenen Sommern, bitterkalten Wintern und zudem häufigen Überschwemmungen, da zahlreiche kleinere Flüsse aus dem völlig flachen Land in den Huai-Fluß mündeten. Von November bis März waren die Flüsse eisbedeckt, und gelegentlich wurde die Ebene von Sandstürmen heimgesucht. Während die Architektur Schanghais vor allem den britischen und französischen Einfluß widerspiegelte, zeigte Tientsin eine befremdliche Mischung unterschiedlichster Baustile sämtlicher Alliierten, die im Boxeraufstand 1903 die Kaiserin Cixi besiegt hatten. Neben viktorianischen Bürogebäuden und französischen Kirchen gab es in den getrennten, am Flußufer aufgereihten Gesandtschaften russische Datschas, ein preußisches Schloß, italienische Villen, japanische Teehäuser und deutsche oder österreichisch-ungarische Holzhäuser. Ye Ye entschied sich für ein Mietshaus in der französischen Gesandtschaft, einer halbinselförmigen Enklave, zwischen der japanischen Zone im Norden, der britischen im Süden und der russischen auf dem gegenüberliegenden Ufer. Das Viertel war ordentlich angelegt, mit einer sauberen Straßenbahn, einer eindrucksvollen katholischen Kirche, Missionsschulen und einladenden Grünanlagen.

Die Geschäfte gingen ausgezeichnet: Sowohl Tientsin als auch Schanghai erlebten eine Zeit der wirtschaftlichen Blüte. Ende des Ersten Weltkriegs floß britisches, amerikanisches, europäisches und japanisches Kapital zurück nach China. Bald mußten die viktorianischen Gebäude am Flußufer großen Beton- und Stahlkonstruktionen weichen. In den neuen Fabriken im Industriegebiet wurden Textilien aus Wolle und Baumwolle hergestellt sowie Teppiche, Glas, Beton, Fliesen, Papier, Seife, Streichhölzer, Zahnpasta, Mehl und andere Nahrungsmittel. Unter Ye Yes Leitung entwickelte sich die Hwa Chong Hong prächtig. Zu seiner Freude überstieg die traditionelle Erfolgsprämie, die zum chinesischen Neujahr ausgezahlt wurde, bei weitem sein Jahresgehalt. Seine Mitarbeiter und Freunde drängten ihn, seinen Wohlstand zu feiern und sich eine junge Konkubine zuzulegen, die ihm »zu dienen« hatte. Selbst Ye Yes Chef, der in London aufgewachsene und erzogene K. C. Li, erbot sich im Spaß, ihm zusätzlich zu seiner Prämie ein paar Mädchen zu »geben«. In einem sehr nüchternen Brief berichtete Ye Ye seiner Frau von diesen Bemühungen, fügte jedoch in seiner rührenden Art hinzu, daß er kein Mann für mehrere Frauen sei.

Kaum hatte Großmutter diesen Brief erhalten, eilte sie mit der fünfzehnjährigen Tante Baba zu Ye Ye nach Tientsin; mein damals dreizehnjähriger Vater blieb in Großtantes Obhut. Tante Baba mußte die Schule verlassen, denn höhere Bildung galt für die Eheaussichten eines jungen Mädchens als nachteilig: Konfuzius lehrt, daß »nur unwissende Frauen tugendhaft« sind.

Vater blieb in Schanghai und ging weiter auf die katholische Jungenschule Chen Tien. Weil sein Englisch überragend gut war, empfahl ihm Ye Ye, bei seinem ausgezeichneten Lehrer, einem irischen Missionar, zu bleiben. Vater wohnte daher bis zu seinem Schulabschluß fünf Jahre lang bei Großtante. Während dieser Zeit konvertierte er zum katholischen Glauben und wurde auf den Namen Joseph getauft. Außerdem entwickelte er eine sehr enge Beziehung zu meiner Großtante, die für ihn zu einer Art Mentorin wurde.

1924 schloß er die Schule ab, entschied sich jedoch nicht für die Universität. Er folgte seiner Familie nach Tientsin und wurde von Ye Ye als Laufbursche bei der Hwa Chong Hong angestellt. Obwohl er für diese niedere Arbeit nur einen äußerst geringen Lohn bekam, behauptete Vater später immer, daß es die beste Ausbildung für einen intelligenten, aber unerfahrenen jungen Mann gewesen sei. So lernte er das Import-Export-Geschäft von der Pike auf kennen. Da er fließend Englisch sprach, zog ihn K. C. Li bald zur Erledigung des gesamten Schriftverkehrs heran.

Vater kaufte sich eine gebrauchte Schreibmaschine und schrieb zu Hause nach dem Abendessen häufig wichtige Geschäftsbriefe, während die ganze Familie staunend und voller Bewunderung um den Eßtisch saß und ihm zusah. Einmal dachte Ye Ye laut darüber nach, was die Manager jener internationalen Gesellschaften wohl sagen würden, wenn sie wüßten, daß diese Unterlagen, die mehrere hunderttausend Silbertaëls wert waren, von einem achtzehnjährigen Jüngling, der gerade erst die Schule abgeschlossen hatte, mit einem Finger auf einer alten Schreibmaschine getippt wurden.

Hwa Chong Hong baute sehr nützliche Verbindungen zu großen pharmazeutischen Unternehmen auf, unter anderem auch zu der deutschen Firma Bayer. Das Unternehmen kaufte riesige Mengen der chinesischen Heilpflanze *ma huang* auf und exportierte sie ins Ausland. Jahrhundertelang hatten chinesische Kräuterheiler *ma huang* zur Behandlung von Asthma und allgemeinem Unwohlsein benutzt, und schließlich konnten westliche Wissenschaftler die wichtigste Komponente der Pflanze, Ephedrin, identifizieren und extrahieren. Das Mittel wurde dann in gereinigter Form wieder nach China importiert und an Apotheken, die westliche Arzneimittel führten, verkauft.

Inzwischen verstärkten die Japaner außerhalb der ausländischen Gesandtschaften ihre militärische Präsenz in Tientsin. Gut bewaffnet und rücksichtslos machten sie sich ihre eigenen Gesetze und behandelten Chinesen wie Menschen zweiter Klasse. Hwa Chong Hongs Wohlstand entging den Besatzern natürlich nicht. Der Gesellschaftssitz lag außerhalb der französischen Gesandtschaft und war daher auch nicht durch französisches Recht vor einem japanischen Zugriff geschützt. K. C. Li wurde immer stärker zur »Kollaboration« gedrängt – natürlich wurde er nicht ausdrücklich dazu aufgefordert, sondern erhielt lediglich vage Drohungen mit dem Hinweis, er brauche dringend »Schutz vor kriminellen Elementen«. Bei einem »Routinebesuch« japanischer Inspektoren wurden Arbeiter der Fabrik willkürlich zusammengeschlagen, weil sie Bilder des japanischen Kaisers aus alten Zeitungen ausgeschnitten und als Toilettenpapier benutzt hatten: Es fehlte ihnen offensichtlich am nötigen Respekt. K. C. Li wurde klar, daß die Situation jederzeit eskalieren konnte. Anstatt dem Druck der Japaner nachzugeben, zog er es vor, Tientsin zu verlassen.

Vater ging jedoch nicht mit dem Unternehmen Hwa Chong Hong fort; statt dessen gründete er 1926 im Alter von neunzehn Jahren in der französischen Gesandtschaft von Tientsin sein eigenes Unternehmen, die »Joseph Yen & Company«.

Ye Ye hatte so großes Vertrauen in Vaters Geschäftssinn, daß er seine gesamten Ersparnisse, etwa zweihunderttausend Silbertaël (nach heutigem Wert über eine Million US-Dollar) in das Unternehmen seines Sohnes investierte. Er kündigte bei der Hwa Chong Hong und übernahm die Finanzabteilung des neuen Unternehmens. Zwischen Vater und Sohn wurde kein schriftlicher Vertrag geschlossen, deshalb blieb auch unklar, ob die Investition ein Geschenk oder ein Darlehen war. Dennoch war Ye Ye bevollmächtigt, sämtliche Schecks für die Gesellschaft zu unterschreiben. Er nahm seinem Sohn das Versprechen ab, für alle Angehörigen der Familie zu sorgen und für alle Ausgaben aufzukommen, auch für Tante Babas Mitgift, sollte sie je heiraten. Meine Tante war damals aus Tientsin weggezogen und lebte in Schanghai: Die gerade eröffnete Women's Bank meiner Großtante war ein voller Erfolg, und sie suchte händeringend zuverlässige Mitarbeiter – deshalb schickte man ihr Tante Baba.

Vaters Unternehmen entwickelte sich von Anfang an gut, da es einen Großteil der von der Hwa Chong Hong zurückgelassenen Geschäfte übernehmen konnte. Man exportierte weiterhin *ma huang* sowie Walnußkerne, Strohhüte, Kerzenwachs, Schweineborsten und getrocknete Früchte; importiert wurden hauptsächlich Fahrräder und pharmazeutische Produkte. Wegen der politischen Unruhen und der unheilvollen Anwesenheit der Japaner standen viele Unternehmen billig zum Verkauf, und mein Vater vergrößerte sein Unternehmen schnell durch den Aufkauf ihrer Anlagen. Schon bald besaß er ein Sägewerk, eine Teppichweberei und eine Fabrik, in der aus Ersatzteilen Fahrräder gebaut wurden. Die Loyalität seiner wichtigsten Mitarbeiter sicherte er sich durch ertragreiche Beteiligungen an seinen neuerworbenen Unternehmen. Großtante hatte mit ihrer Bank wesentlichen Anteil an Vaters raschem Erfolg: Sie unterhielt ausgezeichnete Beziehungen in Tientsin und kannte den Manager der örtlichen Zweigstelle der Bank of Shanghai. Mit ihrer Hilfe konnte die Joseph Yen & Company über Akkreditive in Höhe von einer halben Million US-Dollar bei Großtantes Women's Bank verfügen. Sie hatten eine Vereinbarung getroffen, wonach die Nettogewinne nach Abzug aller Aufwendungen im Verhältnis 70:30 zu Vaters Gunsten geteilt wurden. Hunderttausende Silbertaël wechselten bei jedem Geschäft den Besitzer, und jeder Auftrag brachte hohe Gewinne – in den ersten drei Jahren wurde kein einziges Verlustgeschäft gemacht. Daraufhin wurde Vater in Geschäftskreisen das »Wunderkind« mit der Fähigkeit, Eisen in Gold zu verwandeln, *dian tie cheng jin* 點鐵成金, genannt.

Ehevermittler umschwärmten den jungen Industriemagnaten.

Doch mit der gleichen Überheblichkeit, die ihm im Geschäftsleben Vorteile verschaffte, erklärte er, die Mädchen von Tientsin seien durchweg langweilig und provinziell. Ihm gefielen die geistsprühenden und gepflegten jungen Frauen von Schanghai weit besser.

3. KAPITEL

Unzertrennlich wie ein Körper von seinem Schatten

Ru Ying Sui Xing

如影隨形

Gegen Ende der zwanziger Jahre war Schanghai für ein junges Mädchen wie Tante Baba eine unterhaltsame, lebensfrohe Stadt. Während man sich im restlichen China noch immer in zweirädrigen Karren, Sänften und Pferdekutschen fortbewegte, rasten in Schanghai, neben Straßenbahnen und Bussen, bereits importierte glitzernde Kraftfahrzeuge über die sorgfältig gepflasterten Straßen. Riesige farbenfrohe Plakate, die für britische Zigaretten, Hollywoodfilme und französische Kosmetika warben, hingen an den stark befahrenen Straßen und Plätzen, auf denen es von jungen Männern in eleganten Anzügen und mit Krawatten und jungen Frauen und Mädchen mit hochhackigen Schuhen und in modernen Wickelgewändern, *qipaos* genannt, wimmelte. In unmittelbarer Nähe der Women's Bank in der Nanking Road hatte sich der Bund, die Uferpromenade entlang des Huangpu, in eine Galerie majestätischer Gebäude verwandelt. Kanonenboote, Dampfer, Sampans und Schlepper zogen wie lange Girlanden über den schlammigen Fluß. Mehrstöckige Kaufhäuser wie Sincere's, Wing-On, Dai-Sun und Sun-Sun quollen über von Pelzen, Schmuck, Spielzeug, Haushaltswaren und der neuesten Pariser Mode. Diese Warenhäuser, vergleichbar mit Selfridges in London oder Macy's in New York, warben mit Schlußverkäufen, Gutscheinen, Losen und Gewinnen und veranstalteten auf ihren Dachgärten sogar Konzerte und Theateraufführungen.

Tante Baba hatte sich mit einem um ein Jahr jüngeren Mädchen angefreundet, das in der neuen Buchhaltungsabteilung arbeitete. Miss Ren Yongping konnte mit verblüffender Geschwindigkeit und Genauigkeit die kompliziertesten Währungsumrechnungen im Kopf vornehmen. Obwohl Tante Baba ihre Ergebnisse häufig mit dem Abakus überprüfte, fand sie nie einen Fehler. Das Mädchen sprühte nur so vor Übermut und Lebenslust und war wegen ihres freundlichen Lächelns und ihrer munteren warmherzigen Art sehr beliebt.

Miss Ren stammte aus einer Schanghaier Beamtenfamilie, die in Schwierigkeiten geraten war, als der Vater, ein Postbeamter, so opiumsüchtig wurde, daß er die letzten zwanzig Jahre nur noch im Opiumnebel dahinvegetierte. Sie war das einzige Mädchen von vier Kindern: Zwei ihrer Brüder arbeiteten ebenfalls bei der Post und wurden später Postinspektoren; ihr selbst wurde von Großtante schon bald die Leitung der Buchhaltung übertragen.

Durch die Arbeit in den unteren Stockwerken der Bank und die gemeinsamen Mußestunden oben im Wohnheim wurden die beiden Mädchen rasch gute Freundinnen. Tante Baba erzählte später oft, daß sie und Miss Ren einmal zum Mittagessen allein das Restaurant des Kaufhauses Sincere's aufgesucht hatten, das wegen seiner äußerlichen Ähnlichkeit mit dem berühmten Londoner Kaufhaus auch »Harrods von Schanghai« genannt wurde. Die beiden Mädchen mieteten sich eine Rikscha und fuhren durch die geschäftige Nanking Road, deren Ampeln noch von Verkehrspolizisten, Sikhs mit roten Turbanen, in käfigähnlichen Logen auf vier Meter hohen Pfählen per Hand geregelt wurden. Das Restaurant mit seinen weißgedeckten Tischen, frischen Blumen und Kristallgläsern war sehr elegant. Auf der Speisekarte standen ausschließlich westliche Speisen, die sie natürlich nicht kannten; chinesische Gerichte gab es nicht.

Etwas eingeschüchtert durch den Kellner im Frack, fragten sie zögernd, ob es ein »Tagesmenü« gäbe. Als sie erfuhren, daß es *re gou* (heißes Hundefleisch) gab, war Tante Baba ein wenig verwundert, aber sie hatte schon gehört, daß in manchen Provinzen Hunde als Delikatesse galten. Miss Ren hatte erhebliche Zweifel und dachte an ihren Pekinesen zu Hause. Prompt erklärte sie, daß »Tagesmenü« wohl »Reste von gestern« bedeutete.

Allmählich wurde der Kellner ungeduldig. Er war einer jener Chinesen, die die Hochmütigkeit der Ausländer übernommen hatten, und bediente lieber die reichen Weißen aus den Gesandtschaften. An diesem Abend waren die beiden Mädchen die einzigen Chinesinnen im Restaurant. Sie fühlten sich wie linkische Landpomeranzen und bestellten, nur um endlich den arroganten Kellner loszuwerden, das Hundegericht. Tante Baba war angenehm überrascht: Sie erhielt eine Wurst in einem kleinen Brötchen und aß beides mit großem Genuß; Miss Ren mußte ständig an ihren süßen Hund zu Hause denken und aß nur einen Happen. Als sie später von Großtante erfuhren, daß sie als »heißes Hundefleisch«, *re gou* 熱狗, den typisch amerikanischen Hot dog gegessen hatten, mußten sie laut lachen.

Bei einem seiner häufigen geschäftlichen Besuche in Schanghai bei der Women's Bank lernte Vater eines Tages Miss Ren kennen. Klein, lebhaft und interessant, *xiao qiao ling long* 小巧玲瓏, lautete sein Urteil. Danach schrieben sie sich gelegentlich. Bereits fünf Monate später heirateten sie und gaben im Xin Ya, dem Restaurant Neues Asien in der Internationalen Gesandtschaft direkt an der Nanking Road, ein riesiges Bankett. Neben den Familienangehörigen wurden hauptsächlich Vaters und Großtantes Geschäftsfreunde eingeladen. Man schrieb das Jahr 1930.

Vater fuhr mit seiner Braut nach Tientsin und kaufte dort ein großes Haus in der Shandong Road 40. Es lag nahe genug am Zentrum der französischen Gesandtschaft und unmittelbar an einem öffentlichen Park. Auf der anderen Straßenseite befand sich die Katholische Jungenschule St. Louis.

Ihre Ehe war glücklich, und sie bekamen in den folgenden vier Jahren vier Kinder. Das junge Paar war so unzertrennlich wie ein Körper und sein Schatten, *ru ying sui xing* 如影隨形. Zuerst kam eine Tochter; das Baby war so groß, daß Dr. Mary Meiing Ting, die Geburtshelferin, es unter großem Kraftaufwand mit der Zange holen mußte – deshalb blieb der linke Arm meiner ältesten Schwester Junpei teilweise gelähmt. Danach wurden nacheinander drei Söhne, Zijie, Zilin und Zijun, geboren. Erst nach einer dreijährigen Pause kam ich, Junling, auf die Welt.

Wir lebten in einem geräumigen zweistöckigen Haus; oben in der Dachkammer wohnten die Dienstboten. Mit seinen runden Fensterbögen, Balkonen, der hübschen Eingangstreppe und dem wunderschönen Garten galt das Haus als höchst modern, denn es besaß Toiletten mit Wasserspülung, fließendes Wasser und Zentralheizung. Ein solches Heizsystem war der reinste Luxus, denn die meisten chinesischen Häuser wurden noch immer über die erhöhten Schlafbänke aus Ziegelsteinen, die sogenannten *kangs*, beheizt.

Das Erdgeschoß seines Hauses baute Vater zu Büroräumen für einen Teil seines Personals um. Der Rest der Familie wohnte zusammen mit Ye Ye und Großmutter im zweiten Stock. Sieben Dienstboten kümmerten sich um den Haushalt. Vater kaufte sich einen großen schwarzen Buick und eine schwarze Rikscha für Großmutter, damit sie ihre Freunde besuchen und zum Mah-Jongg-Spiel fahren konnte.

Tante Baba kam oft mit dem Zug zu längeren Besuchen von Schanghai nach Tientsin – damals brauchte man noch zwei Tage für diese Reise. Vater und Mutter holten sie mit dem Buick am Bahnhof ab und verbrachten meist einige Stunden damit, sich über den neuesten Klatsch von Schanghai und Großtantes jüngste Geschäftserfolge informieren zu lassen. Sie besuchten gemeinsam Restaurants, gingen ins Kino oder in die chinesische Oper. Laut Tante Baba war es jedesmal für alle eine herrliche Zeit.

Nachdem Mutters Geburtshelferin, Dr. Ting, auch meinem dritten Bruder auf die Welt geholfen hatte, gehörte sie fast schon zur Familie. Sie war eine langjährige Jugendfreundin meiner Großtante und hatte wie diese die McTyeire-Mädchenschule in Schanghai besucht. Als sie fünfzehn war, konvertierte sie zum Christentum und verschmähte eine von den Eltern arrangierte Ehe: Der vorgesehene Bräutigam stammte aus einer reichen Familie, war kränklich und bereits stark opiumsüchtig; an ihrem Hochzeitstag verschwand die Braut einfach. Daraufhin wurden ihre Eltern verklagt und mußten der Familie des Bräutigams hohen Schadensersatz bezahlen, weil sie ihr Versprechen gebrochen hatten, ganz zu schweigen von dem Gesichtsverlust der Familie. Mit Hilfe ihres Onkels floh Mary nach Hongkong und beendete dort ihre Schulbildung auf einer Missionsschule. Marys Onkel folgte ihr bald nach Hongkong, schnitt sich den Zopf – den »Schweineschwanz« – ab und schickte ihn trotzig an seine Schanghaier Familie zurück. Dies war ein schweres Verbrechen und gleichbedeutend mit einer öffentlichen Rebellion gegen den Qing-Kaiser: Als die Mandschu 1644 China erobert hatten, mußten sich alle männlichen Chinesen teilweise den Kopf rasieren und als Zeichen der Unterwerfung den Zopf tragen. Mary und ihr Onkel wurden enterbt; er nahm in Hongkong eine Arbeit an, um Marys Ausbildung bezahlen zu können. Später erhielt Mary ein Stipendium für die medizinische Fakultät an der Universität von Michigan und spezialisierte sich auf Geburtshilfe und Gynäkologie. Nach ihrer Ausbildung kehrte sie nach China zurück und ließ sich aufgrund der schmerzlichen Erinnerungen an Schanghai lieber in Tientsin nieder. Sie gründete ein eigenes Frauenkrankenhaus und wurde bald die beste Geburtshelferin der Stadt. Meine Schwester und meine drei älteren Brüder kamen alle wohlbehalten in Dr. Tings Krankenhaus zur Welt.

Als meine Mutter mit mir schwanger war, veränderte sich die politische Lage in China drastisch. 1928 war der Mandschu-Kriegsherr Zhang Zuolin während einer Fahrt in seinem privaten Zugwaggon von den Japanern ermordet worden; in den folgenden Jahren drangen japanische Soldaten immer tiefer in die Mandschurei ein. 1933 wurde im neugegründeten Staat Mandschukuo, auch Mandschunation genannt, unter dem einstigen Kindkaiser Puyi eine Marionettenregierung eingesetzt. Die Vereinigten Staaten wollten sich nicht einmischen, und die Briten sahen einfach weg und schlugen einen Kompromiß vor. Der Völkerbund versprach eine gründliche Untersuchung. Chiang Kaishek, Generalissimus und Führer der Nationalen Volkspartei Guomindang, hatte alle Hände voll zu tun, die Kommunisten zurückzudrängen, die mit Unterstützung der ländlichen Bevölkerung im nordwestlichen Jenan ihre eigene Armee und Regierung gegründet hatten. Durch diese Entwicklung fühlte sich Japan im Juli 1937 ermutigt, einen direkten Angriff auf Tientsin und Peking zu wagen, und löste damit den Chinesisch-Japanischen Krieg aus, der acht lange Jahre wütete.

Überall waren japanische Soldaten. Sie trugen Atemschutzmasken und Bajonette, forderten Verbeugungen und Ehrerbietung, nahmen Schmiergelder und benahmen sich äußerst gewalttätig. Die ausländischen Gesandtschaften verhielten sich neutral und blieben kleine Oasen unsicherer Unabhängigkeit inmitten der allgegenwärtigen japanischen Gewaltherrschaft. Der Rest von Tientsin war nun besetztes Gebiet. Nachts wurde Verdunkelung und Ausgangssperre angeordnet; um bestimmte Schlüsselpunkte passieren zu können, bedurfte es einer besonderen Genehmigung, vor allem für Durchgangsstraßen und Brücken, die von den Gesandtschaften in japanisch besetztes Gebiet führten.

Mutters erste Wehen begannen am 30. November 1937 gegen vier Uhr morgens. Vater besaß nicht die notwendigen Genehmigungen, um sie an den japanischen Posten vorbei ins Frauenkrankenhaus zu bringen. Doch Dr. Ting hatte einen Passierschein, mit dem sie auch nachts ungehindert durch die Stadt fahren konnte. Ihr schwarzer Ford mit dem Chauffeur fuhr unter einer kleinen amerikanischen Flagge, die ihr das amerikanische Konsulat gegeben hatte, und erreichte das Haus meiner Eltern schon eine Stunde später. Meine Geburt verlief problemlos.

Dr. Ting gab Vater den Rat, Mutter und Kind zu einer gründlichen Untersuchung und ein paar Tagen Ruhe in ihr Krankenhaus zu bringen. Vater wehrte ab, denn die Geburt war glatt und schnell verlaufen; er betrachtete es als unnötig. Auch Dr. Tings Rat, eine Krankenschwester für die Betreuung meiner Mutter einzustellen, lehnte er ab. Er glaubte, mit der kompetenten Unterstützung von Tante Baba, die gerade zu Besuch war, könne er sich selbst um sie kümmern – außerdem waren gut ausgebildete Krankenschwestern teuer. Eine Glocke wurde ans Bett meiner Mutter gestellt, so daß sie jederzeit nach Vater läuten konnte, wenn sie ihn brauchte. Mutter war schwach, deshalb war es einfacher, ihr die Bettpfanne unterzuschieben, als sie ins Badezimmer zu führen. Vater säuberte sie dann mit einem Handtuch und ungewaschenen Händen. Mutter dachte, Vater wisse schon, was er tue. Vater war ebenfalls davon überzeugt.

Die Kopfschmerzen und das Fieber setzten drei Tage nach meiner Geburt ein. Mutters Körpertemperatur stieg auf 39,4 Grad und konnte nicht gesenkt werden. Ihre Lippen waren aufgesprungen und voller Blasen; verwirrt sprach sie nur noch zusammenhanglose Worte. Dr. Ting diagnostizierte Kindbettfieber: Zu einer Zeit, da es noch kein Penicillin gab, kam dies praktisch einem Todesurteil gleich.

Dr. Ting ließ Mutter unverzüglich ins Frauenkrankenhaus bringen, wo sie sofort Infusionen und verschiedene Medikamente bekam in dem verzweifelten Versuch, sie zu retten. Das Fieber stieg auf 41,1 Grad; sie fiel ins Delirium, verweigerte Essen und Trinken und versuchte sogar, sich sämtliche Nadeln und Schläuche herauszuziehen. Dabei stieß sie wilde Anschuldigungen hervor, Dr. Ting wolle sie einsperren und vergiften. Dr. Ting wurde klar, daß keine Hoffnung mehr bestand, und willigte schließlich ein, meine Mutter zum Sterben nach Hause zu entlassen.

Ihr Zustand verschlimmerte sich. Es wurde ein Arzt nach dem anderen konsultiert, doch ohne Erfolg. Eine dunkle Wolke hing über der gesamten Familie.

Vor ihrem Ende war sie noch für kurze Zeit bei Bewußtsein. Vater saß an ihrem Bett und weinte, während sie noch einmal mit ihren Schwiegereltern sprach, ihre Kinder einzeln zu sich rief und traurig ihre Namen nannte. Als Tante Baba an der Reihe war, sich zu verabschieden, war Mutter zwar schwach, aber bei klarem Verstand. Sie lächelte und bat um einen Hot dog. Dann sagte sie traurig: »Meine Zeit ist um. Bitte kümmere dich um unsere Kleine, die ihre Mutter nicht mehr kennenlernen wird.«

Zwei Wochen nach der Geburt starb meine Mutter, an ihrem Bett standen fünf Ärzte. Sie war erst dreißig, und ich habe keine Ahnung, wie sie aussah. Ich habe nie ein Photo von ihr gesehen.

4. KAPITEL

Ihr außerordentlicher Liebreiz war eine Augenweide

Xiu Se Ke Can

秀色可餐

Nach dem Tode meiner Mutter gelang es Vater und Großmutter, Tante Baba zu überreden, ihre Arbeit bei der Women's Bank aufzugeben und in Tientsin die Haushaltsführung zu übernehmen. Sie wurde auf die Lohnliste der Joseph Yen & Company gesetzt und erhielt die gleiche Vergütung, die sie auch von ihrer Großtante in Schanghai bekommen hatte. Sie meckerte, zeterte und verfolgte mit ihrem Zorn die Dienerschaft, schaffte es aber, das Haus nach den gleichen Prinzipien wie meine Mutter zu führen. Sie wurde unsere Ersatzmutter, kümmerte sich um unsere Mahlzeiten, unsere Kleidung, löste unsere Schulprobleme und sorgte für unser Wohlergehen. Auf diese Weise wurde ihr eine unsichtbare seidene Handschelle angelegt, ihre Aussichten auf eine eigene Ehe und Familie zunichte gemacht. Im damaligen China wurde von einer Frau erwartet, daß sie ihre eigenen Wünsche dem gemeinschaftlichen Wohl der Familie unterordnete. Als Gegenleistung war es für die Männer Ehrensache, sie ein Leben lang zu beschützen und für ihren Lebensunterhalt zu sorgen.

Wieder tauchten Scharen von Ehevermittlern auf, nicht wegen Tante Baba, sondern wegen ihres gerade verwitweten Bruders. Nach der herrschenden Doppelmoral blieben alleinstehende Mädchen, die bis zum dreißigsten Lebensjahr noch keinen Mann gefunden hatten, ihr Leben lang allein, während von einem Mann erwartet wurde, daß er, ungeachtet seines Alters, mindestens eine Frau heiratete. Vater war knapp über dreißig und besaß ein Unternehmen mit Immobilien, Kapitalanlagen, Beteiligungen und mehreren sehr gut gehenden Geschäften. Es hatte ihn viel Arbeit gekostet, das alles aufzubauen. Jahrelang hatte er zuerst für das Wohl seiner Geschäfte und seiner Familie gesorgt. Nun beschloß er, sich eigene Wünsche zu erfüllen.

Als er an einem Sonntagnachmittag mit seinen Söhnen in seinem imposanten Buick durch das Wohnviertel fuhr, sah er plötzlich seine Sekretärin, Miss Wong, die am Eingang eines bescheidenen Wohnblocks stand und sich mit einer Freundin unterhielt. Er erkannte sofort, daß die Freundin sehr jung war. Ihr außerordentlicher Liebreiz war eine Augenweide, *xiu se ke can* 秀色可餐.

Jeanne Virginie Prosperi war die siebzehnjährige Tochter eines französischen Vaters und einer chinesischen Mutter und verkörperte eine exquisite Mischung aus chinesischer Feinheit und französischer Sinnlichkeit. Ihr ovales Gesicht hatte einen porzellanweißen Teint, und unter langen Wimpern blickten glänzende, dunkle runde Augen in die Welt; seidiges pechschwarzes Haar umrahmte ihr Gesicht. An diesem Tag trug sie eine einfache weiße Bluse mit eckigem Halsausschnitt und einen königsblauen Baumwollrock, der mit einer Schleife an der Taille gehalten wurde. Später erfuhr Vater, daß Jeanne eine sehr geschickte Schneiderin war und ihre Kleider selbst nähte.

Am nächsten Tag zog Vater im Büro diskret Erkundigungen ein und erfuhr von Miss Wong, daß Jeanne ihre Klassenkameradin war und gerade als Stenotypistin beim französischen Konsulat angefangen hatte. Um die Mittagszeit fuhr er unter dem Vorwand, zusätzliche Import-Export-Lizenzen für Frankreich beantragen zu wollen, hinüber ins Konsulat, traf sie dort und unterhielt sich mit ihr.

Jeannes Vater war Soldat in der französischen Armee und arbeitete an den Eisenbahntrassen in China mit; er heiratete eine Frau aus der Provinz Shandong. Mit ihren fünf Kindern kamen sie kaum über die Runden. Also verließ er die Armee und fand Arbeit als Wachmann bei einer Firma in der französischen Gesandtschaft in Tientsin. 1936 kam er völlig unerwartet ums Leben – angeblich bei dem Versuch, eine Rauferei in einer Bar zu schlichten.

Seine Witwe brachte sich und die Kinder so gut sie konnte mit ihrer kleinen Witwenrente durch. Zusammen mit ihrer ledigen Schwester Lao Lao nahm sie Näharbeiten an, um etwas hinzuzuverdienen. Als französische Staatsangehörige erhielten alle fünf Kinder kostenlos Unterricht an den Missionsschulen innerhalb der französischen Gesandtschaft. Sowohl Jeanne als auch ihre ältere Schwester Reine schlossen mit Erfolg den Besuch der katholischen Mädchenschule St. Joseph, die von Franziskanerinnen geführt wurde, ab.

Jeanne hatte zwar keine imponierende Ahnentafel vorzuweisen, erwarb jedoch den Abschluß der exklusivsten Klosterschule in Tientsin und lernte nebenbei noch eine Reihe anderer nützlicher Dinge. Neben Mandarin sprach sie fließend Französisch und Englisch. Vater fand ihre Schönheit und ihren Charme bezaubernd: Ihre halbeuropäische Abstammung machte sie zu einer begehrten Trophäe, die man pflegte und zur Schau stellte.

In den dreißiger Jahren galt in den Vertragshäfen wie Tientsin und Schanghai alles Westliche als besonders interessant. Eine junge, schöne und europäisch erzogene Frau verkörperte das höchste Statussymbol für einen Mann. Jeanne Prosperi besaß daher ein ganz erhebliches Kapital. Sie war immer äußerst gepflegt. Als junge Dame besaß sie die verführerische Bescheidenheit, die man ihr in der Klosterschule beigebracht hatte. Doch das Leuchten in ihren Augen ließ vermuten, daß sie mehr zu bieten hatte als andere Mädchen, die eben erst die Schule abgeschlossen hatten. Vater fühlte sich bald zu Jeanne hingezogen, ein Verlangen, in dem sich sexuelle Begierde mit gesellschaftlichem Ehrgeiz mischte. So begann eine äußerst sittsame Werbung.

Vater holte sie jeden Tag am französischen Konsulat ab, brachte sie nach Hause und ersparte ihr auf diese Weise das unangenehme Gedränge in den öffentlichen Verkehrsmitteln Tientsins. Sie gingen regelmäßig zum Essen in die exklusiven Hotelrestaurants, zum Tanzen in den Country Club oder ins Kino. Tientsin rühmte sich, drei Kinos, Gaiety, Empire und Capitol, zu besitzen, in denen romantische Hollywoodfilme gezeigt wurden. Anfangs schenkte er ihr Blumen und Pralinen, dann Perlen, Jade und Diamanten: Der Schmuck wurde immer teurer. Jeanne wußte genau, was sie tat, als sie den Wunsch nach einem russischen Zobelmantel äußerte, der viertausend Silbertaëls kostete. Obwohl Ye Ye seine Einwände in Jeannes Gegenwart äußerte und den Wunsch als »sinnlose Extravaganz« bezeichnete, kaufte Vater den Mantel doch und ließ ihn drei Tage später liefern. Daß er fast seine Pflichten als Sohn vergaß, ließ erkennen, welche Leidenschaft er für Jeanne empfand. Die Dinge nahmen ihren Lauf, Jeanne stellte ihre Bedingungen, und Vater erfüllte sie. Wie ein chinesisches Sprichwort sagt: Für Vater waren selbst Jeannes Winde noch wohlriechend.

Vater erhielt die Zustimmung ihrer Familie. Jeanne wohnte nur eine Meile von der Shandong Road entfernt; Mrs. Prosperi, die sehr rasch erkannte, daß ihre außerordentlich schöne Tochter in eine Welt einheiraten würde, die weit luxuriöser war als alles, was sie ihr je bieten konnte, unterstützte die Brautwerbung. Vater meinte, sie sei von bäuerlicher Herkunft, denn in der beengten Mietwohnung drehte sich jedes Gespräch um die Probleme des täglichen Lebens und Überlebens. Sie sprach Mandarin mit einem starken Shandong-Akzent, und ihr Französisch war nur rudimentär; lesen und schreiben konnte sie in keiner Sprache. Ihr ältester Sohn war mit der Polizei in Konflikt geraten und in ein Arbeitslager nach Hanoi geschickt worden. Ihre älteste Tochter Reine hatte gerade einen sehr vernünftigen und wohlerzogenen Franzosen geheiratet, der für die Vereinten Nationen arbeitete. Außerdem hatte sie noch zwei jüngere Söhne – Vater mußte den älteren, Pierre, schließlich in seinem Unternehmen beschäftigen und den jüngeren, Jacques, auf eine Schule nach Frankreich schicken.

Als sie sich verlobten, schenkte er Jeanne Diamantohrringe, ein diamantenbesetztes Armband mit passender Halskette und einen phantastischen Ring. Jeanne brachte keine Mitgift in die Ehe. Die Hochzeitsfeier fand in der katholischen Kirche Notre-Dame des Victoires statt. Vater wirkte in seinem gutgeschnittenen Frack ziemlich nervös; Jeanne sah in einem weißen, spitzenbesetzten Seidenkleid und ihrem herrlichen Schmuck hinreißend aus. Von uns Kindern nahm niemand teil. Die Prosperi-Familie lud viele Gäste ein, auch zahlreiche Kinder. Tante Baba sagte, daß sie, Ye Ye und Großmutter sich auf dem großzügigen Empfang im *Grand Astor House Hotel*, den Vater bezahlte, sehr unbehaglich fühlten. Ye Ye war einer der ganz wenigen männlichen Gäste, die das lange chinesische Gewand mit dem passenden Seidenjackett, *ma-gua* genannt, das runde Käppchen und Stoffschuhe trugen. Fast alle Männer trugen westliche Anzüge und Krawatten. Die französischen Gäste brachten zahllose Trinksprüche aus, während die Chinesen nicht gewöhnt waren, so viel zu trinken. Meine Tante glaubte, daß Jeanne und ihre Familie peinlich berührt waren, weil sie mehrmals hinausgehen mußte, um sich zu übergeben.

Später beschwerte sich Jeanne bei Vater, einige seiner chinesischen Freunde hätten auf der Hochzeitsfeier ihre französischen Verwandten durch zu lautes und schrilles Benehmen verletzt. Als sie es sagte, war ihr Gesichtsausdruck jedoch lieb und unterwürfig. Vater stand völlig in ihrem Bann und war ihr so hörig, daß er nicht mehr wußte, was er über seine eigene Rasse denken sollte. Er war in einer Vertragshafenstadt aufgewachsen, konnte täglich die Macht westlicher Symbole beobachten und lebte in einer ausländischen Gesandtschaft nach ausländischem Recht mitten in seinem eigenen Land. Es war daher nicht verwunderlich, daß er, wie viele Chinesen, die »Weststaatler« als größer, klüger, stärker und besser betrachtete. Obwohl Jeanne drei Sprachen fließend beherrschte, konnte sie Chinesisch weder lesen noch schreiben, und sie war stolz darauf, denn es zeigte einmal mehr ihr westliches Erbe.

Auch Jeannes Geschmack reflektierte ihre zweifache Abstammung: Sie trug nur westliche Kleidung, die ihr gut stand. Sie umgab sich gern mit französischen Möbeln, roten Samtvorhängen und Textiltapeten. Gleichzeitig sammelte sie chinesische Antiquitäten: Porzellan, Gemälde und Sitzmöbel. Sie liebte Pflanzen und Blumen, die ihren Duft im Wohnzimmer und in ihrem eigenen Schlafzimmer verbreiteten. Wie Großmutter rauchte sie ununterbrochen.

Ich glaube, zu Anfang war Jeanne glücklich. Ye Ye und Großmutter freuten sich, daß Vater wieder heiraten wollte, denn es war nicht gut für einen jungen Mann, längere Zeit allein zu bleiben. Tante Baba wurde außerdem teilweise von ihren Haushaltspflichten befreit und hätte theoretisch die Fäden ihres eigenen Lebens wiederaufnehmen können. Wie meine Schwester und Brüder auf die Heirat reagierten, kann ich nicht genau sagen, denn ich war ja damals noch ein Kleinkind. Ein chinesisches Sprichwort sagt jedoch: Wenn du nur einen Elternteil hast, entscheide dich lieber für deine bettelarme Mutter als für deinen kaiserlichen Vater.

Als Geschenk für seine Braut kaufte Vater das Nachbarhaus in der Shandong Road. Dort zogen die Jungvermählten nach der Heirat ein. Der Rest der Familie und die Dienerschaft blieben im alten Haus, ebenso wie Vaters Büroräume. Das Abendessen wurde immer gemeinsam eingenommen. Vater und Ye Ye arbeiteten im Erdgeschoß weiterhin Seite an Seite, und das Geschäft florierte.

Da meine ältere Schwester und meine Brüder noch oft von unserer toten Mutter sprachen und sie »Mama« 媽媽 nannten, bat uns Großmutter, für Jeanne ein anderes Wort für Mutter, nämlich *niang* 娘, zu verwenden. Wir dagegen erhielten von Niang neue europäische Vornamen. Plötzlich hieß meine Schwester Junpei Lydia, meine drei Brüder Zijie, Zilin und Zijun wurden in Gregory, Edgar und James umbenannt, und mir, Junling, gab sie den Namen Adeline.

Japanische Truppen, die bereits Tientsin und Peking besetzt hatten, rückten nun weiter nach Süden vor; in Nanking stießen sie auf überraschend heftigen Widerstand. Als Vergeltung kam es zu einer entsetzlichen Welle von Vergewaltigungen, Plünderungen und Morden. Als sie die Stadt endlich eingenommen hatten, folterten und ermordeten die Japaner 1937 und Anfang 1938 im »Massaker von Nanking« mehr als 300 000 Zivilisten und Kriegsgefangene. Schanghai fiel, und Chiang Kai-shek floh quer durch China nach Westen den Jangtsekiang hinauf bis tief in die gebirgige Provinz Sechuan; dort errichtete er seine Kriegsregierung in der Stadt Chongqing. Man kann sich die Spannung und die Unruhe vorstellen, die diese gigantischen politischen Umwälzungen in das Leben chinesischer Familien brachten.

1939 versank Tientsin plötzlich und ohne jede Vorwarnung in einer großen Flut: Die Katastrophe hatte erschütternde Ausmaße. Ye Ye nannte sie »Chinas Kummer« und ging in den buddhistischen Tempel, um Räucherstäbchen anzuzünden und um Linderung zu beten. In Tientsin erschienene, projapanische Zeitungen machten Chiang Kai-shek für die Katastrophe verantwortlich, während die Presse der Nationalen Volkspartei Guomindang in Chongqing die Japaner beschuldigte: Am Gelben Fluß seien absichtlich Deiche gesprengt worden, um durch die freigesetzten Wassermassen den Vormarsch der Truppen zu stoppen. Die Flut überschwemmte drei Provinzen und vernichtete die gesamte Ernte entlang des Flußlaufs. Zwei Millionen Menschen wurden obdachlos, Hunderttausende starben an Hunger und Krankheiten. Die Schulen mußten geschlossen werden, das Geschäftsleben kam zum Erliegen. Vaters Sägewerk arbeitete jedoch auf Hochtouren, denn der Preis für Ruderboote stieg sprunghaft von einhundert auf achthundert Yuan, Ruder nicht eingerechnet.

Das Hochwasser veranlaßte Vater, die beiden Häuser durch eine hohe Holzplattform zu verbinden. Diese war jedoch so schlüpfrig, daß es besonders für Großmutter mit ihren torkelnden Schritten auf den kleinen, gewickelten Füßen gefährlich war, sie zu überqueren. Niang hatte gerade unseren Halbbruder, Franklin, zur Welt gebracht und erholte sich noch von der Geburt. Vater mußte sie praktisch jeden Abend zum gemeinsamen Essen ins »alte Haus« hinübertragen.

Niang zeigte wenig Verständnis für die Probleme, mit denen die Dienerschaft zu kämpfen hatte. Der Koch sollte jeden Morgen auf einem wackeligen, aus ein paar Brettern zusammengenagelten Floß zum Markt paddeln und beladen mit Gemüse wieder nach Hause kommen. Als Ye Ye auf die Gefahren solcher Einkaufsexpeditionen hinwies, erwiderte Niang nur, daß der Koch ein guter Schwimmer sei und sie keine Notwendigkeit sähe, ihm ein Ruderboot zur Verfügung zu stellen. Als das Hochwasser nach vierzig Tagen endlich zurückging, befahl Großmutter den Bau eines gemauerten und überdachten Übergangs zum neuen Haus. Lydia gab ihm den Spitznamen »die Brücke«, und wir spielten dort oft Verstecken.

Das jüngste Kind, unsere Halbschwester Susan, wurde im November 1941 geboren. Zwei Wochen später, am 7. Dezember, griffen japanische Bomber auf der anderen Seite des Pazifiks in Pearl Harbor die amerikanische Kriegsflotte an. Plötzlich befand sich Japan auf der Seite Deutschlands im Krieg gegen Amerika und die europäischen Alliierten. Genau zu diesem Zeitpunkt, am 8. Dezember, erhielten in China japanische Soldaten in gepanzerten Fahrzeugen den Befehl, die niedrigen Stacheldrahtbarrikaden zu überrollen und die ausländischen Gesandtschaften der chinesischen Vertragshäfen zu besetzen. Gleichzeitig begann die japanische Invasion in Malaya und die Bombardierung Singapurs. An einem einzigen Tag verschmolz der chinesisch-japanische Konflikt mit dem Krieg in Europa, weitete sich bis nach Malaya aus, verwickelte Amerika in die Auseinandersetzungen und wurde zum Zweiten Weltkrieg.

In Schanghai und Tientsin wurden Briten und Amerikaner, die früher als allmächtig und unbesiegbar galten, in japanische Konzentrationslager interniert. Die französischen Gesandtschaften waren über Nacht den Japanern auf Gedeih und Verderb ausgeliefert. Der gesamte Handel, vor allem zwischen China und dem Westen, wurde von den neuen Herren sehr genau überwacht. Der französische Gerichtshof, der sich mit Vaters geschäftlichen Streitfällen zu befassen hatte, tagte unversehens unter dem Vorsitz eines Richters, der nach der »Neuen Ordnung in Ostasien«, einer von den japanischen Besatzern unter Führung des Verräters Wang Jingwei eingesetzten Marionettenregierung, ernannt worden war.

Die wenigen amerikanischen Geschäftsleute in Tientsin verließen mit ihren Familien und den wenigen Habseligkeiten, die sie retten konnten, fluchtartig das Land. Ein robustes, achtzehnjähriges Bauernmädchen, das Vater von einem seiner internierten amerikanischen Freunde empfohlen worden war, kam nun zu uns. Sie stellte sich als Amme für Susan vor und verlangte das Dreifache des sonst üblichen Lohns mit der Begründung, daß sie bisher bei einem amerikanischen Ehepaar gearbeitet hätte und »höchsten Standard« gewöhnt sei. Bis Susan entwöhnt war, wollte sie fünfhundert Yuan gespart haben, um sich einen Ochsen zu kaufen, in ihr Dorf zurückzukehren und an der Seite ihres Mannes eigene Kinder großzuziehen.

Dies löste in der Familie den schrecklichsten Tumult aus. Niang war fest entschlossen, das Mädchen einzustellen, obwohl niemand zustimmte. Sie war der Meinung, daß nur eine Frau, die bereits ein weißes amerikanisches Baby gesäugt hatte, gut genug für ihre Tochter war. Vater erfüllte ihr auch diesen Wunsch, obwohl der überhöhte Lohn von dreißig Yuan die anderen Diener in Rage brachte. Die Höhe ihrer Vergütung sollte eigentlich geheim bleiben, aber es dauerte nicht lange, bis das gesamte Hauspersonal über die ungleiche Bezahlung Bescheid wußte. Franklins Amme verlangte nun für sich und die anderen die gleiche Bezahlung; die lebhafte und intelligente Kinderfrau warf Niang Ungerechtigkeit und Diskriminierung vor, packte ihre Sachen und ging.

Tante Baba mußte sich nun auch noch um den zweijährigen Franklin kümmern. Sie übernahm diese Verpflichtung nur widerwillig, aber Großmutter machte ihr klar, daß sie nicht nur unsere, sondern auch Franklins Tante war. Also schlief Franklin wie ich in Tante Babas Schlafzimmer. Manchmal kaufte sie uns zum Naschen Drachenaugen, eine der Lychee ähnliche Sommerfrucht. Kinder bekamen davon angeblich große, leuchtende Augen.

Tante Baba hatte uns beide gleich lieb und brachte uns die wichtigsten chinesischen Schriftzeichen bei. Lydia ging in die St.-Joseph-Schule, an der Niang 1937 ihren Abschluß gemacht hatte. Im Sommer 1941 wurde ich ebenfalls dort im Kindergarten angemeldet.

5. KAPITEL

Wie ein Tag aus einem Frühlingstraum

Yi Chang Chun Meng

一場春夢

Meine eigenen Erinnerungen an Tientsin sind sehr vage. Die ersten Photos zeigen ein feierlich dreinblickendes kleines Mädchen mit geballten Fäusten, zusammengepreßten Lippen und ernstem Blick in einem hübschen westlichen, mit Bändern und Schleifen verzierten Kleidchen. Ich ging gern zur Vorschule und freute mich schon auf die richtige Schule. Lydia und ich wurden jeden Tag in Großmutters glänzender schwarzer Rikscha hingebracht und wieder abgeholt. Die Rikscha hatte an beiden Seiten eine Messinglampe und eine Glocke, die mit dem Fuß bedient wurde. Als ich 1987 zu Besuch in Tientsin weilte, stellte ich überrascht fest, daß man zu Fuß von unserem Haus bis zu St. Joseph kaum sieben Minuten brauchte.

Ich erinnere mich an Lydia als ziemlich imposante, furchterregende Person. Zwischen uns lagen Welten: die Geburt unserer drei Brüder und ein Altersunterschied von sechseinhalb Jahren. Lydia erprobte an mir gern ihre Autorität und ließ gelegentlich ihre Muskeln spielen, wenn sie mich die Hausaufgaben abfragte, ganz besonders beim Katechismus. Ihre Lieblingsfrage lautete: »Wer hat dich gemacht?« Ich wußte die Antwort. Wie ein Papagei sagte ich den ziemlich abgedroschenen Satz »Gott hat mich gemacht« auf. Dann kam die knifflige Frage: »Warum hat Gott dich gemacht?« Darauf wußte ich keine Antwort, denn unser Lehrer kam nie über die erste Frage hinaus. Lydia verpaßte mir dann mit der kräftigen rechten Hand eine schallende Ohrfeige und nannte mich dumm.

Bei der täglichen Rikschafahrt ließ sie mich gern warten und kam immer zu spät. Wenn ich jedoch einmal im Klassenzimmer aufgehalten wurde, was selten vorkam, fuhr sie einfach allein mit der Rikscha nach Hause, schickte aber den Rikschakuli zurück zur Schule, um mich abzuholen. Schon als Kind war sie ziemlich untersetzt, und ihre Mißbildung verlieh ihr eine merkwürdige Haltung. Ihr halbgelähmter linker Arm hing kraftlos herunter, und ihr Kopf war immer leicht vorgebeugt und nach links geneigt. Aus der Perspektive einer vierjährigen Schwester war sie eine beängstigende, autoritäre Gestalt.

Mein ältester Bruder Gregory hatte ein sonniges Gemüt und die ansteckende Begabung, selbst alltägliche Situationen in fröhliche Ereignisse zu verwandeln; viele Menschen mochten ihn wegen seiner Lebensfreude. Als ältester Sohn war er, wie in China üblich, natürlich Vaters Liebling und wurde auch von den Großeltern bevorzugt. Ich kann mich an eine Situation an einem heißen Nachmittag erinnern, als er voller Übermut fasziniert auf ein langes schwarzes Haar starrte, das in Ye Yes rechtem Nasenloch beim Schnarchen immer ein- und ausgeblasen wurde. Schließlich konnte Gregory der Versuchung nicht länger widerstehen: Geschickt faßte er das Haar beim nächsten Ausatmen fest zwischen Daumen und Zeigefinger. Dann folgte eine quälende Pause. Endlich atmete Ye Ye wieder ein, während Gregory verbissen festhielt. Das Haar wurde aus der Wurzel gerissen, und mit einem Schrei wachte Ye Ye auf. Einen Staubwedel schwingend, jagte er Gregory nach, doch es gelang diesem wie immer zu entkommen.

Im allgemeinen beachtete Gregory James und mich jedoch nicht, denn als Spielgefährten waren wir zu klein. Er hatte immer Freunde seines Alters um sich. Lernen machte ihm keinen Spaß, aber wie Großmutter hatte er im Glücksspiel und bei Kartenspielen wie Bridge eine glückliche Hand. Auch mit Zahlen konnte er gut umgehen; manchmal zeigte er seinen jüngeren Geschwistern Rechentricks und lachte dabei schallend über seine eigene Schlauheit.

Von allen Geschwistern fürchtete ich Edgar am meisten. Er tyrannisierte James und mich und benutzte uns manchmal, um seinem Ärger Luft zu machen. Ständig schickte er uns herum, ließ uns Besorgungen für ihn erledigen und nahm uns oft unsere Spielsachen, Süßigkeiten, Nüsse, Melonenkerne und gesalzenen Pflaumen weg. In der Schule war er auch nicht überragend, das verunsicherte ihn, obwohl er sich tapfer durchschlug und passable Ergebnisse erzielte.

Mein Drittältester Bruder, *San ge* 三哥, James, war mein Held und einziger Freund. Wir spielten stundenlang miteinander und entwickelten eine nahezu telepatische Nähe, vertrauten uns gegenseitig unsere Träume und Ängste an. Bei ihm mußte ich nicht ständig auf der Hut sein, und ich hatte einen solchen Freiraum bitter nötig. Während meiner ganzen Kindheit war es immer ein tröstlicher Gedanke, daß ich bei ihm jederzeit Verständnis und Liebe fand.

Wir waren beide Edgars Opfer, obwohl James vielleicht mehr darunter zu leiden hatte, denn er teilte jahrelang ein Zimmer mit seinen beiden Brüdern. Er haßte es aufzufallen. Wenn sie ihn herumschubsten, ertrug er die Schläge ohne Gegenwehr oder versuchte, seinen Peinigern aus dem Weg zu gehen. Wenn er zum Beispiel sah, wie Edgar mich verprügelte, verschwand er blitzschnell und lautlos. Sobald Edgar weg war, kam er angekrochen und versuchte, mich zu trösten. Dabei murmelte er oft seinen Lieblingssatz: »Laß nur!«, *suan le! …*

Niang zeigte offen, daß sie Franklin lieber mochte als ihr zweites Kind. Äußerlich war er ihr wie aus dem Gesicht geschnitten: ein hübscher Junge mit runden Augen und einer frechen kleinen Stupsnase. Damals war Susan noch ein Baby, doch beide Kinder hatten etwas Besonderes; ich kann mich nicht entsinnen, jemals beobachtet zu haben, daß Edgar oder Lydia die beiden Kleinen ärgerten oder schlugen. James und ich waren die erklärten Sündenböcke und Diener. Wenn wir nicht schnell genug waren, gab es oft Ohrfeigen, besonders von Edgar.

In der Schule bei meinen Freunden fühlte ich mich wohler als zu Hause, wo ich als minderwertig und unbedeutend angesehen wurde, zum Teil auch deswegen, weil ich am Tod meiner Mutter schuld war und damit Unglück über die ganze Familie gebracht hatte. Ich weiß noch, wie meine älteren Geschwister Fangen oder Seilspringen spielten und wie gern ich mitgespielt hätte. Obwohl James und ich uns sehr nahestanden, ging er mit den anderen und wurde »einer von den Jungs«, wenn sie mich ausschließen wollten.

In der Schule wurden jeden Freitag die Noten zusammengerechnet, und wer die höchste Gesamtzahl erreichte, erhielt eine silberne Medaille, die für eine ganze Woche vorn an der Brusttasche getragen werden durfte. Vater merkte sofort, wenn ich die Medaille trug. Dies waren die einzigen Gelegenheiten, bei denen er zeigte, daß er stolz auf mich war. Er neckte mich dann oft, indem er sagte: »Da glänzt etwas auf deinem Kleid. Es blendet mich! Was kann das wohl sein?« oder »Ist die linke Seite deiner Brust nicht schwerer? Du kippst ja fast um!« Ich saugte seine Worte förmlich ein, und schon bald trug ich die Medaille fast ununterbrochen. Bei der Preisverleihung Ende 1941 wurde mein Name erwähnt, weil ich die Schulmedaille länger getragen hatte als jemals ein anderer Schüler auf dieser Schule. Als ich die Treppe zum Podium hinaufkletterte, die so steil war, daß ich mich auf Händen und Knien hinaufziehen mußte, nahm ich stolz und aufgeregt meine Auszeichnung vom französischen Geistlichen in Empfang. Die Zuschauer applaudierten lange und lachten zustimmend, doch von meiner Familie war niemand gekommen, auch mein Vater nicht.

Anfang 1942 begannen die Japaner, sich Vaters Bücher sehr genau anzusehen, forderten eine gründliche Buchprüfung und verlangten schließlich die Fusion seiner Unternehmen mit einer japanischen Gesellschaft. Vater würde dem Namen nach verantwortlich bleiben, aber die Gewinne müßten zur Hälfte geteilt werden. Dieses »Angebot« war eigentlich ein Befehl, denn jede Ablehnung hätte die Beschlagnahmung des Vermögens, Gefängnis für Vater und Vergeltungsmaßnahmen für den Rest der Familie bedeutet. Die Annahme jedoch stellte offene Kollaboration mit dem Feind dar, sofortigen Verlust der Unabhängigkeit und mögliche Konsequenzen seitens der Widerstandskämpfer im Untergrund.

Nach vielen schlaflosen Nächten, die durch die endlosen Arbeitsessen, bei denen die Japaner mal schmeichelten, mal drohten, noch verschlimmert wurden, unternahm Vater einen radikalen Schritt. An einem kalten Herbsttag brachte er einen Brief zur Post und kehrte nicht mehr nach Hause zurück.

Ein paar Monate führte Ye Ye dieses Katz-und-Maus-Spiel noch fort. Es waren äußerst turbulente Zeiten. Entführungen, Morde und plötzliches Verschwinden waren an der Tagesordnung. Er ging sofort zur Polizei und gab eine Vermißtenanzeige für seinen Sohn auf. Er setzte Anzeigen in die Zeitungen und Belohnungen für Hinweise auf Vaters Verbleib und Auffinden aus, tot oder lebendig. Es war eine gewagte List, und der Preis war hoch, aber sie erzielte die gewünschte Wirkung. Ohne Vater an der Spitze verlor die Joseph Yen & Company bald den Boden unter den Füßen. Personal mußte entlassen werden, die Geschäfte gingen spürbar zurück, und die Gewinne fielen in den Keller. Die Japaner verloren bald das Interesse an diesem einst florierenden Unternehmen.

Inzwischen hatte sich Vater, dem es gelungen war, einen Teil seines Vermögens noch vor seinem Verschwinden zu retten, unter dem angenommenen Namen Yen Hong 嚴洪 nach Süden in das japanisch besetzte Schanghai durchgeschlagen und dort das Haus in der Avenue Joffre gekauft, in dem später die ganze Familie wohnte. Bald darauf ließ er Niang und Franklin mit einigen vertrauenswürdigen Angestellten nachkommen.

Das Leben der in Tientsin zurückgebliebenen Familie verlief seltsam heiter und friedlich. Tante Baba führte den Haushalt, und wir Kinder durften jederzeit Freunde einladen zum Spielen und gelegentlich auch zum Naschen; Niang hätte solches Verhalten nie geduldet. Die Essenszeiten wurden nicht so streng eingehalten, und die Erwachsenen plauderten oder spielten oft bis spät in die Nacht Mah-Jongg. Ye Ye beschäftigte noch immer einige Mitarbeiter im Büro. Im großen und ganzen ließen uns die Japaner in Ruhe. Es wurde wieder ein Chauffeur eingestellt, und sonntags fuhren wir zu verschiedenen Restaurants, um die unterschiedlichen Küchen, auch die russische, französische und deutsche, auszuprobieren. Ich sehe mich noch heiße Schokolade trinken und im vornehmen Restaurant Kiessling Pasteten essen, während ein Terzett Straußwalzer und Beethovenromanzen spielte. Manchmal durften wir uns sogar einen guten Film im Kino ansehen.

Vater drängte den Rest der Familie, ebenfalls nach Schanghai zu ziehen. Im Sommer 1942 konnte er Großmutter überreden, ihn wenigstens für zwei Monate zu besuchen. Sie behauptete jedoch, daß sie jetzt in Tientsin zu Hause sei, und kam wieder zu uns zurück. Sie weigerte sich hartnäckig, umzuziehen, und erklärte Tante Baba, daß es im Leben nicht wichtig sei, wo man lebt, sondern mit wem.

Eines Abends, nach einem brütendheißen Tag – es war der 2. Juli 1943 –, besprachen wir mit dem Koch gerade das Menü für den nächsten Tag, als Tante Baba vorschlug, daß wir statt Reis auch einmal Tientsin-Knödel essen könnten. Diese frisch mit Schnittlauch, Hackfleisch und Frühlingszwiebeln zubereiteten Knödel waren besonders bei uns Kindern sehr beliebt. Laut riefen wir durcheinander, wie viele Knödel jeder von uns vertilgen würde. Großmutter bekam Kopfschmerzen von dem Tumult, ging in ihr Zimmer, zündete sich eine Zigarette an und legte sich aufs Bett. Tante Baba setzte sich zu ihr und erzählte ihr eine Geschichte aus der Legende des Affenkönigs. Obwohl Großmutter viele Märchen aus der chinesischen Literatur kannte, fand sie es äußerst entspannend, sie sich immer wieder von ihrer Tochter erzählen zu lassen. Sie zog Schuhe und Strümpfe aus, wickelte ihre verkrüppelten Füße auf, tauchte sie in warmes Wasser, um die ewigen Schmerzen zu lindern, und seufzte erleichtert. Tante Baba ging hinaus und nahm selbst ein Bad, als Ye Ye plötzlich an die Tür trommelte. Großmutter zuckte in Krämpfen und hatte Schaum vor dem Mund. Der Arzt wurde gerufen, aber es war schon zu spät: Sie kam nicht mehr zu Bewußtsein und starb an einem Herzinfarkt.

Ich wachte an einem glühendheißen Morgen auf. Tante Baba saß an ihrem Frisiertischchen und weinte; sie erklärte mir, Großmutter habe diese Welt verlassen und kehre nie mehr zurück. Ihr

Leben sei verflogen wie ein Tag aus einem Frühlingstraum, *yi chang chun meng* 一場春夢. Ich höre noch das Summen der Zikaden im Hintergrund, während sich draußen Straßenhändler mit Holzklappern bemerkbar machten und in einem melodischen Singsang ihre Waren anpriesen: »Heiße Nudeln mit Rindfleisch, reifer Bohnenquark, frische Spießchen.« Ich wunderte mich, daß das Leben einfach so weitergehen konnte wie zuvor, obwohl doch Großmutter nicht mehr bei uns war.

Großmutters Leichnam wurde im Wohnzimmer aufgebahrt. Der Sarg, auf dem ihr Photo stand, wurde mit weißen Blumen, Kerzen, Obst und kleinen, sehr eleganten Spruchbändern, auf denen im feinsten Pinselstrich ihre Tugenden und guten Taten aufgeführt waren, dekoriert. Sechs buddhistische Mönche in langen Kutten kamen und hielten Totenwache. Uns Kindern wurde aufgetragen, im selben Raum auf dem Fußboden zu schlafen, um ihr Gesellschaft zu leisten. Wir hatten schreckliche Angst und starrten mit Entsetzen auf die glänzenden, kahlgeschorenen Köpfe der Mönche, die im flackernden Kerzenschein ihre Sutras sangen. Die ganze Nacht fürchtete und hoffte ich zugleich, daß Großmutter den Deckel aufstoßen und ihren Platz unter uns wieder einnehmen würde.

Am nächsten Tag fand die offizielle Beisetzung statt. Wir Trauernden trugen alle weiße Kleider mit weißen Stirnbändern und hübschen weißen Schleifen. Begleitet von Musik und Gesängen der buddhistischen Priester folgten wir zu Fuß dem Sarg bis zum buddhistischen Tempel. Auf dem Weg warfen Diener Papiergeld in die Luft, um die Geister zu besänftigen. Da Vater, der sich noch immer verstecken mußte, fehlte, übernahm mein Bruder Gregory den Platz des ranghöchsten Trauernden. Er ging unmittelbar hinter dem Sarg, der auf einem Wagen stand und von vier Männern gezogen wurde. Alle paar Schritte fiel er auf die Knie und beklagte laut jammernd den Verlust seiner Großmutter. Dabei schlug er mehrmals den Kopf auf den Boden, um seine Ehrerbietung zu zeigen. Wir folgten Gregory schweigend und bewunderten seinen Auftritt.

Schließlich erreichten wir den Tempel. Der Sarg wurde auf einen Altar gestellt und mit weißen Blumengestecken, weiteren Seidenbändern und Großmutters Lieblingsspeisen geschmückt; dazu gehörten etwa sechzehn Gemüsegerichte, Obst und Süßigkeiten. Der Duft der Räucherstäbchen hing schwer in der Luft, Mönche sangen Gebete. Wir mußten Kotau machen, die chinesische Verbeugung, bei der man niederkniet und wiederholt mit der Stirn den Boden berührt. Die Mönche brachten Papiernachbildungen verschiedener Gegenstände, von denen man glaubte, daß Großmutter sie in der anderen Welt benötigte: massenhaft Gold- und Silberbarren, ein sehr kompliziertes Auto aus Pappkarton, das aussah wie Vaters Buick, eine Menge Möbel und Gerätschaften, sogar ein Mah-Jongg-Spiel. Diese Nachbildungen wurden in einer großen Urne verbrannt; das gefiel uns Kindern, dabei vergaßen wir in der Aufregung völlig den Anlaß dieses Schauspiels und stritten uns um das Papierauto, das sehr phantasievoll ausgeführt und mit glänzender Aluminiumfolie überzogen war. Viele Jahre später erzählte mir Tante Baba, daß alles – auch die Spruchbänder, die Mönche, Blumen, Musiker und Bilder – von einem Fachgeschäft gemietet worden war, das solche »Ereignisse« mit allem, was traditionell dazugehörte, organisierte.

Ich weiß noch, daß ich zuschaute, wie alle Papierbilder lodernd verbrannten und der Rauch in Spiralen aufstieg. Ich stellte mir vor, daß er irgendwo im Himmel wieder zusammenfließen und die Gegenstände allein zu Großmutters Gebrauch und Freude wieder zusammensetzen würde.

Unsere Verwandten und Freunde kehrten mit uns nach Hause zurück, wo ein opulentes Essen mit zahlreichen Gängen serviert wurde. Danach schickte man uns Kinder zum Spielen in den Garten. Lydia baute eine behelfsmäßige Urne, wir bastelten Herde, Betten und Tische aus Papier und veranstalteten unsere eigene Beerdigung für Großmutter. Schon bald brannte die Urne, die aus einem hölzernen Blumentopf bestand. Ye Ye kam wütend heraus, drehte den Wasserhahn auf und spritzte uns und unsere Bestattungszeremonie naß. Wir wurden ins Bett geschickt, doch der Vorfall half uns, die Trauer und Bedrücktheit der letzten beiden Tage zu vergessen, und wir hatten das Gefühl, daß Großmutter in der anderen Welt glücklich werden würde.

Im weit entfernten Schanghai trauerte Vater zutiefst. Er konnte nicht glauben, daß seine geliebte Mutter schon mit fünfundfünfzig Jahren gestorben war. Zum Gedenken an sie trug er von nun an nur noch schwarze Krawatten.

Wir wußten es noch nicht, aber die Beerdigung setzte unserer unbeschwerten Kindheit ein unerwartetes Ende.

6. KAPITEL

Die Schande der Familie darf nicht an die Öffentlichkeit gelangen

Jia Chou Bu Ke Wai Yang

家醜不可外揚

Eines Tages im August 1943, etwa sechs Wochen nach Großmutters Tod, wurden Lydia, Gregory, Edgar und ich mitsamt unserem Gepäck zum Bahnhof gebracht. Dort warteten in einer langen Reihe auf einem Bahnsteig Waggons mit der Aufschrift »Nach Schanghai«.

In einem Liegewagen der ersten Klasse saß Vater, ganz in Schwarz gekleidet, allein am Fenster. Wir waren sehr überrascht, denn niemand hatte uns gesagt, daß er zurückgekehrt war. Seine Augen waren ganz rot, er hatte geweint.

Vater war gekommen, um uns nach Schanghai zu begleiten. Ye Ye, Tante Baba und Susan mußten noch zwei Monate in Tientsin bleiben, um die von der buddhistischen Tradition vorgeschriebenen hundert Tage Trauer um Großmutter einzuhalten. Auch James, der sich gerade von den Masern erholte, blieb zurück und sollte später mit ihnen nachkommen.

Die Zugfahrt von Tientsin nach Schanghai dauerte zwei Tage und eine Nacht. Unterwegs hielt der Zug immer wieder, und Vater kaufte uns bei einem der vielen Straßenhändler am Bahnsteig kleine Imbisse. Es gab Eier, gegrillte Hühnchenflügel, geräucherten Fisch, gedämpftes Brot, *man tou* genannt, und frisches Obst. Es war schrecklich heiß und stickig. Vater ließ die Fenster in unserem Abteil offen. Ich schlief auf der oberen Liege über seinem Bett und träumte in der Nacht, der Luftzug hätte mich aus dem

Fenster gezogen. Ich wachte auf und schrie nach Tante Baba. Der Zug raste weiter nach Süden.

Als wir endlich ankamen, brachte uns Vater zu seinem neuen Haus. Es lag in einem *long tang*, einem Häuserkomplex mitten in der französischen Gesandtschaft. Unsere Häuserzeile bestand aus siebzig dichtgedrängten Gebäuden, die alle im gleichen Stil gebaut und von einer Mauer umgeben waren. Auf jeder Seite führten drei enge Alleen auf die große Hauptstraße und weiter auf die Avenue Joffre, die heutige Huai Hai Road. Unser dreistöckiges Haus war 1920 gebaut worden, zeigte deutliche Züge des Bauhausstils und erinnerte in seiner Einfachheit gleichzeitig an Art déco. Es gab nicht nur eine herrliche Dachterrasse, sondern auch einen kleinen Garten auf der Vorderseite, der von einer zwei Meter hohen Mauer umgeben war. Besucher gelangten durch ein schmiedeeisernes Tor in einen wunderschönen Garten mit einer kleinen Wiese, blühenden Kamelien und einem Magnolienbaum mit herrlich duftenden Blüten. Kaum sichtbar stand in einer Ecke eine hölzerne Hundehütte, in der Jackie, Vaters wachsamer Schäferhund, schlief. In dem malerischen Brunnen direkt an der Mauer wurden im Sommer die Wassermelonen in großen geflochtenen Körben kühl gehalten.

Über Steinstufen gelangte man hinunter zur großen Terrasse, die ins Wohnzimmer führte. Dieser Raum im Erdgeschoß war mit dunkelroten Samtsofas, passenden Vorhängen und einem Tientsin-Teppich ausgestattet, der das teure Teakholzparkett teilweise bedeckte. Die Tapete war fein gestreift und hatte leicht hervorstehende Samtnoppen, ebenfalls passend zur Couch und zu den Vorhängen. Überzüge mit weißen Schleifen schmückten die Kopf- und Armstützen der Stühle. In der Mitte des Raums stand ein Louis-seize-Kaffeetischchen.

Das Eßzimmer zur Linken hatte große Bogenfenster, durch die man einen herrlichen Blick in den Garten hatte. Um den ovalen Eßtisch standen Rattanstühle mit geflochtenen Rückenlehnen, an der Wand eine Kommode und ein Kühlschrank.

Auf der Rückseite des Hauses waren Küche, Badezimmer, Räume für die Dienerschaft und die Garage untergebracht. Wir Kinder durften das Haus nur durch die Hintertür, die auf einen kleinen Weg entlang der Mauer zu den Nachbarhäusern führte, verlassen und betreten.

Vater und Niang bewohnten das schönste Zimmer im ersten Stock. Neben einem großen Doppelbett, einem geschnitzten Schminktischchen und einem großen Spiegel besaß es einen Alkoven, der ebenfalls auf den Garten blickte und als Sitzecke diente. James nannte ihr Schlafzimmer »das Allerheiligste«. Es war durch ein Badezimmer von einem kleinen Vorzimmer, in dem Franklin und Susan schliefen, getrennt. Dieser kleine Raum hatte einen Balkon, von dem aus Franklin dem unten umherstreifenden Schäferhund Jackie oft Futter und Spielzeug zuwarf.

Als wir aus Tientsin ankamen, wurden wir, die Habenichtse, in den zweiten Stock verbannt. Ye Ye bekam ein eigenes Zimmer mit Balkon. Tante Baba und ich teilten uns ein Zimmer, und den drei Jungen wurde ein weiterer Raum zugewiesen. Es galt als stillschweigende Vereinbarung, daß wir, die »Bewohner zweiter Klasse«, keinesfalls auch nur einen Fuß in das Vorzimmer oder das Allerheiligste setzen durften, während »sie«, die Bewohner des ersten Stocks, unser Quartier jederzeit betreten konnten.

Anfangs erhielt auch Lydia ein Zimmer auf »unserem Stockwerk«, durfte später aber in den ersten, in »ihren« Stock, ziehen und schlug sich teilweise auch auf »ihre Seite«.

Meine neue Schule, die Grundschule Heiliges Herz, *Sheng Xin* 聖心, war etwa drei Kilometer von unserem Haus entfernt. Am ersten Schultag nahm mich der Koch auf dem Weg zum Markt auf der Lenkstange seines Fahrrads mit zur Schule. Ye Ye und Tante Baba waren noch immer in Tientsin; niemand dachte daran, mich von der Schule abzuholen.

Als die Schule aus war, sah ich, wie alle anderen Kinder der ersten Klasse von ihren besorgten Müttern am Tor begrüßt wurden. Ich erinnere mich noch an das endlose Warten und die aufsteigende Panik, während immer mehr Klassenkameraden an der Hand ihrer Mutter aus meinem Blickfeld verschwanden. Schließlich blieb ich ganz allein zurück. Ich war so verlegen und hilflos, daß ich mich nicht zurück in die Schule wagte, sondern zögerlich die Straßen von Schanghai entlangschlenderte. Je weiter ich kam, um so dichter wurde die Menschenmenge. Überall wimmelte es von Fußgängern, Kulis mit schweren Lasten auf ihrem Bambusjoch, Straßenhändlern, Standbesitzern und Bettlern, die – ohne Beine, blind oder schrecklich verkrüppelt – mit ihren Blechdosen auf den Boden klopften, um auf sich aufmerksam zu machen. Jeder schien einem Ziel entgegenzustreben. Jeder, nur ich nicht. Verzweifelt lief ich Meile um Meile auf der Suche nach einem Orientierungspunkt. Ich hatte mich hoffnungslos verirrt und wußte nicht einmal, wo ich wohnte.

Zu jener Zeit kam es oft vor, daß Kinder entführt wurden und in den Eingeweiden Schanghais verschwanden; sie wurden als Sklavinnen, *ya tou*, manchmal auch an Bordelle verkauft. Als es dunkel wurde, erfaßte mich Panik, und ich war furchtbar hungrig. Ich stand vor einer hellerleuchteten Imbißstube, starrte auf die Knödel, Nudeln, gerösteten Enten und gegrillten Schweinespießchen im Schaufenster. Die Inhaberin kam heraus, sah meine nagelneue Schuluniform und fragte: »Wartest du hier auf deine Mutter?« Vor Schreck konnte ich nicht antworten, sondern senkte nur den Kopf. »Komm herein«, sagte sie, und ich folgte ihr.

Plötzlich sah ich aus dem Augenwinkel meinen Rettungsanker: das Telephon! Unsere neue Telephonnummer in Schanghai war mir im Gedächtnis geblieben: 79281. Mein Bruder Gregory war sehr geschickt im Umgang mit Zahlen und hatte mir in der vergangenen Woche beigebracht, mit Zahlen zu spielen, vorwärts und rückwärts; dabei mußte ich immer versuchen, auf die Zahl 13 zu kommen. Die Imbißstube war laut und überfüllt. Niemand bemerkte, wie ich den Hörer abnahm und wählte. Vater war am Apparat. »Wo bist du?« fragte er ganz ruhig; niemand hatte mich vermißt. »Irgendwo in einem Restaurant, ich habe mich verlaufen.« Er hörte im Hintergrund wohl das typische Klirren und Klappern von Geschirr und verlangte, die Inhaberin zu sprechen. Sie erklärte ihm den Weg, und schon bald holte er mich in seinem großen schwarzen Auto ab. Gedankenverloren und schweigend fuhr er nach Hause. Als wir ankamen, tätschelte er mir den Kopf und meinte: »Du hättest dich nicht verlaufen, wenn du einen Stadtplan mitgenommen und dir angeschaut hättest, wo sich deine Schule und dein Zuhause befinden.«

Aus dieser Erfahrung lernte ich, mich nur auf mich selbst zu verlassen. Mir wurde klar, daß mich außer Tante Baba niemand vermissen würde. Noch am selben Abend bat ich Gregory, mir das Kartenlesen beizubringen, und ich habe mich nie wieder verlaufen.

Zwei Monate später kamen Ye Ye, Tante Baba, James und Susan aus Tientsin. Ich war überglücklich. Niang hatte ihre Tochter seit dem Frühling 1942 nicht mehr gesehen; damals war Susan erst wenige Monate alt gewesen. Nun war Susan schon ein hübsches kleines Mädchen mit großen runden Augen, vollen Wangen und dickem schwarzem Haar. Für die erste Begegnung mit ihrer Mutter hatte Tante Baba ihr lustige rosa Hosen und eine passende Steppjacke angezogen und ihr Haar zu Zöpfen geflochten, die auf beiden Seiten abstanden. Sie sah wirklich niedlich aus, als sie im Wohnzimmer herumsauste, sich alles ansah und zu Tante Baba zurücklief, um es ihr zu zeigen. Niang ging auf sie zu und wollte sie hochheben, aber für meine zweijährige Schwester war Niang eine völlig Fremde. Susan wand sich und zappelte und wehrte sich mit aller Kraft. Schließlich brach sie in Tränen aus und schrie: »Ich will dich nicht! Ich will dich nicht! Tante Baba! Tante Baba!«

Niemand wagte, ein Wort zu sagen. Jedes Gespräch hatte aufgehört, als wir Susan in Niangs Armen zittern und zappeln sahen. Schließlich zwang Niang zu meinem Entsetzen ihre Tochter auf die Couch neben sich und schlug ihr kräftig ins Gesicht. Susan brüllte noch lauter. Aufgebracht und wütend verlor Niang nun völlig die Beherrschung und verprügelte ihre Tochter ohne Rücksicht, ob sie in Susans kleines Gesicht, auf die Ohren oder den Kopf schlug. Alle im Raum duckten sich.

Ich war völlig verwirrt und konnte mir nicht erklären, warum Vater, Ye Ye oder Tante Baba nicht eingriffen, um dem Wutausbruch ein Ende zu setzen. Ich wollte weglaufen, aber meine Füße waren wie festgenagelt. Ich wußte, daß ich besser den Mund halten sollte, aber ich erstickte fast an den Worten, die mir auf der Zunge lagen, und mußte sie einfach aussprechen. Schließlich vergaß ich, wer ich war und wo ich mich befand, und rief mit zitternder Stimme: »Hör auf, sie zu schlagen! Sie ist doch noch ein kleines Kind!«

Niang drehte sich um und starrte mich wütend an, ihre großen Augen traten fast aus dem Kopf. Einen Moment lang glaubte ich, sie würde sich nun auf mich stürzen. Tante Baba schaute warnend zu mir herüber, ich solle nur ja still sein. Sogar Susan jammerte nur noch leise. Mein Protest hatte zwar Niangs rasende Wut gebremst, doch nun richtete sich ihr Zorn gegen mich.

In diesem Augenblick sahen und verstanden wir Kinder plötzlich alles, nicht nur sie, sondern auch Vater und Ye Ye und Tante Baba. Wir erlebten die andere Seite ihres Charakters. Nun, da Großmutter tot war, herrschte sie allein über die Familie.

Meine Angst wuchs, als mich ihre Blicke durchbohrten. Ein Schwall Worte sprudelte aus ihrem verkrampften Mund. »Verschwinde!« schrie sie. »Geh mir aus den Augen, sofort! Wie kannst du es wagen, den Mund aufzumachen?« Als ich hinausrannte, fügte sie drohend und berechnend hinzu: »Diese Frechheit, diese Unverschämtheit werde ich nie, niemals vergessen oder verzeihen. Niemals! Niemals! Hörst du?«

So verlief die Wiedervereinigung unserer Familie in Vaters Haus in der Schanghaier Avenue Joffre im Oktober 1943.

Mit dem Umzug veränderte sich unser Leben drastisch. Vater schickte uns alle auf private Missionsschulen; hier wurde der Unterricht auf chinesisch abgehalten und Englisch nur als Fremdsprache gelehrt. Ich kam auf die Sheng-Xin-Schule, während meine drei Brüder zur christlichen Jungenschule St. John und Lydia in die katholische Mittelschule Aurora gingen. Vater entwickelte ein Sparprogramm, um uns den Wert des Geldes deutlich zu machen: Wir erhielten kein Taschengeld und keine andere Kleidung als unsere Schuluniformen; außerdem mußten wir zu Fuß zur

Schule gehen. Hin und zurück waren es für die Jungen fast zwölf Kilometer; sie mußten um halb sieben Uhr aufstehen, um rechtzeitig um acht Uhr in der Schule zu sein. Lydias Schule lag ganz in der Nähe der Sheng-Xin-Schule, so daß wir die drei Kilometer gemeinsam zurücklegen konnten.

Als Ye Ye endlich aus Tientsin zu uns kam, bettelten wir ihn schamlos um Fahrgeld für die Straßenbahn an, die fast von Tür zu Tür fuhr, und erhielten jeden Abend ein bißchen Geld. Es fuhren mehrere Straßenbahnen nebeneinander in der Mitte der Avenue Joffre bis zur Endhaltestelle an der Bund-Promenade am Huangpu. Meine Haltestelle lag genau an der Einmündung unserer kleinen Straße, und wenn ich morgens Glück hatte, kam gerade die richtige Straßenbahn. Sobald sie hielt, drückte und drängelte sich jeder hinein. Schlangestehen hielt niemand für nötig.

Die erste Haltestelle war am Do-Yuen-Garten. Als zwei Jahre später die Japaner den Krieg verloren und Vater mit Niang eiligst nach Tientsin flog, um seine Unternehmen zurückzufordern, nahm Ye Ye die Gelegenheit wahr und ging mit James und mir zum Picknick in den Park. Das geschah nur selten, denn unter Niangs Regiment durften wir Kinder das Haus außerhalb der Schulstunden nicht verlassen. An solchen Tagen aber packte uns der Koch herrliche Sandwiches ein: dicke Schichten Eier mit Knoblauch, Zwiebeln und Yunnan-Schinken zwischen zwei knusprig-frischen Baguettehälften. Auf der grünen Wiese zwischen hohen Bäumen und ordentlichen Blumenbeeten machte Ye Ye frühmorgens seine T'ai-Ch'i-Übungen, während James und ich Verstecken oder historische Rollen aus unseren alten chinesischen Lieblingsmärchen spielten. Manchmal saß auch ein echter Geschichtenerzähler in dem kleinen Pavillon und wußte die schönsten Legenden und Märchen zu erzählen.

Die zweite Haltestelle war beim Cathay-Kino. Wie gern hätte ich diese phantastischen Filme gesehen! Die Titel, Photos und Poster der Filmstars hingen an den Außenwänden des Kinos und wurden nachts sogar von außen angestrahlt. Nach Kriegsende wurde Schanghai von Hollywoodfilmen geradezu überschwemmt: Clark Gable, Vivien Leigh, Laurence Olivier und Lana Turner waren jedem ein Begriff. *Vom Winde verweht*, sehr geschickt mit nur einem chinesischen Zeichen übersetzt, *Piao* 飘, ein ziemlich romantisches Wort für »entglitten« oder »verweht«, wurde 1946 der Kassenschlager. In der Schule schauten wir uns gemeinsam Filmzeitschriften an und schnitten die Photos der amerikanischen Filmstars aus. Eines Tages erhielt ein Mädchen, das zwei Jahre älter war als ich, ein Photo von Clark Gable, angeblich direkt von den Filmstudios in Los Angeles; Mr. Gable hatte sogar seinen Namen auf den unteren Rand des Bildes geschrieben. In der Pause wurde das Mädchen von allen umschwärmt – als wäre sie selbst zu einer Berühmtheit geworden –, und jeder wollte unbedingt einen Blick auf diesen berühmten Schauspieler werfen.

Die dritte Haltestelle lag an der Straßenecke, von der aus man zur Sheng-Xin-Schule und zur Aurora-Schule gelangte. Auf dem Weg lagen verschiedene kleine Lebensmittelgeschäfte, die frisches Obst, Dim Sum, Nudeln, französisches Brot, Torten und herrliche Pasteten verkauften. Es war oft eine Qual für mich, an diesen Läden vorbeizugehen, denn ich hatte ständig Hunger, und meine Taschen waren immer leer. Längst vergangen waren die Tage in Tientsin, als wir zum Frühstück alles bestellen konnten, was wir wollten, sofern wir es Tante Baba früh genug ankündigten: Eier mit Speck und Toast, gebratene Nudeln mit Schinken und Kohl, gedämpfte Nudeln, süße klebrige Reiskugeln mit Sesamcreme, heiße Schokolade. Jetzt gab es jeden Morgen für uns nur noch ein Frühstück, laut Niang das Richtige für heranwachsende Kinder: *congee*, einen dünnen Brei aus Reis und Wasser, und dazu eingelegtes Gemüse. Manchmal am Sonntag erhielt jeder ein hartgekochtes, gesalzenes Entenei.

Bei uns, den Stiefkindern, machte Niangs Strenge und Härte nicht halt, sondern traf auch Ye Ye und Tante Baba. In Tientsin hatten Vater und Ye Ye ein gemeinsames Konto, und Ye Ye unterschrieb als Leiter der Finanzabteilung jeden Scheck. Als er 1943 nach Schanghai zurückkehrte, überwies Ye Ye vertrauensvoll alle Vermögenswerte aus Tientsin auf Vaters Konten, die er zwei Jahre zuvor unter seinem neuen Namen, Yen Hong, bei einer Bank in Schanghai eröffnet hatte: Mit einem Federstrich gab Ye Ye –

wie König Lear – sein gesamtes Vermögen aus der Hand. Für dieses neue Konto war sonst nur noch Niang unterschriftsberechtigt. Ye Ye und Tante Baba waren plötzlich bettelarm und völlig abhängig von Vaters und Niangs Großzügigkeit, selbst für die kleinsten Ausgaben.

Anfangs hatte Ye Ye noch ein wenig Bargeld in seinem Geldbeutel, das ihm von der Reise von Tientsin übriggeblieben war. Wir hatten uns angewöhnt, ihn um Taschengeld zu bitten, und er steckte uns oft ein oder zwei zusätzliche Münzen zu, nur um die Freude in unseren Augen zu sehen; Ye Ye gab uns auch das tägliche Fahrgeld für die Straßenbahn, bis ihm selbst das Geld ausging.

Etwa zwei Monate nach Schulanfang wurde die Frage des Fahrgelds eines Abends beim Essen angesprochen. Wir waren fast fertig und schälten gerade unser Obst, als Tante Baba den Ball ins Rollen brachte, indem sie erklärte, sie habe die Absicht, ihre Arbeit als Kassiererin in Großtantes Women's Bank wiederaufzunehmen. An den geschürzten Lippen konnten wir erkennen, daß Niang nicht einverstanden war. »Hier hast du alles, was du brauchst«, sagte Vater. »Warum willst du arbeiten gehen?«

Tante Baba antwortete höflich, daß sie tagsüber zuviel freie Zeit habe, seit wir alle in der Schule waren und so viele Dienstmädchen die Hausarbeit machten. Sie erwähnte mit keinem Wort, was jeder dachte, daß sie nämlich durch den Lohn eine gewisse Unabhängigkeit erreichen wollte.

Vater wandte sich an Ye Ye. »Was hältst du davon? Sie wäre dann fast den ganzen Tag außer Haus. Wenn sie zu Hause bliebe, hättest du mehr Gesellschaft.«

»Laß sie ruhig tun, was sie will«, erwiderte Ye Ye. »Außerdem hat sie gern ein bißchen eigenes Geld, um sich dieses oder jenes zu kaufen.«

»Warum kommst du nicht zu mir, wenn du Geld brauchst?« wandte sich Vater großzügig an Tante Baba. »Ich habe es euch beiden schon mehrfach gesagt. Wenn ihr Geld benötigt, braucht ihr mich nur darum zu bitten. Und wenn ich gerade im Büro bin, ist Jeanne da, um euch einen Scheck auszustellen.«

Bei dem Gedanken, daß jemand, ganz besonders mein sanftmütiger Ye Ye, zu Niang, seiner jungen französischen Schwiegertochter, gehen und sie um Geld bitten mußte, lief mir ein Angstschauer über den Rücken.

Ye Ye räusperte sich. »Ich wollte das schon lange einmal sagen. Die Kinder brauchen ab und zu ein bißchen Taschengeld.«

»Taschengeld?« fragte Vater und wandte sich an Gregory und Lydia. »Wozu braucht ihr denn Taschengeld?«

»Nun«, fing Lydia an, »zuerst einmal brauchen wir Fahrgeld für die Straßenbahn zur Schule.«

»Fahrgeld?« fragte Niang. »Wer hat euch denn erlaubt, mit der Straßenbahn zu fahren?«

»Es ist so weit bis zur Schule«, legte sich Gregory ins Zeug. »Wenn wir zu Fuß gehen müßten, würden wir vermutlich den ganzen Vormittag brauchen, und wir könnten gleich wieder umdrehen und nach Hause gehen. Dann wäre es klüger, überhaupt nicht in die Schule zu gehen, sondern jeden Tag lange Spaziergänge zu machen, um fit zu bleiben.«

»Rede keinen Unsinn auf acht verschiedene Arten, *hu shuo ba dao* 胡說八道!« rief Vater. »Du übertreibst immer. Laufen ist gesund.«

Gregory murmelte halblaut: »Ich kann Fußmärsche nicht leiden! Besonders frühmorgens. Reine Zeitverschwendung.«

»Widersprichst du etwa deinem eigenen Vater?« polterte Niang los. »Dein Vater arbeitet Tag und Nacht, um euch in diesem Haus zu ernähren. Wenn er bestimmt, daß ihr zu Fuß zur Schule geht, dann geht ihr auch zu Fuß. Verstanden?«

Dieser Wutausbruch wurde mit tödlichem Schweigen quittiert. Wir wandten uns um Hilfe an Ye Ye. Schließlich meinte Lydia: »Ye Ye hat uns jetzt zwei Monate lang das Fahrgeld gegeben. Wir haben uns daran gewöhnt, mit der Straßenbahn zur Schule zu fahren.«

»Wie kannst du es wagen, Ye Ye hinter dem Rücken deines Vaters um Geld zu bitten?« Niang war empört. »Von nun an verbiete ich euch, irgend jemanden um Geld zu bitten! Das gilt für euch alle! Euer Vater arbeitet hart und schickt euch auf teure Schulen, damit ihr eine ordentliche Ausbildung erhaltet. Er möchte sicher nicht, daß ihr verwöhnte Gören und Taugenichtse werdet.«

Obwohl ihre Kritik an uns alle gerichtet war, wußten wir sehr wohl, daß vor allem Ye Ye und Tante Baba gemeint waren.

»In meiner Klasse kommt niemand zu Fuß zur Schule«, protestierte Lydia. »Die meisten meiner Schulfreunde werden von ihrem Chauffeur gebracht.«

»Es ist der Wunsch eures Vaters, daß ihr zu Fuß geht! Euer Vater und ich möchten nicht, daß ihr Ye Ye oder Tante Baba noch einmal wegen Geld behelligt. Wenn ihr glaubt, daß ihr Geld braucht, kommt direkt zu mir. Geld wächst nicht auf Bäumen. Ihr glaubt wohl, ihr braucht nur die Hand auszustrecken, und schon legt jemand Geld hinein. Wir werden euch die Realität schon beibringen ...« Sie holte Luft. »Wir sagen nicht, daß ihr das Fahrgeld für die Straßenbahn nicht bekommt. Aber wir möchten, daß jeder von euch einzeln zu uns kommt. Entschuldigt euch für euer schlechtes Benehmen, gebt zu, daß ihr verwöhnte Gören seid. Wendet das Blatt. Kommt zu uns und bittet um das Fahrgeld, und vielleicht geben wir es euch, aber ihr müßt lernen, daß ihr kein Recht auf das Fahrgeld habt. Ihr bekommt es nur, wenn ihr genügend Reue zeigt.«

Wir hielten alle den Atem an. Die Dienstmädchen gaben jedem von uns eilfertig ein kleines heißes, feuchtes Tuch für Mund und Hände; das Ende des Abendessens war in Sicht. Erwartungsvoll schauten wir zu Ye Ye und Tante Baba, doch sie sagten nichts. Schweigen. Konnten sie denn gar nichts tun? War Ye Yes halbausländische Schwiegertochter jetzt das Oberhaupt der Familie?

Dann wandte sich Niang mit süßer und schmeichelnder Stimme direkt an Ye Ye: »Hast du diese Mandarinen probiert? Sie sind so saftig! Hier, ich schäle dir eine.«

Also fing Tante Baba bei der Women's Bank zu arbeiten an, und wir gingen brav zu Fuß zur Schule. Wir waren wütend über Niangs Anspielung, daß uns Ye Ye mit dem Fahrgeld zu sehr verwöhnte, und wußten alle ganz genau, daß die Frage des Fahrgelds ein reiner Machtkampf innerhalb der Familie war. Dadurch, daß wir zu Fuß zur Schule gingen, zeigten wir unsere Loyalität gegenüber Ye Ye, den wir noch immer als Familienoberhaupt betrachteten, und protestierten gegen Niangs Machtübernahme. In Wirklichkeit hatte Niang natürlich schon kurz nach Großmutters Tod die Macht an sich gerissen: Jahre später, als ich einmal meine Tante bat, mir von meiner Mutter zu erzählen, enthüllte sie mir, daß Vater kurz nach Großmutters Beerdigung alle Photos von meiner Mutter vernichtet hatte.

Lydia war die erste, die einlenkte. Ihr Unterricht begann eine Stunde später als meiner und hörte auch eine Stunde später auf, so daß wir nicht mehr gemeinsam zur Schule gehen konnten. In den nächsten zwei Wochen fiel mir auf, daß sie nur fünfzehn Minuten später als ich nach Hause kam. Da wußte ich, daß sie »zum Feind übergelaufen« war.

Meine Brüder hielten zwei Monate lang durch. Ihre Schule war wirklich weit weg, und jetzt, im tiefen Winter, mußten sie schon vor Sonnenaufgang aufstehen, um rechtzeitig zur Schule zu kommen. Jeden Nachmittag hatten sie nach dem Fußball- oder Basketballtraining noch den weiten und ermüdenden Heimweg vor sich; manchmal wurde es sogar schon dunkel. Einer nach dem anderen gab auf.

In all der Zeit, die ich in Schanghai verbrachte, von 1943 bis 1948, konnte ich mich nie überwinden, zu Niang zu gehen und um das Fahrgeld zu bitten. Aus Tagen wurden Wochen, aus Wochen Monate und Jahre. Ab und zu drängten mich Ye Ye und Tante Baba, die Treppe hinunterzugehen und einzulenken. Aber ich blieb hart.

An Sonntagen riefen Vater oder Niang häufig: »Zeit für die wöchentliche Fahrgeldverteilung! Kommt her und holt es euch!« Wenn ich das hörte, verschlug es mir vor Angst den Atem. Tante Baba stupste mich an. »Geh doch! Geh doch und hol dir deinen Anteil! Geh hinunter und rede mit ihnen. Du brauchst doch nur zu sagen ›Kann ich bitte auch mein Fahrgeld haben?‹, und du bekommst dein Geld genauso wie die anderen.«

Wenn Tante Baba schon frühmorgens eine Geschäftsbesprechung hatte, weckte sie mich etwas später. Ich ging dann wie immer als erste aus dem Haus, lief ein paar Meter die schmale Straße hinunter und wartete auf sie an der Ecke der Avenue Joffre. Sie rief eine Rikscha aus der wartenden Reihe herbei, ließ mich einsteigen und nahm mich bis zur Sheng-Xin-Schule mit.

Im Juni oder September, wenn es in Strömen regnete, der Wind heulend durch die Straßen fegte, ich mit der schweren Büchertasche mühsam durch manchmal knöcheltiefes Wasser stapfte und mich mit einem windgebeutelten Regenschirm verzweifelt die endlos erscheinende Avenue Joffre entlangkämpfte, verfluchte ich Niang. Außerdem mußte ich das Gespött der Klassenkameraden ertragen, die vorsichtig die Stufen hinunterhüpften und auf Holzbrettern über die Pfützen hinweg zu den wartenden Autos gingen. Dabei flüsterten sie höhnisch miteinander, daß ich in meine eigene, ganz private »Straßenbahn Nummer elf« einsteigen mußte, was bedeutete, daß mich meine Füße nach Hause trugen.

Tag für Tag ging ich zweimal täglich, morgens und nachmittags, den Weg zur Schule und zurück. Ich spielte mit meinem Schatten in der Sonne und vermied es, in die Risse in den Pflastersteinen zu treten. Ich erfand Märchen und ließ mich in eine Traumwelt fallen. In meinen Geschichten, die jeden Tag eine neue Fortsetzung erhielten, war ich eine kleine Prinzessin, die sich verkleidet hatte und versehentlich in dieses grausame Haus mitten in Schanghai geraten war. Wenn ich wirklich brav war und fleißig lernte, würde eines Tages meine richtige Mutter vom Himmel herabsteigen, um mich zu retten und in ihr Zauberschloß mitzunehmen. Schließlich war ich so vertieft in meine Phantasien, daß ich mich schon fast auf diese Spaziergänge freute; meiner Tante Baba vertraute ich an, daß ich im Kopf den Schlüssel zu einem Zauberland besaß. In ganz Schanghai war nichts so geheimnisvoll und aufregend wie dieses geheime Königreich, in das ich mich jederzeit zurückziehen konnte. Hoch oben in den Bergen mitten in den Wolken standen im Schloßpark Krüppelkiefern, Bambus, seltsam geformte Felsen und wilde Blumen, dazwischen zwitscherten farbenprächtige Vögel. Und das Schönste war, daß auch meine Mutter hier wohnte und alle kleinen Kinder freundlich begrüßt und herzlichst aufgenommen wurden. Abends, wenn ich keine Hausaufgaben mehr hatte, schrieb ich alles auf. In der

Schule machte es mir Spaß, meinen kichernden Freundinnen meine Geschichten zu zeigen und zu beobachten, wie sie meine Versuche in kreativem Schreiben unerlaubterweise von Bank zu Bank weiterreichten.

Einmal hatte eines der Mädchen etwas dagegen, daß sein Name für einen Bösewicht benutzt wurde. Sie strich den Namen aus und ersetzte ihn durch meinen Nachnamen Yen. Als ich empört ihren Namen wieder einsetzte, weinte sie; ich erklärte ihr, daß alles nur erfunden sei, und nahm schließlich einen ganz anderen Namen für meine Geschichte. Damals begann ich, die seltsame Macht und Verantwortung des Schreibens zu ahnen.

Auf dem Heimweg freute ich mich immer, wenn ich am Do-Yuen-Garten vorbeikam. Auf einem großen Platz außerhalb des Parks versammelten sich an schönen Tagen die Straßenhändler und boten ihre Waren feil. Regelmäßig kam ein älterer, sehr gelehrter Mann, der ganz am Ende seine tragbaren Bücherregale aufbaute; sein Marktstand glich einer Ansammlung hölzerner Fensterläden, die aufgeklappt nacheinander Fächer voll zerschlissener Kung-Fu-Taschenbücher freigaben, die man kaufen oder leihen konnte. Für einen halben Yuan, den Tante Baba im voraus für mich bezahlt hatte, durfte ich mir bis zu fünf Bücher pro Woche ausleihen. Sie waren auf billigem Papier und schwarzweiß gedruckt und wurden von allen chinesischen Schulkindern begeistert gelesen. In jedem Buch wurden Geschichten von Helden und Heldinnen erzählt, wahren Meistern des Kampfsports, die für die Schwachen und Unterdrückten kämpften. Viele Erzählungen beruhten auf Fabeln, die für die chinesische Kultur ebenso wichtig waren wie die Legenden über König Artus oder Robin Hood für das westliche Kulturerbe. Nach verzweifeltem Kampf siegte immer das Recht über die Gewalt, und die Oberhand behielt immer der Liebling der Unterdrückten. Aus solchen Büchern schöpfte ich Hoffnung.

Vaters Programm der Strenge und Sparsamkeit umfaßte jeden Aspekt des täglichen Lebens: Lydia und ich durften keine langen Haare oder Dauerwellen tragen, nur den ordentlichen, sauberen, aber altmodischen Haarschnitt. Für die drei Jungen war es noch schlimmer: Sie mußten sich die Köpfe völlig kahlscheren lassen. Damit wollte uns Vater zeigen, daß man im Leben nicht leichtsinnig sein durfte. Meine Brüder wurden zum Gespött der ganzen Schule und wegen ihrer frisch geschorenen Köpfe »die drei Glühbirnen« genannt.

Zu Mittag erhielten wir das billigste Kantinenessen, das es in der Schule gab. Als Amerika 1945 den Krieg gegen Japan gewann, bekam die Sheng-Xin-Schule Carepakete aus amerikanischen Armeebeständen: Wir aßen Dosenschinken, Rindsragout, steinharte Kekse, Käse und Schokolade, bis die Vorräte aufgebraucht waren. Vor jeder Mahlzeit beteten wir und dankten den amerikanischen Alliierten dafür, daß sie den Krieg gewonnen hatten und uns die Carepakete schenkten.

Das Abendessen war unsere einzige ordentliche Mahlzeit und immer ein beängstigendes Ereignis. Pünktlich um halb acht Uhr läutete die Glocke; wir gingen hintereinander hinunter ins Eßzimmer und nahmen an dem großen ovalen Tisch die uns zugewiesenen Plätze ein. Ye Ye, das Scheinoberhaupt der Familie, saß am Kopf des Tisches mit Blick auf den Garten, rechts neben ihm Tante Baba und links Vater und Niang. Gregory und Edgar hatten ihre Plätze neben Tante Baba, James und ich am Fußende des Tisches. Damals in Schanghai aßen Franklin und Susan nicht mit uns.

Wir präsentierten uns jeden Abend in unseren Schuluniformen, mit ordentlich gekämmten Haaren, geleerten Blasen und gewaschenen Händen. Aufrecht und steif saßen wir ängstlich auf unseren Stühlen, in der Hoffnung, unbemerkt zu bleiben. Wir, die Stiefkinder, durften bei Tisch nicht sprechen, auch nicht miteinander. Wenn mein Name genannt wurde, durchfuhr mich panische Angst, und ich konnte nicht weiteressen, denn unweigerlich folgte nun eine äußerst unangenehme Szene.

Es gab immer sechs oder sieben schmackhafte Gerichte. Zwei Dienstmädchen brachten das Essen herein: Schweinenieren, gebratenes Huhn, gedämpften Fisch, Krabben, gebratenes Gemüse und zum Schluß eine dampfende Suppe. Vater schaute seinen Kindern gern beim Essen zu und forderte uns immer wieder auf, so oft Reis nachzunehmen, wie wir wollten. Allerdings mußten wir immer alles aufessen, es durfte nicht ein Körnchen Reis in der Schale bleiben.

James und ich mochten kein fettes Fleisch. Wir mußten es trotzdem essen und entwickelten bald alle erdenklichen Methoden, Fleischbrocken in der Tasche, den Socken oder Hosenfalten zu verstecken oder unter den Tisch zu kleben. Manchmal eilten wir hastig mit vollem Mund ins Bad, um das fette Fleisch in die Toilette zu spucken. Wenn nichts half, schluckten wir die Stücke unzerkaut hinunter.

Nach dem Abendessen wurde frisches Obst serviert. Wenn Vater Gäste hatte, bekamen wir die Reste; obwohl es dann weniger gab, aßen wir gern allein. Es erinnerte uns an die schöne Zeit in Tientsin, und wir mußten das fette Fleisch nicht verstecken. Außerdem konnten wir uns unbeschwert unterhalten und lachen.

Für Franklin und Susan wurde eine Gouvernante eingestellt, Miss Jian, eine angeblich gebildete Dame. Das Essen bekamen sie auf dem Zimmer serviert, und sie durften sich in der Küche bestellen, was sie wollten. Sie bekamen Eier und Speck, Toast und Haferflocken, frische Erdbeeren und Melone zum Frühstück. Franklins Haare wurden vom besten Kinderfriseur in Schanghai geschnitten, Susan trug fröhliche bunte Kleidchen mit hübschen Bändern und Schleifen. Manchmal waren sie schon aus ihrer Kleidung gewachsen, bevor sie sie überhaupt getragen hatten. Sie erhielten Unmengen Spielzeug und verbrachten ihre Zeit auf ihrem eigenen Balkon. Jeden Nachmittag tranken sie Tee und aßen kleine Sandwiches, Schokoladenkekse, süße Brötchen, Kuchen und Gebäck.

Obwohl sie offensichtlich Franklins Hauslehrerin war, fungierte Miss Jian auch als Spionin und Informantin für alles, was im zweiten Stock geschah oder gesprochen wurde. Dienstbeflissen und höflich überschritt Miss Jian nie ihre Grenzen. Sie freundete sich mit Lydia an, die als einzige von uns manchmal in den ersten Stock zum Tee eingeladen wurde.

Wir ärgerten uns über diese Doppelmoral. Lydia hielt mehrere

Treffen im zweiten Stock ab, auf denen verschiedene Strategien vorgeschlagen wurden. Hungerstreik? Aufstand? Ein Gespräch mit Vater unter vier Augen? Ein anonymer Brief, in dem auf diese Ungerechtigkeiten hingewiesen wurde? Wir redeten leise darüber, klagten und jammerten und fühlten uns wie Verschwörer. Doch keiner unserer zahlreichen Pläne wurde ausgeführt. An einem Sonntagnachmittag stand James bei einem solchen Verschwörertreffen auf, um zur Toilette zu gehen, und entdeckte Niang lauschend vor der angelehnten Tür. Sie starrten sich ein paar schreckliche Sekunden lang an, dann legte Niang einen Finger auf die Lippen und bedeutete ihm weiterzugehen. James war klar, daß die Verschwörung aufgeflogen war und es nun zur Kraftprobe kommen mußte. Er blieb lange im Bad. Schließlich kam er zurück, Niang war verschwunden. Als uns James von seiner Entdeckung berichtete, herrschte verblüfftes Schweigen: Wir waren entsetzt. Die Essensglocke beendete abrupt unsere Besprechung, und wir begaben uns schweigend ins Eßzimmer. Doch das Abendessen ging vorbei, und nichts geschah. Schon zweifelten wir an James' Geschichte und Verstand, allerdings nicht für lange.

Niangs neue Strategie beruhte auf Teilen und Regieren. Ein paar Tage später wurde Lydia ins Allerheiligste (Vaters und Niangs Schlafzimmer) zitiert. Man forderte sie auf, in ein unbenutztes Zimmer im ersten Stock zu ziehen. Sie erhielt einen eigenen Schreibtisch, eine Kommode, einen nagelneuen weißen Bettüberwurf und passende Vorhänge. Wir mußten anklopfen, bevor wir ihr Zimmer betreten durften, und waren furchtbar neidisch.

Von da an lebte Lydia im Konflikt zwischen beiden Stockwerken und auf beiden Seiten der Familie. Wie Miss Jian hinterbrachte sie Vater und Niang alles, was ihr zu Ohren kam. Sie tratschte nicht nur über die drei Jungen und mich, sondern auch über Ye Ye und Tante Baba und wurde dafür mit besonderen Gefälligkeiten belohnt: Süßigkeiten, Leckerbissen, Taschengeld, neue Kleidung, Ausflüge mit ihren Freunden. Mit der Zeit entwickelte sie ein »besonderes« Aussehen, das sie deutlich von uns unterschied und uns ständig ihren »speziellen« Status vor Augen führte.

Gelegentlich konnte ich auf dem Weg die Treppe hinauf oder hinunter einen Blick auf Lydia erhaschen und hören, wie sie in der Tür zu Franklins und Susans Zimmer um ein Stück Maronencremetorte oder ein Sandwich bat. Ich knirschte vor Ekel mit den Zähnen, wenn ich ihre unterwürfig bettelnde Haltung sah. Ihre winselnde Stimme, die den hinterhältigen Franklin um »ein winziges Stückchen Zuckergebäck« anbettelte, war kaum zu ertragen. Ich lief mit abgewandtem Blick an ihr vorbei, am liebsten wäre ich unsichtbar geworden. James meinte einmal, daß er lieber verhungern würde, als Franklin um Essen anzubetteln.

In der Schule war Lydia in Englisch besonders gut, hatte aber in Mathematik und Naturwissenschaften schlechte Noten. Vater trug ihr auf, Gregory bei seinen Englischaufgaben zu helfen. Mit der Autorität eines Lehrers ausgestattet, wurde sie immer tyrannischer; doch Gregory ließ sich nichts gefallen. Ihre Englischstunden wurden schon bald zu reinen Brüllwettkämpfen.

»Du hast ja keine Ahnung, bist faul und dumm. Ich habe dir letzte Woche befohlen, diese englischen Verben zu lernen!«

»Und du bist ein Trottel! Du kannst ja nicht einmal Bruchrechnen und hast in der Matheprüfung nicht einen einzigen Punkt bekommen. Dicke, fette Null, *da ling dan* 大零蛋!«

Wütend verpaßte sie Gregory eine schallende Ohrfeige, vergaß dabei allerdings, daß er inzwischen größer und stärker geworden war. Gregory stand auf und packte sie an ihrem gesunden rechten Arm. »Wenn du das noch ein einziges Mal tust, schlage ich dich mit der Faust nieder. Und jetzt verschwinde aus meinem Zimmer.«

Lydia meldete die Sache Niang. Als Vater nach Hause kam, erhielt Gregory eine Rüge und mußte mit dem Gesicht zur Wand dreißig Minuten lang in der Ecke stehen. Gregory murmelte, er sei in Englisch auf jeden Fall besser als sie in Mathematik. Außerdem könne ja jeder sehen, daß sein Gesicht von Lydias Ohrfeige ganz geschwollen sei. Gregory behauptete, sie schlage mit ihrer Rechten, mit der sie die Schwäche ihrer linken Seite ausgleiche, ebenso kraftvoll zu wie der amerikanische Boxchampion Joe Louis.

Nach diesem Vorfall gab es keine weiteren Englischstunden

mehr. Lydias Mathematikkenntnisse wurden nicht besser; als Ende des Semesters die Zeugnisse verteilt wurden, entging sie nur knapp einem Ungenügend. Nur Franklin war noch schlechter, doch Vater meinte, er sei eben noch nicht reif genug für ernsthaften Unterricht. Lydia wurde von Vater im Allerheiligsten zurechtgewiesen und hatte sich künftig mehr auf Mathematik zu konzentrieren. Mit roten Augen, triefender Nase und lautem Gejammer über die Ungerechtigkeit der Welt beteuerte sie, alles getan zu haben, aber Mathematik sei auf der Aurora-Schule viel schwieriger als auf der St.-Joseph-Schule in Tientsin.

Auf der St.-John-Schule lernten die Jungen von ihren Schulfreunden Bridge. Obwohl ich erst sieben Jahre alt war, brachten sie mir das Spiel auch bei, weil sie einen vierten Mitspieler brauchten. Eines Sonntags entdeckte uns Lydia alle vier beim Bridge; nachdem sie eine Weile zugesehen hatte, wurde sie neidisch und fühlte sich ignoriert, weil wir so sehr in das Spiel vertieft waren. Plötzlich mußte ich aufstehen, weil sie mitspielen wollte. Ich hatte gerade eine gute Hand, es ging wirklich um die höchste Punktzahl. Gregory, bei weitem der beste Spieler, war galant und hatte mich als Partner gewählt. Er nahm das Spiel ziemlich ernst und schimpfte und tobte, wenn ich die falsche Karte ausspielte oder einen Trumpf verschenkte. Obwohl ich mich nicht gern dumm und unwissend nennen ließ, duldete ich solche Beschimpfungen, weil Gregory immer logisch dachte und viel besser spielte als ich. Jetzt war Lydia seine Partnerin. Das Spiel war doch komplizierter, als sie dachte: Schnelles Rechnen und das Einschätzen von Wahrscheinlichkeiten waren nicht gerade ihre Stärken. Zu Edgars und James' Freude verloren die neuen Partner ein Spiel nach dem anderen.

Schließlich konnte Lydia Gregorys immer lauter vorgebrachte Kritik nicht mehr ertragen, warf wütend ihre Karten hin, schwor, nie wieder mit Gregory zu spielen, und stürmte zornig die Treppe hinunter. Gregory rief ihr nach, daß er lieber mit mir, Franklin oder der dreijährigen Susan spielen würde als mit ihr. Beim Abendessen wies Vater Gregory zurecht, weil er seiner älteren Schwester nicht genügend Respekt entgegengebracht habe.

Lydias Sonderbehandlung wurde immer deutlicher: Ich erinnere mich lebhaft daran, daß Lydia eines Sonntagnachmittags in einem hübschen rosa Kleid und passenden Schuhen, ein Lied aus dem neuesten Hollywoodfilm singend, die Treppe heraufkam und mit etwas Kleingeld in der Tasche klimperte. Ohne stehenzubleiben, legte sie verächtlich vor jeden meiner Brüder das genau abgezählte Fahrgeld für die folgende Woche, vermied dabei, mich anzusehen, und lief wortlos wieder die Treppe hinunter. Schweigend zählten die Jungen ihre Münzen, während ihr Lied im Hintergrund immer leiser wurde: »You are my sunshine ...«

Sie betrat das Vorzimmer und schlug laut die Tür hinter sich zu. Stille im Treppenhaus. Schließlich brummte Gregory verächtlich: »Angeberin!«

Es bestand kein Zweifel mehr: Sie gehörte nun zu Niangs Elitetruppe.

Für Tante Baba war die Zeit in Schanghai nicht leicht, denn sie hatte jetzt nicht mehr die zwanglose und doch respektierte Position inne, die sie in Tientsin erreicht hatte. Niang hatte sie kaltgestellt und gab ihr das Gefühl, eine überflüssige alte Jungfer zu sein.

Tante Baba war immer wie eine Mutter zu mir. Jetzt kamen wir uns noch näher; sie interessierte sich für alles, was mich betraf: mein Äußeres, meine Gesundheit, meinen Charakter. Am meisten achtete sie auf meine Erziehung und Ausbildung, wahrscheinlich deshalb, weil ihre eigene Schulbildung sehr beschränkt war. Jeden Abend überprüfte sie meine Hausaufgaben. Wenn ich eine Klassenarbeit schreiben mußte, weckte sie mich schon um fünf Uhr, so daß ich mir in letzter Minute noch einmal alles einprägen konnte. Sie war entschlossen, mich bis zum Collegeabschluß zu bringen, meiner Fahrkarte in die Unabhängigkeit und zu unbegrenztem Erfolg. Manches verstand ich, ohne daß sie es sagen mußte. Ich wußte, daß ich von allen Kindern am wenigsten geliebt wurde, weil ich ein Mädchen und meine Mutter bei meiner Geburt gestorben war. Ich fand nie die Zustimmung oder den Gefallen meines Vaters, Niangs oder meiner Geschwister, obwohl ich noch immer glaubte, daß sie eines Tages sehr stolz auf mich sein würden, wenn ich mir nur genug Mühe gab.

Also lernte ich fleißig, nicht nur für meine Tante, sondern auch, weil ich mich gern in den Stoff vertiefte, dabei meine Ängste vergaß und vorübergehend aus diesem Haus voll dunkler Intrigen und Machenschaften entfliehen konnte.

In der Schule erhielt ich den Spitznamen »Genie«, weil ich in allen Fächern außer Kunsterziehung die Beste war. Meine Klassenkameraden ahnten wohl, daß sich hinter meiner fast schon verbissenen schulischen Leistung Verwundbarkeit und die Sehnsucht nach Anerkennung verbarg. Sie müssen gemerkt haben, daß ich ein elendes Leben führte, obwohl ich nie von meiner Familie sprach. Ich besaß kein Spielzeug, keinen Schmuck und keine hübschen Kleider, hatte nie Geld für Süßigkeiten oder Ausflüge und lehnte jede Einladung, meine Mitschüler außerhalb der Schule zu besuchen, ab und lud auch nie jemanden zu mir nach Hause ein. Ich vertraute mich niemandem an, sondern ging täglich mit meiner schrecklichen Einsamkeit im Herzen zur Schule.

Zu Hause machte ich meine Hausaufgaben, erfand meine eigenen, einsamen Spiele und las Kung-Fu-Geschichten.

Es muß für die dreiundzwanzigjährige Niang nicht ganz einfach gewesen sein, vor Vaters Freunden zuzugeben, daß sie fünf Stiefkinder hatte. Wir hatten den Verdacht, daß sie unsere Existenz oft verschwieg und so tat, als wären Franklin und Susan Vaters einzige Nachkommen. Deshalb waren wir angenehm überrascht, als eines Tages einer von Vaters Geschäftsfreunden zu Besuch kam und in einer großen Kiste ein Geschenk mitbrachte: sieben kleine Entchen. Wie immer durften sich zuerst Franklin und Susan eines aussuchen. Dann kamen Lydia, Gregory, Edgar und James an die Reihe. Für mich blieb nur das kleinste, magerste und schwächste Küken mit einem winzigen Köpfchen, aber flauschigweichem gelbem Federflaum übrig. Ich schloß es sofort ins Herz und nannte es »kostbarer kleiner Schatz« oder einfach KKS.

KKS bedeutete mir bald alles; ich war damals ungefähr acht. Nach der Schule rannte ich nach Hause, um KKS vorsichtig von der Dachterrasse ins Schlafzimmer zu tragen, das ich mit meiner Tante teilte. Während ich meine Hausaufgaben machte, watschelte das Küken fröhlich zwischen den Betten herum. Tante Baba beklagte sich nie, daß sie mir beim Baden des Kükens und Entfernen gelegentlicher Mißgeschicke helfen mußte.

Manchmal suchte ich im Garten für KKS nach Würmern. An einem Samstag muß ich wohl zu dicht an Jackies Reich gekommen sein: Der wilde Schäferhund meines Vaters stürzte hervor, bellte mich wütend an und fletschte die Zähne. Ich versuchte, ihn zu beruhigen, und wollte ihm den Kopf tätscheln, doch er biß mich in die ausgestreckte linke Hand. Ich riß mich los, rannte in mein Zimmer und wusch mir gerade das Blut ab, als Tante Baba hereinkam. Da brach ich in Tränen aus.

Tante Baba nahm mich in die Arme und wiegte mich, trocknete mir die Tränen und hatte großes Verständnis. Jackie war das Lieblingstier *von denen.* Es war wohl am besten, nichts zu sagen und keine Aufmerksamkeit zu erregen. Sie versorgte die Wunde, legte Watte auf und machte mir einen kleinen Verband. Wie so oft trösteten wir uns gegenseitig, indem wir uns alle meine Zeugnisse vom Kindergarten bis zur letzten Notenverteilung ansahen.

Diese Zeugnisse waren unsere Geheimwaffe, unser ultimativer Plan. Würde ich wohl einmal eine berühmte Schriftstellerin werden? Oder Bankdirektorin? Vielleicht Wissenschaftlerin oder Ärztin? Auf jeden Fall würde ich berühmt werden, und wir beide könnten fortgehen und uns ein eigenes Haus einrichten.

Inzwischen hieß es, gute Noten zu erzielen. Tante Baba war über alle Maßen stolz auf meine schulischen Erfolge. Rührend verzückt schaute sie sich jedes Zeugnis ganz genau an: »Oh! Sieh doch mal hier! Eine Eins in vier Fächern und eine Zwei plus in Zeichnen! Wir werden auch dieses Jahr wieder Klassenbeste, da bin ich ganz sicher!«

Sie ließ mich glauben, ich sei brillant, und ich war begeistert über ihren Stolz auf meine kleinen Erfolge. Sie legte jedes Zeugnis sorgfältig in einen verschließbaren Schrank und trug den Schlüssel immer am Hals, als seien meine Zeugnisse unermeßliche und unersetzliche Juwelen. In schwierigen Situationen war es für uns ein Trost, sie anzuschauen. »Hast du dieses gesehen? Erste Klasse, erst sechs Jahre alt und in allen Fächern schon die besten Noten. Ich bin sehr beeindruckt, wirklich phantastisch!« Oder dann wieder: »Bestimmt hat niemand an der Universität bessere Zeugnisse.« Oder auch: »Wir werden sicher die erfolgreichsten Bankiers, die es je gab, wie deine Großtante, und wir arbeiten dann gemeinsam in unserer eigenen Bank.«

An jenem Samstag vergaß ich über den guten Zeugnissen meinen Schmerz, und wir waren richtig glücklich – bis zum Abendessen.

Es war ein feuchtwarmer Sommerabend, und Vater meinte, wir könnten uns auf dem Rasen im Garten ein bißchen Kühlung verschaffen. Jackie hatte von einem deutschen Hundedresseur, Hans Herzog, Gehorsamkeitstraining erhalten, und Vater wollte sehen, ob der Hund Fortschritte gemacht hatte.

»Nach dem Essen gehen wir alle hinaus in den Garten«, sagte er, »und testen Jackie an einem der Entchen, die die Kinder bekommen haben.« Mein Magen krampfte sich zusammen, und Panik erfaßte mich, als Vater meinem ältesten Bruder befahl: »Hol eines der Entchen von der Dachterrasse für Jackies Prüfung.« Mir war sofort klar, daß es mein Entchen sein würde.

Gregory lief hinauf und kam mit KKS zurück; er vermied es, mich anzusehen. Später erklärte er mir unter vier Augen: »Es mußte das Entchen des rangniedrigsten Besitzers geopfert werden. Das war nicht persönlich gemeint, verstehst du?«

Vater setzte KKS auf seine Handfläche und spazierte in den Garten. Mir wurde übel; KKS sah so zerbrechlich und lebendig aus. Jackie begrüßte seinen Herrn freudig. Es war eine herrliche, sternenklare Vollmondnacht; Vater setzte sich in den Liegestuhl, neben ihm Niang, Tante Baba und Ye Ye. Wir Kinder hockten im Gras. Ein Schauer lief mir über den Rücken, als Vater KKS sachte auf den Rasen setzte. Das Herz schlug mir bis zum Halse.

Jackie mußte sich drei Meter vor uns hinsetzen. Er hechelte, zappelte und war schrecklich aufgeregt, blieb aber brav sitzen. Plötzlich entdeckte KKS mich, piepste leise und lief auf mich zu. In diesem Augenblick sprang Jackie auf, machte einen riesigen

Satz und hatte das linke Beinchen des Kükens zwischen seinen mächtigen Kiefern. Vater stürzte sich auf ihn, wütend über seinen Ungehorsam. Sofort ließ Jackie mein Entchen los, aber es war schon zu spät.

Ich lief hin und hob mein kleines Tier auf; das Beinchen hing kraftlos am Körper, der winzige Fuß war merkwürdig verdreht. Verzweiflung machte sich in meinem Herzen breit, stärker als jemals zuvor. Wortlos trug ich das Küken hinauf in mein Zimmer, legte es vorsichtig auf mein Bett, wickelte es in meinen schönsten Schulschal und legte mich daneben. Die Nacht mit KKS werde ich nie vergessen: Ich durchlebte maßlose Traurigkeit, Niedergeschlagenheit, völlige Trostlosigkeit und konnte mit niemandem darüber reden. Niemand hätte mich verstanden, nicht einmal meine Tante.

KKS wollte weder essen noch trinken und starb am frühen Morgen. Tante Baba schenkte mir ein altes Nähkästchen als Sarg; James und ich begruben das Küken gemeinsam unter der großen, blühenden Magnolie. Auch heute noch überkommt mich das schreckliche Gefühl des Verlorenseins, wenn ich den süßen Duft von Magnolienblüten rieche. Wir stellten ein paar Blumen in einer Milchflasche und eine flache Schale mit ein paar Reiskörnern, etwas Wasser und ihren Lieblingswürmern vor das Grab.

Als wir nebeneinander von KKS Abschied nahmen, schaute James in mein tränenüberströmtes Gesicht und murmelte voll Mitgefühl: »Es wird nicht immer so sein. Die Zeiten werden besser ... *suan le!*«

Ich freute mich über seine Worte, brachte es aber nicht über mich, ihm zu danken. Statt dessen erwiderte ich: »Es ist Sonntag, und alle schlafen noch. Ich weiß nicht warum, aber ich habe das Gefühl, daß wir beide gegen die ganze Welt antreten müssen!«

Die Wunde an meiner Hand verheilte, doch die Narbe begleitete mich noch lange wie ein Andenken an einen lieben, verstorbenen Freund, wohin ich auch ging.

Als ich zehn Jahre alt war, traten binnen wenigen Tagen zwei Ereignisse ein, die mein Verhältnis zu Niang spürbar verschlechterten. Eine Klassenkameradin lud mich zu ihrem Geburtstagsfest ein, das auf einen katholischen Feiertag fiel. Es war ein besonderer Feiertag für die Nonnen des Sheng-Xin-Klosters, nicht aber für die anderen Schulen. Obwohl ich wußte, daß ich meine Freundinnen nicht besuchen durfte, dachte ich, es würde niemand merken, wenn ich es geschickt genug anfing.

Am Morgen der Geburtstagsfeier zog ich meine Schuluniform an und nahm meine Schultasche mit, als ginge ich ganz normal zur Schule. Tante Baba hatte mir einen Silberdollar gegeben, den ich sorgfältig aufbewahrte. Jetzt steckte ich ihn in die Tasche, denn ich wollte meiner Freundin nach dem Mittagessen ein Geschenk kaufen. Wir verbrachten einen wunderschönen Vormittag bei ihr, spielten mit ihren vielen Puppen und merkten kaum, daß es schon Mittag war. Inzwischen gab es jedoch in der Schule keine amerikanischen Carepakete mehr, so daß ich zum Essen zu Hause erwartet wurde. Ich hatte zwar Fahrgeld für die Straßenbahn bekommen, allerdings galt die Fahrkarte nur für die Rückfahrt um zwölf Uhr; meinen Spielkameradinnen erzählte ich, daß ich zu Hause etwas erledigen müßte, aber in einer Stunde wiederkäme. Sie fragten mich nach meiner Telephonnummer zu Hause, und ich gab sie ihnen, ohne nachzudenken.

Frohgemut lief ich nach Hause und direkt hinauf in mein Zimmer. Dort stieß ich völlig unerwartet auf Niang. Was sie da oben gemacht hat, habe ich nie erfahren.

Sie erschrak ebenso wie ich. »Warum kommst du schon so früh nach Hause?«

»Ich bin ein bißchen früher fertig gewesen«, log ich und fügte dummerweise noch hinzu: »Ich meine in der Schule.«

»Komm doch mal her!« befahl sie mir mißtrauisch. Mein Herz schlug wie wild. Sie war tadellos frisiert und gekleidet, ein Panther, bereit zuzuschlagen.

Sie durchsuchte mich und fand den Silberdollar, den Tante Baba mir gegeben hatte. »Wo kommt der denn her?«

Ich log und wand mich wie ein Wurm; ich wollte und durfte Tante Baba nicht mit hineinziehen. Die Inquisition wollte gar nicht mehr aufhören.

Sie schlug mich mit aller Kraft, einmal, zweimal, dreimal. Und die Befragung wurde endlos fortgesetzt.

»Von wem hast du das Geld gestohlen?« Keine Antwort.

»Hast du etwas verkauft, das du im Haus gestohlen hast?«

Ich zog gerade in Betracht, als letzten Ausweg den Diebstahl zuzugeben, als wir merkten, daß das neue Dienstmädchen schüchtern an der Tür stand.

»Es tut mir leid, Sie zu unterbrechen, Mrs. Yen, *Yen tai tai* 嚴太太«, sagte sie und deutete auf mich. »Ein Telephongespräch für sie ...«

Plötzlich erinnerte ich mich an meine Freundinnen, die mit dem Spielen auf mich warteten. Wahrscheinlich waren sie ungeduldig geworden und hatten beschlossen, mich anzurufen. Niang eilte ans Telephon. Ich konnte sie hören, ihre Stimme klang jetzt widerlich süß.

»Adeline hat gerade keine Zeit. Hier ist ihre Mutter. Wer spricht denn, bitte?«

Kurze Pause ...

»Ich sage ihr, daß ihr auf sie wartet. Wie heißt ihr und wo wartet ihr?«

Wieder eine Pause ...

»Aber müßt ihr denn heute nicht in die Schule? ... Ach so. Welcher Anlaß? Ein Feiertag. Wie schön! Und was tut ihr alle?« Dann kam die unheilverkündende, aber unvermeidliche Antwort: »Adeline kann heute nachmittag nicht mehr zu euch kommen. Ich sage ihr, daß ihr angerufen habt. Bitte wartet nicht länger auf sie.«

Sie kam zurück und starrte mich wütend an. »Du bist nicht nur eine Diebin und Lügnerin, sondern auch noch eine Betrügerin. Du hast das böse Blut deiner Mutter. Aus dir wird nie etwas werden! Ich glaube, du verdienst es nicht, hier wohnen und essen zu dürfen. Du gehörst in ein Waisenhaus!«

Für mich brach eine Welt zusammen, als sie noch hinzusetzte: »Du bleibst in deinem Zimmer, bis dein Vater nach Hause kommt, und du bekommst nichts zu essen, bis die Sache geklärt ist.«

Verängstigt und trübsinnig saß ich allein in unserem Zimmer im zweiten Stock und schaute hinunter auf Jackie, der rastlos auf dem Rasen hin und her lief. Aus dem Vorzimmer im ersten Stock, wo gerade der Nachmittagstee serviert wurde, hörte ich Tellerklappern und fröhliches Lachen. Schon bald tauchte Franklin mit einem Teller verschiedener Leckerbissen auf seinem Balkon auf. Ich sah, wie er lässig Maronenkuchen, Würstchen und Hühnersandwiches über das Geländer warf und Jackie entzückt hochsprang, um diese Happen in der Luft aufzufangen. In diesem Augenblick wünschte ich mir nichts sehnlicher, als Jackie zu sein: unbeschwert, fröhlich und wohlgenährt – und sei es auch nur für ein paar Stunden.

Vater kam mit finsterer Miene in mein Zimmer, in der Hand die Hundepeitsche, die ihm Hans, der Hundedresseur, zu Weihnachten geschenkt hatte. Als er mich nach dem Silberdollar fragte, brachte ich es nicht fertig zu lügen.

Er befahl mir, mich mit dem Gesicht nach unten aufs Bett zu legen, und ließ die Peitsche auf meinen Po und die Oberschenkel sausen. Während ich zitternd vor Schmerz und Scham dalag, lief eine Ratte mit aufmerksam gespitzten Ohren und hin und her schlagendem Schwanz über den Fußboden. Ich wollte mein Entsetzen hinausschreien, biß aber die Zähne zusammen, bis die Züchtigung vorüber war.

Dann schlang Vater die Peitsche um den Arm und erklärte, daß Tante Baba einen schlechten Einfluß auf mich ausübe und man uns trennen müsse. Allein der Gedanke an eine solche Möglichkeit erfüllte mich mit unsagbarem Entsetzen.

Zwei Tage später, ich war noch immer etwas benommen, geschah die zweite Katastrophe. In den letzten vier Jahren war ich immer die Klassenbeste und wurde jetzt zur Klassensprecherin gewählt. An jenem Nachmittag ging ich beschwingt von der Schule nach Hause und vergaß für kurze Zeit meine Probleme. Eine Gruppe von zwölf Klassenkameradinnen, angeführt von der Leiterin meines »Wahlkampfes«, hatte beschlossen, mir nach Hause zu folgen und mich mit einer Wahlfeier zu überraschen. Kaum war ich fünf Minuten zu Hause, läutete es an der Haustür. Das Hausmädchen öffnete einem Haufen übermütig kichernder kleiner Mädchen, alle in den gleichen Schuluniformen, die zu mir wollten. Das Dienstmädchen, das ja meine Lage zu Hause kannte und wußte, daß ich in Ungnade gefallen war, zögerte, ließ die Mädchen dann jedoch in das offizielle Wohnzimmer und ging leise die Treppe in den zweiten Stock hinauf.

Ich weiß heute nicht mehr, wie das Dienstmädchen hieß, aber ich weiß noch genau, wie beunruhigt sie mich ansah, als sie mir zuflüsterte: »Deine Schulfreundinnen sind da, sie wollen dich besuchen.«

Ich wurde blaß vor Entsetzen. »Ist Niang zu Hause?«

»Ich fürchte ja. Und Dein Vater auch. Sie sind im Schlafzimmer.«

Kannst du meinen Freundinnen nicht sagen, ich sei nicht zu Hause?« fragte ich verzweifelt.

»Ich fürchte nicht. Das habe ich schon versucht, aber offenbar sind sie dir gefolgt und haben gesehen, wie du ins Haus gegangen bist. Sie möchten dich überraschen und dich feiern, weil du zur Klassensprecherin gewählt worden bist. Sie haben nichts Böses im Sinn.«

»Ich weiß.« Es blieb mir gar nichts anderes übrig, als hinunterzugehen und meine Freundinnen zu begrüßen. Als ich hinter dem Dienstmädchen langsam die Treppe hinunterschlich, hörte man die unbeschwerten Stimmen der Mädchen bereits im ganzen Haus.

An die nächsten paar Minuten erinnere ich mich nur noch bruchstückhaft. Meine Klassenkameradinnen waren so fröhlich und aufgeregt, daß sie meine Blässe und mein betretenes Schweigen gar nicht bemerkten. Sie umringten mich und riefen mir freudig und lachend ihre Glückwünsche zu. Es drehte mir den Magen um. »Ich bin erst zehn Jahre alt«, hörte ich mich im Geiste sagen. »Ich habe sie nicht hergebeten. Niang kann mich deswegen nicht umbringen.«

In diesem Augenblick erschien das Dienstmädchen wieder an der Tür. »Du sollst auf der Stelle zu deiner Mutter kommen. Sofort!«

Entschlossen zwang ich mich zu lächeln. »Bitte entschuldigt

mich«, murmelte ich und fügte mit einem Schulterzucken hinzu: »Ich möchte wissen, was sie von mir will.«

Schuldbewußt schlich ich die Treppe hinauf und stand vor der verschlossenen Tür ihres Zimmers, des Allerheiligsten. Mit völlig leerem Kopf und verschwommenem Blick klopfte ich an die Tür. Sie erwarteten mich schon in dem kleinen Alkoven mit Blick auf den Garten. Durch die Erkerfenster konnte ich Jackie sehen, der auf der Jagd nach Vögeln im Gebüsch herumstöberte.

Ich wußte, daß es eine entsetzliche Szene geben würde, sobald ich eintrat. Als ich die Tür hinter mir schließen wollte, sagte Niang übertrieben freundlich: »Laß die Tür ruhig offen. In unserem Haus gibt es keine Geheimnisse.«

Ich stand vor meinen Eltern. In der Stille war das fröhliche Geschrei im Erdgeschoß deutlich zu hören.

»Wer sind denn diese ungezogenen Gören unten im Wohnzimmer?« fragte Niang mit unterdrücktem Zorn.

»Es sind meine Freundinnen.« Ich ballte die Fäuste und fühlte, wie sich meine Nägel in die Handflächen drückten. Ich wollte unter keinen Umständen weinen.

»Wer hat sie eingeladen?«

»Niemand. Sie sind von allein gekommen, um meinen Wahlsieg zur Klassensprecherin zu feiern.«

»War das deine Idee?«

»Nein, Niang. Ich hatte nicht die geringste Ahnung.«

»Komm hierher«, schrie sie. Langsam und zögernd näherte ich mich ihrem Sessel. Sie schlug mir so fest ins Gesicht, daß ich das Gleichgewicht verlor. »Du lügst! Du hast alles geplant und wolltest vor deinen mittellosen Schulkameraden mit unserem Haus angeben. Du dachtest wohl, wir wären nicht zu Hause.«

»Nein, Niang, das stimmt nicht.« Ich konnte die Tränen nicht mehr zurückhalten.

»Dein Vater arbeitet Tag und Nacht für euch alle. Er kommt nach Hause, um seinen Mittagsschlaf zu halten, und findet keinen Augenblick Ruhe. Das ist unerträglich! Du weißt ganz genau, daß du deine Freundinnen nicht einladen darfst. Wie kannst du es wagen, sie in unser Wohnzimmer zu lassen?«

»Ich habe doch schon gesagt, daß ich sie nicht eingeladen habe! Meine Freundinnen wissen, daß ich sie nach der Schule nicht besuchen darf, deshalb haben sie wahrscheinlich beschlossen, hierherzukommen. Sie wußten ja nicht, daß es verboten ist.«

Wieder schlug sie mich, diesmal mit dem Handrücken quer über die andere Wange. »Lügnerin! Das hast du dir nur ausgedacht, um prahlen zu können! Dir werde ich die Hinterhältigkeit schon noch austreiben! Du gehst jetzt sofort nach unten und wirfst diese Störenfriede auf der Stelle aus unserem Haus. Und sie sollen ja nicht wiederkommen. Nie wieder! Sie sind hier nicht willkommen!«

Ich ging hinaus und trottete hinunter zu meinen Freundinnen. Ihre Ausgelassenheit war einem vielsagenden Schweigen gewichen. Ich putzte mir die Nase mit dem Ärmel ab und sah Blut darauf. Zu meinem Entsetzen und meiner Schande merkte ich erst jetzt, daß ich durch Niangs Ohrfeigen Nasenbluten bekommen hatte und mein Gesicht tränen- und blutverschmiert war.

Ich war bestimmt kein hübscher Anblick, als ich zu meinen Wahlhelferinnen ins Wohnzimmer trat. Unerwünscht und ungeliebt von den eigenen Eltern, stand ich hilflos im Raum und konnte ihnen vor Scham nicht in die Augen schauen. Und sie konnten mich nicht ansehen; ich wußte, daß sie jedes Wort mitgehört hatten, und sie wußten das. Meine Freundinnen hatten ja keine Ahnung von meiner familiären Situation gehabt. Ich hatte mich immer verzweifelt bemüht, nach außen hin das Bild einer liebenden Familie aufrechtzuerhalten. Jetzt war diese Fassade mit einem Schlag zusammengebrochen, und jeder konnte die nackte Wahrheit erkennen.

Ich versuchte, einen letzten Rest Würde zu zeigen, und sagte: »Es tut mir leid. Mein Vater möchte jetzt schlafen. Ich soll euch bitten, nach Hause zu gehen.«

Meine »Wahlmanagerin«, Wu Chunmei, ein großes, sportliches Mädchen, dessen Vater in Amerika Medizin studiert hatte, nahm ihr Taschentuch und gab es mir. Gerührt von ihrer Geste, wollte ich mich mit einem Lächeln bedanken; aber es gelang mir nicht, als ich in ihrem Blick ihr ganzes Mitgefühl las. Nun liefen mir die Tränen übers Gesicht und ich sagte: »Danke, daß ihr gekommen seid. Ich werde eure Treue niemals vergessen.«

Sie ließen die Geschenke auf dem Tisch liegen und gingen eine nach der anderen hinaus. Wu Chunmei war die letzte. Als sie durch das Treppenhaus ging, rief sie plötzlich nach oben: »Das ist ungerecht! Ihr seid grausam und brutal! Das erzähle ich meinem Vater.«

Ich sammelte meine Geschenke ein und ging hinauf. Ihre Schlafzimmertür stand weit offen. Vater rief mich hinein und befahl mir, die Tür zu schließen. Jetzt waren wir drei allein.

»Deine Niang und ich«, begann er, »sind sehr verärgert über dein Benehmen und deine Einstellung. Du hast deine kleinen Freundinnen für heute nachmittag eingeladen, nicht wahr?«

Ich schüttelte wortlos den Kopf.

Vater schaute auf die Geschenke, die ich im Arm trug. Einige waren in festliches buntes Papier gewickelt und mit Schleifen und Bändern versehen.

»Leg sie da auf das Bett«, bestimmte er. »Mach sie auf!«

Ich tat eiligst, was er verlangte. Wir starrten auf die kunterbunte Sammlung: ein Kung-Fu-Roman, ein paar Comics, ein chinesisches Schachspiel, ein Päckchen Leckerbissen mit getrockneten Pflaumen, Gummibärchen, Wassermelonenkernen, süßen Ingwerscheiben, gesalzenen Lindenblüten und Erdnüssen, ein Blatt Schönschreibpapier, auf dem das Wort »Sieg« in unbeholfener, kindlicher Schrift stand, und ein Springseil.

»Heb das alles auf und wirf es in den Abfalleimer.«

Ich kam seinem Befehl unverzüglich nach.

»Warum kommen deine Freunde hierher und bringen dir Geschenke mit?« fragte Niang.

»Ich glaube, weil wir heute die Wahl gewonnen haben. Ich bin jetzt Klassensprecherin. Wir haben sehr darum gekämpft ...«

»Gib nicht so an!« schrie Niang. »Wie kannst du es wagen! Und wenn du dich auch in der Schule für etwas Besseres hältst, ohne deinen Vater bist du ein Nichts. Nichts! Nichts! Nichts!«

Vater sagte ruhig: »Deine Niang und ich sind besonders erzürnt darüber, daß du versucht hast, deine Freunde gegen uns aufzubringen, und sie dazu angestiftet hast, uns zu beleidigen.«

»Aber das habe ich doch gar nicht getan!«

»Widersprich deinem Vater nicht! Du wirst allmählich zu hochnäsig. Wer bist du denn schon? Etwa eine Prinzessin, der alle Klassenkameraden Tribut zu zollen haben?«

»Fünftjüngste Tochter, *Wu mei* 五妹!« fügte Vater traurig hinzu. »Es bleibt uns gar nichts anderes übrig. Die Schande der Familie darf nie an die Öffentlichkeit gelangen, *jia chou bu ke wai yang* 家醜不可外揚. Du hast das Vertrauen, das wir in dich gesetzt haben, zutiefst mißbraucht, indem du deine Freunde dazu gebracht hast, uns zu beleidigen.«

»Was passiert denn nun mit mir?« fragte ich ängstlich.

»Das wissen wir noch nicht genau«, lautete Vaters grausame Antwort. »Da du hier nicht glücklich bist, mußt du wohl fortgehen.«

»Aber wo soll ich denn hin?« In Gedanken irrte ich schon ziellos durch Schanghais Straßen. Ich hatte Säuglinge gesehen, die in Zeitungspapier gewickelt am Straßenrand ausgesetzt worden waren, und bettelnde Kinder in Lumpen. Die ganz Armen suchten in unmittelbarer Nachbarschaft zur eleganten Avenue Joffre in Mülltonnen nach Essensresten und mußten sich notfalls mit der Rinde der Platanen entlang der großen Boulevards begnügen. Ich hatte schreckliche Angst.

Ich fiel vor ihnen auf die Knie und hoffte, sie zu erweichen. Statt dessen sagte Vater: »In diesen unsicheren Zeiten mußt du froh und dankbar sein, ein Dach über dem Kopf und jeden Abend Reis in deiner Schüssel zu haben.«

»Ich bin dankbar, Vater.«

»Bitte Niang um Verzeihung.«

»Verzeih mir, Niang.«

»Du weißt gar nicht, wie gut du es hast«, sagte Niang. »Du ziehst aus Tante Babas Zimmer aus und sprichst am besten überhaupt nicht mehr mit ihr. Sie hat einen äußerst schlechten Einfluß auf dich, hat dich verwöhnt, deine Arroganz gefördert und dir Lüge und Betrug beigebracht, indem sie dir hinter unserem Rükken Geld gab. Wir werden ein Waisenhaus für dich suchen, bis du alt genug bist, dir durch eigene Arbeit deinen Lebensunterhalt zu verdienen. Dein Vater hat schon genug Sorgen, ohne sich auch noch um deinesgleichen zu kümmern. Das ist alles.«

»Danke, Vater. Danke, Niang.«

Ich stand wieder auf, warf einen langen Blick auf den Mülleimer und ging hinauf in das Zimmer, das ich vielleicht zum letzten Mal mit Tante Baba teilte.

Mein Blick fiel auf die Schulhefte auf meinem Schreibtisch, die ich aufgeschlagen hatte, bevor ich von unserem Dienstmädchen nach unten gerufen wurde. Ich mußte noch einen Aufsatz schreiben, Geschichte, Mathematik, Englisch lernen und Schönschrift üben. Fest entschlossen machte ich mich an die Arbeit ... und flüchtete mich wie schon so oft in die Welt meiner Schule mit ihren einfachen, unveränderlichen und gerechten Regeln. In dieser Welt gab es keine Niang, die nach Gutdünken über mich bestimmen konnte.

Meine Seelenqual legte sich, als ich zu schreiben begann. Meine Nase blutete nicht mehr, und mein Gesicht tat nicht mehr so weh. Ich sah nur noch schwarze Wörter und Zahlen auf weißen Blättern. Die Aufgaben forderten mich, verlangten nach einer Lösung, und die Lösungen beruhigten und befriedigten mich. Hier hatte ich mein Schicksal selbst in der Hand. Jede gelöste Aufgabe füllte eine innere Leere.

An diesem Abend ging ich nach dem Abendessen, bei dem weder Vater noch Niang mich ansahen oder mit mir sprachen, sofort in mein Zimmer hinauf. Tante Baba war zum Mah-Jongg-Spiel gegangen. Meine Hausaufgaben hatte ich erledigt, und auch sonst gab es nichts mehr zu tun. Langsam stieg Verzweiflung in mir auf; Niang wollte mich von der einzigen Person trennen, die mich liebte.

Stunde um Stunde verging. Ich konnte nicht einschlafen. Also kroch ich wieder aus dem Bett, setzte mich im Dunkeln auf die oberste Stufe und lauschte auf Tante Babas Schritte. Es war schon nach elf Uhr. Ob sie wohl bald nach Hause kam? Ich dachte daran, fortzulaufen und mit dem Zug in die weit entfernte Provinz

Sechuan an der Grenze zu Tibet zu fahren. Aus meinen Kung-Fu-Geschichten wußte ich, daß es in den legendären E-May-Bergen buddhistische Klöster gab, in denen Mönche beteten und sich in der Kampfkunst übten – vielleicht würde mich einer als Lehrling aufnehmen. Ich sah mich schon als geschickte Wu-shu-, Judo- und Karatekämpferin und Rächerin der Hoffnungslosen mühelos über die Dächer springen ...

Ich muß im Dunkeln wohl an das Geländer gelehnt eingeschlafen sein. Schmerz weckte mich; in der Eingangshalle brannte Licht. Edgar stand wie ein riesiger Schatten über mir. Auf seinem Weg ins Bad war er über mich gestolpert. Er war sehr wütend.

»Was machst du denn hier mitten in der Nacht?« wollte er wissen. »Ich wäre ja fast über dich gefallen! Du Schwachkopf! Du bist mir auch wirklich immer im Weg.«

Verschlafen rieb ich mir die Augen. Am besten schweigen, dachte ich.

»He, du dummes Stück! Antworte mir!«

Ich sagte noch immer nichts. Langsam stand ich auf. Boshaft beugte er sich vor und verdrehte mir brutal den Arm. Ich biß mir auf die Lippen, um nicht aufzuschreien, und starrte ihn herausfordernd an, entschlossen, keinen Laut von mir zu geben. »Antworte mir!« wiederholte er und verdrehte mir den Arm noch stärker.

In diesem Augenblick tauchte James aus seinem Zimmer auf. Wortlos ging er, als hätte er nichts gesehen und gehört, an uns vorbei ins Badezimmer. Ohne die Tür richtig zu schließen, benutzte er die Toilette und ging wieder zurück ins Bett.

Edgar drückte mich auf den Boden und trat mich immer wieder. Als er endlich aufgab, rannte ich ins Bad und verriegelte die Tür. Einer seiner Fußtritte hatte meine Nase getroffen, die wieder stark blutete. Ich starrte im Spiegel auf mein blutunterlaufenes Gesicht und begann hemmungslos zu weinen, während ich verzweifelt versuchte, mein Schluchzen zu unterdrücken, damit Edgar nicht die Befriedigung hatte, mich zum Weinen gebracht zu haben. Immer stärker wurde mir das ganze Ausmaß der Ungerechtigkeit bewußt, und eine alles verzehrende Wut überkam mich. Schließlich hörte ich Tante Babas Schritte auf der Treppe. Es war fast ein Uhr morgens.

Sie brauchte mich nur kurz anzusehen und verstand sofort. Als ich ihr meine Leidensgeschichte erzählte, konnte ich an ihrem Gesichtsausdruck erkennen, daß der Abend auch für sie nicht gut verlaufen war; sie war ziemlich niedergeschlagen. Wahrscheinlich hatte sie beim Mah-Jongg den ganzen Abend lang verloren. Ich erklärte ihr, daß ich den Zug in die Provinz Sechuan nehmen wollte, und bat sie, mir das Geld für die Reise zu leihen.

»Eine tolle Mischung aus Vernunft und Unvernunft! Manchmal vergesse ich fast, daß du noch so jung bist.«

Mir war es bitterernst. »Hab nur Vertrauen!« sagte ich. »Ich werde dein Geld nicht verschwenden! Ich werde viel lernen und zurückkommen und alles in Ordnung bringen. Ich werde mich um dich und Ye Ye kümmern.«

»Hör auf zu träumen! Du hast wohl zu viele Kung-Fu-Romane gelesen. Wenn du in diesen Zug steigst, wirst du wahrscheinlich entführt und als Sklavin, *ya tou*, verkauft. Ye Ye und ich werden dich nie wiederfinden. Selbst hier in Schanghai fand die Polizei einmal dreißig vermißte Kinder, die an die Mauer einer Dosenfabrik gekettet waren, halb verhungert und verprügelt. Hätten sie die Kindheit überlebt, wären sie an Bordelle verkauft worden. Fünftjüngste Tochter, *Wu mei* 五妹, du mußt Traum und Wirklichkeit auseinanderhalten. Besinne dich auf Dinge, die du wirklich gut beherrschst, sieh zu, daß du die bestmögliche Ausbildung bekommst. Vergiß die Kung-Fu-Meister, die Kriegskunst und den ganzen Unsinn.

Und nun zu deiner Niang. Geh morgen zu ihr, schlucke deinen ganzen Ärger hinunter, klopfe bei ihr an. Bitte um Gnade. Sag alles, was sie hören möchte. Du weißt schon, was du zu sagen hast. Was können wir schon tun? Sie hat das Geld und die Macht. Notfalls kniest du vor ihr nieder und machst Kotau. Bitte sie ergeben und demütig um das Fahrgeld für die Straßenbahn; wenn du das tust, kommt alles wieder in Ordnung – du wirst schon sehen. Und nun kriech schnell unter deine Decken und schlafe. Du mußt schließlich morgen in die Schule.«

Ich kroch ins Bett, konnte aber nicht einschlafen. Ich konnte nicht einmal an Kapitulation denken. Bald hörte ich Tante Babas leises Schnarchen. Je länger ich wach im Bett lag, um so entschlossener weigerte ich mich nachzugeben, egal wie grausam die Folgen auch sein mochten. Hilflos und nur mit meiner Entschlossenheit bewaffnet, wußte ich, daß ich so handeln mußte. Ich hoffte, daß Niang keine Waffe besaß, die mächtig genug war, mich zu besiegen.

7. KAPITEL

Auf dem Baum nach Fischen suchen

Yuan Mu Qiu Yu

缘木求魚

Mit fünfundsechzig besaß Ye Ye nicht einen einzigen Penny mehr. Vater ließ keinen Zweifel daran, daß sich Ye Ye und Baba an Niang wenden mußten, wenn sie Geld brauchten. Dies war unerhört in einer Gesellschaft, in der Schwiegerväter sich kaum dazu herabließen, mit den Ehefrauen ihrer Söhne zu sprechen, geschweige denn, sie um Geld zu bitten. Mit dieser Maßnahme verstieß Vater nicht nur gegen die konfuzianische Vorstellung von dem Respekt, den ein Sohn seinem Vater entgegenzubringen hatte, sondern untergrub auch Ye Yes Selbstachtung. Freundlich, aber bestimmt, lehnte Ye Ye ab und sagte zu Baba, er werde sicher nicht auf einen Baum klettern, um Fische zu suchen, *yuan mu qiu yu* 缘木求魚.

Statt dessen besuchten Vater und Tochter gemeinsam Großtante in der Women's Bank, und Tante Baba fragte, ob sie nicht wieder in ihrer früheren Position arbeiten könne. Im großen Eßzimmer der eleganten Wohnung im sechsten Stock wurde ihnen ein phantastisches Abendessen serviert, zu dem neben vielen anderen Gängen wie gedämpften Krabben und gelben Fischnudeln, Haifischflossenklößchen und frischen Shrimps mit Erbsen, zarten Bambussprossen und mit Anis gewürztem Schweinefleisch auch Ye Yes Lieblingsgericht Ningpo gehörte. Zum Nachtisch gab es die drei beliebtesten Desserts: klebrige Reisbällchen mit Sesamcreme, »Achtjuwelenpudding« und Krabben-Apfel-Mousse. Dazu wurde milder, lauwarmer Reiswein getrunken, und Bruder und Schwester sangen gemeinsam einige Lieder aus ihren Lieblingsopern. Seit seiner Flucht aus Tientsin vor zwanzig Monaten versteckte sich Vater während der Geschäftszeiten vor den Japanern in Großtantes Dachterrassenwohnung; viele seiner Transaktionen liefen über ihre Bank und unter ihrem Namen, und sie wußte besser als jeder andere, wie es um Vaters Vermögen stand. Beim Essen lobte sie ihn vor Ye Ye und Tante Baba für seine Erfolge. Da sie fürchtete, das Gesicht zu verlieren, erwähnte Baba den eigentlichen Grund für ihre Bitte nicht. Außerdem hatte Ye Ye sie gebeten, niemandem die Wahrheit zu sagen, um seinen Sohn nicht öffentlich bloßzustellen.

Zwischen Vater und Sohn wurde das Thema Geld nie wieder angesprochen. Tante Baba nahm ihre Tätigkeit in der Bank auf; sie ließ sich ihr Gehalt in bar auszahlen und legte die Hälfte der Banknoten in die obere linke Schublade von Ye Yes Schreibtisch. Das war das einzige Geld, das Großvater für seine bescheidenen Einkäufe zur Verfügung stand; er kaufte sich davon Süßigkeiten, Tabak und chinesische Kräuter, ging zum Arzt oder ließ sich die Haare schneiden, aß gelegentlich im Restaurant oder brachte seinen Enkelkindern ab und zu ein kleines Spielzeug mit.

Sie lebten ständig in einer angespannten Atmosphäre. Niang ließ sie spüren, daß sie nur geduldet waren. Nach außen hin lächelte sie immer, aber jeder bemerkte die Verachtung hinter dieser Maske. Anstatt sich eines würdigen und friedlichen Ruhestands erfreuen zu können, bekam Ye Ye von ihr nur ein Dach über dem Kopf, drei Mahlzeiten am Tag und sonst nichts. Vater kam nie in den zweiten Stock, und wenn Niang Gäste empfing, wurde von Tante Baba und Ye Ye erwartet, daß sie, ebenso wie wir Stiefkinder, oben in ihren Zimmern blieben. Die Dienstmädchen richteten sich nach der Hausherrin: Wer in Niangs Gunst stand, wurde frech und unverschämt.

Ye Ye wurde immer einsamer. Obwohl er jederzeit Freunde empfangen durfte, gelang es Niang, verhüllt durch den Schleier der Höflichkeit, eine so unerquickliche Stimmung zu verbreiten, daß sie bald nicht mehr kamen.

Er verbrachte seine Zeit mit Lesen und Kalligraphie. Einmal schrieb er das Zeichen für »erdulden«, *ren* 忍, und zeigte Tante

Baba, wie man das Wort auch noch deuten konnte. »Teile erdulden, *ren*, 忍, in seine zwei Bestandteile, den oberen und den unteren Teil. Die obere Komponente bedeutet Klinge, *dao* 刀, doch der Degen hat in der Mitte eine Scheide 刃. Der untere Teil, *xin* 心, bedeutet Herz. Beide Teile zusammen erzählen eine Geschichte. Obwohl mein Sohn mein Herz verwundet, werde ich das Leid in die Scheide schieben und es erdulden. Für mich stellt das Wort erdulden, *ren* 忍, den Inbegriff der chinesischen Kultur und Zivilisation dar.« Tante Baba schaute sich das Wort an und sah Leid und Zorn aus jedem Pinselstrich sprechen. Aus Angst, Niang zu beleidigen, hängte Ye Ye seine herrliche Kalligraphie nicht auf.

Meine ältere Schwester Lydia hatte wenig Erfolg in der Schule. Mit ihrem verkrüppelten linken Arm waren ihre Eheaussichten nicht gerade vielversprechend. Vater und Niang machten sich Sorgen um ihre Zukunft, daher beschlossen sie, eine frühe Heirat zu arrangieren. Bei ihrem nächsten Besuch in Tientsin nahmen sie Lydia mit und stellten sie Samuel Sung vor.

Samuel war der jüngste Sohn der Familie unseres Arztes in Tientsin. Er hatte an der Universität Tientsin ein Diplom als Ingenieur erworben, unterrichtete dann ein paar Jahre, studierte anschließend an der Purdue University in Indiana und schloß mit einem Magister ab; 1948 kehrte er aus Amerika zurück und suchte eine Frau. Er war bereits einunddreißig, drei Jahre älter als Niang, einen Meter sechzig groß, hatte schon fast eine Glatze, kleine hinterhältige Augen und nach oben geschwungene Augenbrauen, die ihm ein ziemlich finsteres Aussehen verliehen. Sein Mund war etwas schief, so daß er ständig zu grinsen schien. Obwohl also nicht gerade als bildschön zu bezeichnen, war er doch freundlich und wohlerzogen.

Ich weiß noch, wie begeistert Lydia von ihrer bevorstehenden Heirat mit Samuel sprach und ihren künftigen Namen, Mrs. Samuel Sung, immer wieder in Englisch und Chinesisch auf ein Blatt Papier schrieb.

Jahre später erzählte uns Lydia folgende Geschichte über die Ereignisse, die zu ihrer Verlobung geführt hatten:

»Als ich siebzehn Jahre alt wurde, riefen mich Vater und Niang in das Allerheiligste, um ein langes Gespräch mit mir zu führen. Ich mußte mich vor den Spiegel stellen und mich ansehen. Als ich nicht gleich verstand, was sie meinten – schließlich schaute ich jeden Tag in den Spiegel und konnte nichts Ungewöhnliches an mir finden –, erklärten sie, ich solle meine linke Hand ganz genau betrachten. Sie zeigte eine Erbsche Lähmung, doch das war ja nicht meine Schuld.

Vater sagte: ›Du kommst nun ins heiratsfähige Alter, und wir haben einen sehr guten Ehemann für dich gefunden. Das ist wirklich das beste für dich und deine Zukunft. Wenn du nicht heiratest, solange du noch jung bist, wirst du bestimmt eine ledige Frau bleiben, und soweit wollen wir es auf keinen Fall kommen lassen. Das ist unser letztes Wort.‹

Ihre Worte trafen mich wie ein Blitz; Angst und Hilflosigkeit stiegen in mir auf. Ich hatte keine Sekunde daran gedacht, mit siebzehn zu heiraten, sondern beneidete meine Schulkameradinnen, die im Ausland studieren durften. Das hätte ich bestimmt auch geschafft, denn ich sprach sehr gut Englisch. Über Sex und Liebe hatte noch niemand mit mir gesprochen. Aber ich mußte wohl tun, was sie von mir verlangten, andernfalls hätten sie mich ins Kloster gesteckt und ich hätte den Rest meines Lebens als Nonne verbringen müssen. Ich höre noch Niangs eiskalte Stimme: ›Ich werde sicher nicht noch eine alte Jungfer in meinem Haus dulden! Was erwartest du? Wenn du nicht tust, was wir dir sagen, schicken wir dich hinter die Mauern eines Klosters, aber wenn du gehorchst, werden wir gut zu dir sein!‹ Da wurde mir endgültig klar, daß ich überflüssig und unerwünscht war. Als ich in den Spiegel blickte, erkannte ich, daß ich mit der verkrüppelten Hand wirklich nicht sehr gut aussah. Obwohl ich damals nicht wußte, daß jedes Kind auch Rechte hat, wie das Recht auf Bildung und die freie Wahl des Ehepartners, hatte ich doch große Lust, mich gegen diese egoistische Willkür aufzulehnen. Ich ging zu Ye Ye und Tante Baba und bat um Hilfe. Doch sie erklärten, daß sie mir nicht helfen konnten, erstens, weil ich Vaters Kind war, und zweitens, weil sie selbst völlig von Vater abhängig waren.

Mit siebzehn war ich naiv und kindlich und vertraute meinem Vater vollkommen und dachte, daß er nur das Beste für meine Zukunft wollte. Erst später, als er meine Brüder zum Studieren nach England schickte, wurde mir klar, wie dumm ich damals gewesen war. Ich war unglücklich und niedergeschlagen, weil ich auf ihren gemeinen Trick, ihre Last auf einen anderen abzuwälzen, hereingefallen war. Ich haßte sie, weil sie mich so ungerecht behandelten, obwohl ich Vater völlig vertraut hatte. Wenn ich heute zurückblicke, glaube ich, daß Vater noch immer der feudalistischen Vorstellung von der männlichen Vormachtstellung anhing.«

Laut Lydia war sie von Niang praktisch gezwungen worden, Samuel zu heiraten, sie sei schließlich das älteste von Vaters sieben Kindern. Da es schwer sein würde, mit ihrem verkrüppelten linken Arm eine Arbeit zu finden, sei es auch Verschwendung, Geld für das College auszugeben. »Wenn du Samuel heiratest«, erklärte Niang, »gibt dir Vater eine Mitgift.« Lydia hatte dem Druck nicht standhalten können.

So wurde 1948 eine große Hochzeit mit über fünfhundert Gästen, ausschließlich Chinesen, gefeiert. Als Zeremonienmeister wurden zwei bekannte Rundfunkkomiker engagiert. Schon Monate vor der Hochzeit trafen Geschenke bei uns ein und wurden sorgfältig sortiert; die besten behielt Niang für sich.

Meine drei Brüder mußten sich die Köpfe sorgfältig rasieren lassen und wurden in die langen traditionellen chinesischen Gewänder gekleidet. Franklin trug einen maßgeschneiderten westlichen Anzug und einen modernen Haarschnitt. Susan erschien herausgeputzt in einem mit Spitzen besetzten Seidenkleid.

Während der ganzen Feierlichkeiten und noch Tage danach wurden meine drei Brüder, die drei Glühbirnen, gnadenlos von ihren gleichaltrigen Kameraden gehänselt. Selbst Vaters Freunde machten Bemerkungen über die ungleiche Behandlung der Kinder seiner beiden Frauen.

Wie versprochen erhielt Lydia eine Mitgift von zwanzigtausend US-Dollar, damals ein phantastischer Betrag. Sie und Samuel zogen sofort nach der Hochzeit nach Tientsin und wohnten bei Samuels Eltern. Erst einunddreißig Jahre später sah ich meine Schwester wieder.

Nachdem Japan den Krieg verloren hatte, forderte Vater seine Unternehmen und Immobilien in Tientsin wieder zurück. Er und Niang besuchten in dieser Zeit Lydia und Samuel regelmäßig. Die Jungen wurden in Abwesenheit unserer Eltern immer selbständiger. Ich weiß noch, wie sie mit den Dienstmädchen, die direkt hinter unserem Haus auf der anderen Seite des Durchgangs wohnten, flirteten: Sie schossen ihre »Luftpostbriefe«, die um ein Stück Zuckergebäck gewickelt waren, mit einer Schleuder aus dem hinteren Fenster ihres Zimmers.

Gregory hatte genug von unserem täglichen Frühstücksbrei mit eingelegtem Gemüse. An einem Sonntagmorgen, als Vater und Niang nicht zu Hause waren, ging er in die Küche und verlangte, als junger Herr, *Shao ye*, Eier zum Frühstück. Der Koch zögerte und erklärte protestierend, daß nicht genügend Eier vorhanden seien. Daraufhin durchsuchte der entschlossene junge Herr eigenhändig die Vorratskammer und fand sechzehn Eier, die er, eines nach dem anderen, in eine große Schüssel schlug. Er machte sich ein riesiges Omelett zum Frühstück und aß es langsam und bedächtig auf.

Auf der Suche nach einem verlorenen Ball kroch ich eines Nachmittags, als meine Brüder unterwegs waren, unter Gregorys Bett und fand dort eine offene Schachtel, in der sich Briefpapier seiner Schule, ein Stempel und Tinte befanden. James erklärte mir später, daß Gregory seine Finanzprobleme dadurch gelöst hatte, daß er fiktive Rechnungen über kleine Beträge auf dem Schulpapier ausstellte. Er hatte sich mit einem Angestellten der Buchhaltung angefreundet, der ihm diese Beträge bar auszahlte. Auf diese Weise verfügte er immer über Taschengeld und führte ein glückliches Leben.

Inzwischen stellte Ye Ye fest, daß von Zeit zu Zeit Banknoten aus der oberen linken Schublade seines Schreibtisches verschwanden, in die Tante Baba regelmäßig die Hälfte ihres Monatsgehalts legte. Ye Ye verdächtigte einen von uns, machte aber kein Aufhebens darum: Einerseits war er mit Vaters Sparprogramm sowieso nicht einverstanden, andererseits kannte er unsere Misere. Das brachte ihn selbst in einen inneren Konflikt, denn er konnte weder das Stehlen noch die Umstände, die dazu führten, gutheißen.

Eines Tages kam es aber schließlich zum Eklat. Durch die schleichende Inflation verlor chinesisches Geld zunehmend an Wert. Doch als hochgeschätzte Mitarbeiterin erhielt Tante Baba ihr Gehalt in amerikanischer Währung und in Silberdollars – »Bigheads« genannt, weil auf diese Münzen das Profil von Yuan Shikai, einem General der Qing-Dynastie, geprägt war, der sich selbst 1916 für dreiundachtzig Tage zum Kaiser von China ausgerufen hatte. Wie immer legte sie die Hälfte ihres Gehalts in Ye Yes Schublade.

Die chinesische Währung verlor so rasch an Wert, daß die Zentralbank in Schanghai mit dem Drucken neuer Banknoten nicht mehr nachkam. Für einen US-Dollar bekam man schon bald zwei Millionen chinesische Yuan, und dicke Bündel Geldnoten wechselten selbst beim kleinsten Einkauf den Besitzer.

Der Dieb – es war Edgar – hatte sich aus Ye Yes Schublade ein paar amerikanische Dollar genommen und auf dem Schwarzmarkt umgetauscht; er erhielt einen großen Sack chinesischer Geldscheine dafür. Doch nun stand er vor dem Problem, für solche Mengen Geld ein Versteck finden zu müssen, denn selbst unter der Matratze war nicht mehr genug Platz. Außerdem wohnte er nicht allein in seinem Zimmer.

Edgar vergrub das ganze Geld im Garten. Er dachte, daß sein Geheimnis dort gut aufgehoben sei, doch hatte er dabei nicht an Jackie, Vaters Schäferhund, gedacht.

Am nächsten Tag, als wir noch in der Schule waren, scharrte Jackie den kleinen Flecken Erde mit den Pfoten auf und legte schnüffelnd die dicken Bündel Banknoten frei; bald darauf flog überall im Hof Geld herum. Inzwischen hatten die Dienstmädchen im Wäschekorb die Quittung der Wechselstube in Edgars Hosentasche gefunden.

Niang wies die Dienstboten an, alle Geldscheine aufzusammeln und den Garten wieder in Ordnung zu bringen. Es wurde kein Wort darüber verloren. Nach dem Abendessen brachten die Dienstmädchen anstelle der üblichen Obstschale eine große Platte herein, auf der dicke Bündel chinesischer Banknoten zu einem Haufen aufgetürmt waren.

Vater war ebenso überrascht wie alle anderen. Er ließ eine schreckliche Schimpftirade los. Nach endlosen Drohungen und immer neuen Wutausbrüchen gab Niang schließlich bekannt, was sie schon lange wußte: Edgar war der Täter. Dieser Eröffnung folgte eine weitere Strafpredigt meines Vaters über Unehrlichkeit, Unzuverlässigkeit, böses Blut, das wir von unserer Mutter geerbt hätten, und unser aller finstere Zukunft, vor allem aber für Edgar, der nur Schande über die ganze Familie gebracht habe. Vater behauptete, daß Ye Ye und Baba uns so sehr verwöhnt hätten, daß wir jetzt wahre Taugenichtse seien. Schließlich ging er mit Edgar hinauf und verprügelte ihn mit Jackies Peitsche.

Wir, die zweitrangigen Bewohner des Hauses, versammelten uns in Ye Yes Zimmer. Dort hörten wir das Zischen der Peitsche und Edgars Wimmern. Ye Ye, Baba, Gregory und ich fuhren bei jedem Schlag zusammen, nur James zuckte bloß mit den Schultern und schlug gleichgültig eine Bridgepartie vor, um sich die Zeit zu vertreiben.

James war das einzige von uns Stiefkindern, das nie bestraft wurde: Er überlebte, indem er sich emotional löste. Wir standen uns sehr nahe und erzählten uns sämtliche Geheimnisse und Vertraulichkeiten, aber er kam mir nie zu Hilfe. Einmal gab er mir folgenden Ratschlag: »Traue niemandem. Sei kalt wie ein Fisch. Ich verletze niemanden, und niemand verletzt mich.«

Franklin und Susan wurden sehr verhätschelt, sie waren schließlich Sohn und Tochter der »Kaiserin« und wurden überall begünstigt und bevorzugt. Uns, die wir im zweiten Stock lebten, erschien das Vorzimmer wie das Paradies. Aber dieses Paradies erwies sich als Franklins ganz privater Garten Eden.

Er schikanierte Susan, wo er nur konnte, nahm ihr die Spielsachen weg, zerrte sie an den Haaren, schlug sie ins Gesicht und verdrehte ihr den Arm. Niang zog es vor, dieses Benehmen zu ignorieren. Jeden Abend kam sie zu Franklin ins Zimmer und gab ihm einen Gutenachtkuß. Sie saß am Bettrand und lachte mit ihm, neckte ihn und unterhielt sich mit ihm, ohne Susans Gegenwart überhaupt zu beachten. An den Abenden, an denen Franklin bei seinen französischen Cousins oder bei Freunden war, machte sie sich nicht einmal die Mühe, in das Zimmer ihrer beiden Kinder zu gehen.

Ye Ye und Vater waren überglücklich, als die japanischen Besatzer das Land verließen, nachdem Amerika 1945 die Atombomben über Japan abgeworfen hatte; doch fast unmittelbar danach loderte der Bürgerkrieg zwischen den Guomindang-Nationalisten und den Kommunisten wieder auf. In den folgenden drei Jahren beobachteten sie mit wachsender Beunruhigung, daß sich das Kräfteverhältnis zugunsten der Linken verschob. Mao Zedong, der Anführer der Kommunisten, und seine Truppen waren unaufhaltsam auf dem Vormarsch.

Damals berichteten die Zeitungen über schreckliche Greueltaten der Kommunisten an Großgrundbesitzern und Kaufleuten; täglich wurden neue, entsetzliche Schandtaten gemeldet. Überall ließ Chiang Kai-shek, der seit dem Tode von Sun Yatsen 1925 über China herrschte, durch die von ihm beherrschte Guomindang-Presse geschickt verbreiten, daß es zu einem Blutbad käme, falls Schanghai in die Hände der Kommunisten falle.

1948 hatte sich das wirtschafliche Klima für Geschäftsleute wie meinen Vater deutlich verschlechtert. In einer letzten Anstrengung, die Währung zu stabilisieren, hatte die nationalistische Regierung gerade angekündigt, daß sie eine neue Form der Währung, das sogenannte Gold-Yuan-Zertifikat, einführen wolle. Diese Maßnahme war notwendig, denn das Volk hatte jegliches Vertrauen in die alte Währung, Fa Bi, das bisherige gesetzliche Zahlungsmittel, verloren. Die schleichende Inflation hatte dazu geführt, daß man inzwischen für einen US-Dollar elf Millionen chinesische Yuan bekam, mehr noch, als Edgar für seine gestohlenen Dollar erhalten hatte.

In öffentlichen Anschlägen wurden alle Chinesen aufgefordert, ihre alten Banknoten, ihren persönlichen Gold- und Silberbesitz und ihre ausländischen Währungen bis zum 30. September 1948 gegen Gold-Yuan-Zertifikate einzutauschen, die angeblich durch Goldreserven gedeckt und einen Vierteldollar wert waren. Sofort kam es zu einem Ansturm auf Gold, denn die meisten privaten Anleger wollten ihre Edelmetall- und Fremdwährungsbestände von ihrer örtlichen Bank abheben. Kein vernünftiger Mensch glaubte, daß es tatsächlich Goldreserven zur Sicherung der Zertifikate gab. Große Kapitalanleger wie mein Vater transferierten ihr Vermögen ins Ausland, nach Hongkong, in die Vereinigten Staaten oder nach Europa; Kleinverdiener wie meine Tante Baba sahen sich gezwungen, den Anweisungen der Regierung Folge zu leisten. Mit jedem Sieg der Kommunisten fiel der Wert des Gold-Yuan-Zertifikats, bis es ebenso wertlos geworden war wie die alte Währung. Tante Baba gehorchte Chiang Kaishek und verlor dadurch ihre gesamten Ersparnisse.

Vater schmiedete Notpläne, und es war nur eine Frage der Zeit, bis er seinen ersten Schachzug machen würde.

Es muß der Sonntag unmittelbar nach dem katastrophalen Besuch meiner Schulfreunde gewesen sein, als Vater plötzlich allein in der Tür zu Ye Yes Zimmer stand. Er rief auch Tante Baba herüber und schickte mich auf die Dachterrasse zum Spielen. Er wirkte sehr abwesend, bemühte sich aber um einen Anschein von Respekt gegenüber seinem Vater und seiner Schwester. Tante Baba stellte traurig fest, daß sie zum ersten Mal allein miteinander sprachen, seit die Familie vor fünf Jahren nach Schanghai gezogen war; für kurze Zeit entstand sogar eine gewisse Vertrautheit. Vater begann über den Bürgerkrieg zu reden und erwähnte die Möglichkeit, daß die Kommunisten Schanghai besetzen könnten. Er und Niang hatten beschlossen, nach Hongkong zu ziehen. Wollten Ye Ye und Baba mitkommen?

Tante Baba ahnte sofort, daß sie dann nicht nur ihre Freunde zurücklassen mußte, sondern auch ihre Arbeit bei der Bank verlieren und zum Status der alten Jungfer, die unter Niangs kritischem Auge von der Mildtätigkeit ihres Bruders lebte, zurückkehren müßte. Sie fragte sich, ob das Leben unter den Kommunisten wirklich schlimmer sein konnte als das Leben unter Niangs Herrschaft. Sie beschloß, in Schanghai zu bleiben.

Inzwischen stand Ye Ye der Schweiß auf der Stirn. Er wurde blaß vor Angst. Am ganzen Leib zitternd akzeptierte er die Einladung seines Sohnes, mit nach Hongkong zu ziehen und unter britischer Herrschaft gemeinsam ihr Glück zu versuchen.

»Wir müssen doch nicht gleich fort?« fragte er. »Vielleicht kann der alte Chiang Kai-shek mit Hilfe der Amerikaner die Situation noch einmal zu seinen Gunsten wenden.«

»Natürlich müssen wir nicht sofort aufbrechen«, erwiderte Vater. »Es bleiben uns mindestens noch ein paar Monate. Jeanne und ich wollen nächste Woche nach Tientsin fliegen und von unseren Unternehmen und Anlagen soviel wie möglich verkaufen. Es sieht so aus, als könnten Peking und Tientsin noch vor Schanghai fallen. Ich werde meine gesamten Anlagen in Hongkong-Dollar transferieren und mit nach Hongkong nehmen.«

Dann bat er Ye Ye, ihm zu zeigen, wo er sein Geld aufbewahrte; dabei betonte er, daß es immer unter Verschluß gehalten werden müsse. Geistesabwesend lamentierte er darüber, wie falsch es sei, Kinder in Versuchung zu führen, wandte sich an meine Tante und warf ihr vor, mich gegenüber meinen Geschwistern bevorzugt zu haben. Sie protestierte jedoch und erklärte, daß sie jedem der anderen Kinder ebenfalls einen Silberdollar geschenkt hätte, wenn es Klassenbester geworden wäre. Sie machte ihm klar, wie wichtig es für Kinder sei, für ihre Erfolge belohnt zu werden.

Vater erging sich dann in einer Aufzählung meiner Mängel: Ich sei zu klein und zu dünn, ich sei ein schlechter Esser, wahrscheinlich wegen der Süßigkeiten, die mir Tante Baba heimlich zwischen den Mahlzeiten zustecke, ich sei arrogant und verschlossen. Er verlangte, Tante Baba solle jeden Yuan, den sie mir im letzten Jahr gegeben hatte, aufschreiben, und glaubte ihr nicht, als sie beteuerte, der Silberdollar sei alles gewesen, was ich erhalten hatte. Er marschierte mit ihr in ihr Zimmer, forderte sie auf, ihre kleine Süßigkeitenschachtel zu öffnen, und machte sich eine Liste von ihrem Inhalt:

Gesalzene Trockenpflaumen	2 Päckchen
Schweinehäppchen	1 Päckchen
Rinderhäppchen (süß)	1/2 Päckchen
Rinderhäppchen (gewürzt)	2 Päckchen
Geröstete Erdnüsse	1 Beutel (100 g)
Kandierte Erdnüsse	1 Beutel (200 g)
Getrocknete Melonenkerne	1 Päckchen

Befremdet schauten ihm Ye Ye und Tante Baba bei der Erstellung dieser Liste zu. Dann hielt Vater eine lange Standpauke über meine Wertlosigkeit, meine moralischen Mängel, meinen übermäßigen Genuß von Süßigkeiten und Snacks und mein ungeheuerliches Benehmen. Tante Baba bemühte sich, mich zu verteidigen, indem sie ihm erklärte, ich sei doch nur ein kleines Mädchen, das die eigene Mutter nie gesehen hatte, aber Vater wollte davon nichts hören.

Tante Baba fragte schließlich, ob Vater schon Vorkehrungen für uns Kinder getroffen habe: Lydia lebte mit Samuel und seiner Familie in Tientsin; seine drei halbwüchsigen Söhne wollte Vater erst den Abschluß an ihrer Schule in Schanghai machen lassen und dann zum Studium nach England schicken; Franklin und Susan sollten mit ihren Eltern nach Hongkong gehen – dann folgte eine kurze Pause.

»Bleibt noch die Fünftjüngste Tochter, *Wu mei* 五妹«, sagte Ye Ye. »Was hast du mit ihr vor?«

Vater ging die »Snackliste« noch einmal durch. »Sie war in letzter Zeit ziemlich widerspenstig – durch ihren Erfolg in der Schule hält sie sich für etwas Besseres. Ihr habt sie beide verwöhnt und zuviel gelobt. Wir haben beschlossen, ihr Disziplin beizubringen.«

Ye Ye zuckte zusammen. »Was hat sie denn getan? Sie ist doch nur ein kleines Mädchen in der Grundschule. Wofür willst du sie bestrafen?«

»Das ist ja genau das Problem!« erwiderte Vater. »Ihr beide beschützt sie immer. Es geht gar nicht darum, was sie getan oder nicht getan hat. Sie muß einfach lernen, zu gehorchen und bescheiden zu sein. Sie muß ihren Rang kennen und wissen, daß ihre Meinung und ihre Wünsche nicht zählen. Schließlich ist sie ohne ihren Vater und Niang überhaupt nichts. Wir haben daher beschlossen, sie aus diesem Nest der Freizügigkeit herauszuholen. Wenn wir nächste Woche nach Tientsin fahren, nehmen wir sie mit und bringen sie ins Internat der St.-Joseph-Schule. Dort soll sie dann allein bleiben. Ich verbiete dir, ihr zu schreiben oder Essenspakete wie diese zu schicken!« Dabei wedelte er mit der Liste vor Tante Babas Gesicht herum. »Sie darf keine Briefe schreiben oder bekommen. Die Nonnen werden beauftragt, sie bis zu ihrem Schulabschluß hinter verschlossenen Türen zu halten.«

»Die Kommunisten! Was ist mit den Kommunisten?« fragte Tante Baba. »Die Zeitungen berichten, daß in der Mandschurei heftig gekämpft wird. Hunderttausende von Flüchtlingen strömen in die Stadt. Hast du denn nicht von den Studenten gelesen, die nach Süden fliehen? Sie haben in Tientsin demonstriert, weil sie hungern und keine Unterkunft haben. In Wirklichkeit wurden sie von den Guomindang-Truppen angefeuert. Ist sie denn dort in der Schule wirklich sicher?«

»Das muß jetzt endgültig aufhören!« rief Vater und schwang wieder die Liste. »Sie muß weg von euch beiden.« Er stürmte aus Tante Babas Zimmer und schlug die Tür hinter sich zu.

»Was soll das Ganze?« fragte Tante Baba Ye Ye mit zitternder Stimme. »Das Kind hat doch nichts getan. Er benimmt sich ja, als wolle er sie vernichten. Er weiß genau, daß es ihr das Herz brechen wird, *shang xin* 傷心, wenn er sie von uns trennt. Verstehst du das?«

Ye Ye wußte Bescheid. »Seine Tochter hat nichts angestellt. Aber jeden Tag, wenn er sie sieht, ist sie ihm ein Dorn im Auge. Sie ärgert ihn schon allein durch ihre Anwesenheit. Sie wollen sie einfach loswerden, deshalb muß sie fort.«

Es waren unsichere Zeiten. Auch andere Familien, die Immobilien besaßen, Verbindung zur Guomindang oder eine westliche Berufsausbildung hatten, quälten sich mit der Frage, ob sie bleiben oder fortgehen sollten. Besonders für Geschäftsleute, die Häuser und Büros besaßen, Familie, Freunde und Verbindungen, *guanxi*, hatten, war die Entscheidung nicht einfach. Und die Zeit war knapp. Chiang Kai-sheks Truppen verloren eine Stadt nach der anderen. Waren die Kommunisten denn wirklich so schlimm? Wußte man denn mit Bestimmtheit, wie sich die Dinge unter dem neuen Regime entwickeln würden? Viele wollten es gar nicht herausfinden und gingen fort. Jeden Tag waren Züge, Flugzeuge und Schiffe mit Flüchtlingen überfüllt, die sich nach Taiwan und Hongkong absetzen wollten.

Später berichtete Vater oft vom Schicksal eines Bekannten, der in letzter Minute ins Wanken geriet. Er war bereits mit Frau und Sohn auf dem Weg zum Flughafen, doch er konnte sich einfach nicht vorstellen, daß er wichtig genug wäre, von den Kommunisten herausgegriffen und verfolgt zu werden. Er machte kurz bei seinem Cousin halt und tauschte die Rollen mit ihm. Der Cousin flog mit Frau und Tochter nach New York in den Wohlstand; Vaters Freund aber blieb, und sie nahmen ihm alles fort, bis auf den letzten Penny. Sein Sohn landete im Gefängnis, weil er Jiang Qing, Maos Frau, kritisiert hatte. Seine Frau beging während der Kulturrevolution Selbstmord.

Vater, Niang, Franklin und Susan gingen im Dezember 1948 nach Hongkong. Großtante brachte es nicht fertig, ihre Bank zu verlassen; sie beschloß, zu bleiben.

Ye Yes Abreise war herzzerreißend. Er liebte seine Heimatstadt und ahnte, daß er sie nicht wiedersehen würde. Der vertraute Anblick, die Gerüche und Geräusche und vor allem die Erinnerungen an Schanghai waren unersetzlich. Ihm graute vor seinem künftigen Leben in Hongkong, andererseits wußte er aber, daß er fliehen mußte. Bis zur letzten Minute versuchte er, Tante Baba umzustimmen, aber sie konnte sich einfach nicht überwinden. Noch dreißig Jahre später konnte meine Tante ihren letzten Abschied nicht ohne Tränen in den Augen schildern.

Eine Stadt nach der anderen fiel in die Hände der Kommunisten: Luoyang, Kaifeng, Jinzhou, Changchun, Mukden. Im Dezember 1948 war Peking von kommunistischen Truppen eingeschlossen und kapitulierte; im Januar 1949, als die Kommunisten die entscheidende Schlacht von Huai Hai gewannen, waren die Würfel endgültig gefallen. Über dreihunderttausend Guomindang-Soldaten gerieten in Gefangenschaft. Am 21. Januar 1949 trat Chiang Kai-shek als Präsident der Republik zurück. Im April überschritt die Volksbefreiungsarmee den Jangtsekiang und eroberte innerhalb eines Monats Nanking, Suzhou und Hangzhou.

Am 25. Mai 1949 zog die Rote Armee triumphierend in Schanghai ein. Junge, diensteifrige und äußerst disziplinierte Truppen der Volksbefreiungsarmee marschierten die Nanking Road hinunter. Freundlich halfen sie den Bewohnern und Ladenbesitzern beim Beseitigen der Sandsäcke und anderer Barrikaden, die die Nationalisten errichtet hatten. Sie waren höflich und gut genährt. Es gab keinerlei Plünderungen.

Für meine Tante kam nun eine wunderbare Zeit des Friedens und des Glücks. Innerhalb weniger Tage öffnete Großtantes Bank wieder ihre Pforten. Die Kommunisten taten alles, um Recht und Ordnung wiederherzustellen: Geschäfte und Restaurants nahmen ihre Tätigkeit wieder auf, die Inflation kam zum Stillstand. Die Gold-Yuan-Zertifikate wurden offiziell in Renminbi, die neue Währung der Volksrepublik, umgetauscht. Die Preise für Konsumgüter stiegen nicht mehr, und zahlreiche Waren tauchten wieder in den Geschäften auf. Auch öffentliche Dienstleistungen wie die Personenbeförderung, die Postzustellung und die Straßenreinigung setzten wieder ein und wurden besser verwaltet als je zuvor. Das neue Regime beruhigte das Volk durch ständige Zeitungs- und Radiomeldungen, daß sowohl chinesische Immobilien- und Handelsunternehmen als auch ausländische Gesellschaften sicher seien und daß die Religion der Bewohner respektiert würde.

Tante Baba übernahm den Haushalt und die Aufsicht über meine drei Brüder, die noch in Schanghai die Schule besuchten. Für ihre eigenen Bedürfnisse hatte sie das Einkommen aus der

Bank, die monatlichen Mieteinnahmen aus Vaters Immobilien deckten die Haushaltsausgaben. Sie reduzierte das Hauspersonal auf zwei Dienstmädchen und Miss Jian. Tief ergriffen hörte sie der Rede zu, die der Vorsitzende Mao am 1. Oktober 1949 in Peking hielt und im ganzen Land ausstrahlen ließ. Darin verkündete er die Gründung der Volksrepublik China. Alle Kollegen der Bank versammelten sich am Radio, um Mao zu hören: »Das chinesische Volk hat sich erhoben.«

Tante Babas Tage verliefen ruhig und geordnet. Nach dem Frühstück schickte sie die Jungen in die Schule und ging dann selbst zur Arbeit. Sie aßen gemeinsam wie immer um sieben Uhr dreißig zu Abend, und die Jungen wurden ausdrücklich ermutigt, ihre Freunde mitzubringen. Sie erhielten wöchentlich ein angemessenes Taschengeld, so daß sie, wenn sie gelegentlich ausgingen, etwas kaufen konnten. Der Einfluß der Kommunisten auf ihr Leben beschränkte sich auf die obligatorische Registrierung aller Bewohner des Hauses, einschließlich Franklins Gouvernante, Miss Jian. Aus Verwaltungsgründen wurde ein Bürgerkomitee, *hu kou*, eingerichtet. Später wurden diese Komitees zu Regierungswerkzeugen, um die Einwohner von Schanghai zu überwachen.

Miss Jian war ledig, etwa Mitte Dreißig. Nach Franklins und Susans Abreise hatte sie keine Aufgabe mehr und fürchtete, entlassen zu werden. Sie war nur bis zum vierzehnten Lebensjahr zur Schule gegangen und daher den Jungen auch keine Hilfe bei ihren Hausaufgaben. Sie bemühte sich um Tante Babas Gunst, indem sie spezielle Gerichte aus ihrer Heimatstadt kochte. Als es kalt wurde, wärmte sie Tante Babas Bett mit einer Wärmflasche und brachte Thermosflaschen mit heißem Wasser für ihr abendliches Bad herauf. Sie verbrachte ihre Zeit mit Zeitunglesen, unterhielt sich viel mit den beiden verbliebenen Dienstmädchen, schrieb Briefe und strickte unermüdlich. Tante Baba war erstaunt über ihren offenbar unerschöpflichen Vorrat an ausgezeichneter Wolle, die man in den Läden der Nachbarschaft fast nicht mehr bekommen konnte. Viele der importierten Waren wurden allmählich knapp, da die Ausländer scharenweise das Land verließen und ihre Unternehmen auflösten. Großzügig verschenkte Miss Jian viele ihrer handgestrickten Pullover an Tante Baba und die Jungen.

Gregory schaffte 1950 den Abschluß der Mittelschule. Vaters Weisungen folgend, reisten er und Edgar mit dem Zug nach Tientsin und ließen sich von Onkel Pierres Schneider mehrere westliche Anzüge nähen; damals war das Reisen noch immer kostenlos und unkompliziert. Mit ihrer neuen Kleidung verließen sie Tientsin und fuhren mit dem Schiff nach Hongkong. Drei Wochen später wurden sie zum Studium nach England geschickt.

James ging noch ein weiteres Jahr zur Schule, und Tante Babas ganze Liebe konzentrierte sich nun auf ihn: Den Mädchen wurde befohlen, seine Lieblingsgerichte zu kochen, er erhielt teure Reitstunden, brachte Freunde mit nach Hause und machte oft Ausflüge in die Nachbarstädte. Er war galant und geistreich, ein äußerst angenehmer Gesellschafter für meine Tante. Oft lasen sie gemeinsam Ye Yes Briefe, und James wurde überredet, jede Woche einen Brief an Vater und manchmal auch einen Brief an Ye Ye zu schreiben. Er genoß so viel Freiheit in Schanghai, daß er nur widerwillig abreiste, als Vater ihm 1951 befahl, nach Hongkong zu kommen. Tante Baba bat Ye Ye um Unterstützung, doch auch er konnte an Vaters Entschluß nichts ändern: Ye Ye erwiderte, daß sie wohl den Verstand verloren hätten. Er hielt es sogar für äußerst unklug, Vater ihren Brief zu zeigen.

Als James im Juli 1951 Schanghai verließ, gab es bereits erste Reisebeschränkungen. In Begleitung seines Dritten Onkels, Frederick, des jüngsten Bruders unserer verstorbenen Mutter, reiste er mit dem Zug nach Kanton. Für das Überschreiten der Grenze nach Hongkong war ein besonderer Passierschein erforderlich, den sie jedoch nicht vorweisen konnten. Schließlich wurden sie in einem undichten Boot im Dunkel der Nacht außer Landes geschmuggelt. Sie hatten Glück und segelten friedlich in den Hafen von Hongkong. In Schanghai blieb Tante Baba allein mit den beiden Dienstmädchen und Miss Jian zurück.

8. KAPITEL

Gleiche Behandlung für alle

Yi Shi Tong Ren

一視同仁

Im September 1948, als der Bürgerkrieg seinen Höhepunkt erreichte, brachten mich Vater und Niang in den Norden nach Tientsin. Eine Provinz nach der anderen ging an die siegreiche Rote Armee verloren. Die meisten Leute flohen in die entgegengesetzte Richtung.

Nach dem Zusammenbruch der Guomindang-Armee in der Mandschurei trafen täglich über sechshundert Flüchtlinge ein, die Seuchen und Elend in die Stadt brachten. Die Bevölkerung Tientsins nahm innerhalb weniger Monate um zehn Prozent zu. Städtische Dienste, die schon vorher am Rande ihrer Kapazität waren, wurden der Situation nicht mehr Herr. Schon bald mußten die Flüchtlinge mit Gewalt von der Stadt ferngehalten und in rasch eingerichteten Lagern untergebracht werden. Die Ruhr grassierte.

Niang meldete mich als Internatsschülerin an der St.-Joseph-Schule an, in der nun angesichts der herrschenden Lage nur noch etwa hundert Schülerinnen waren. Außer mir gab es noch drei weitere Kostgänger, alle anderen Mädchen kamen nur tagsüber in die Schule. Da die meisten Schülerinnen sehr unregelmäßig den Unterricht besuchten, fand er nur sporadisch statt. In den folgenden Wochen schwand die Zahl der Mädchen, und alle verbliebenen Schülerinnen von sieben bis achtzehn wurden in einer Klasse zusammengefaßt. Während der Schulstunden durfte nicht Chinesisch gesprochen und während meines Aufenthalts an dieser Schule auch nicht unterrichtet werden. Wir mußten uns auf englisch oder französisch unterhalten.

Ich fühlte mich erbärmlich. In der Schanghaier Grundschule wurde der Unterricht auf chinesisch gehalten, Englisch war die zweite Sprache, Französisch gab es überhaupt nicht. Einsam und verlassen sehnte ich mich zurück nach Schanghai, nach Tante Baba, James und meinen Freunden. Ich schüttete mein Herz in langen Briefen aus und flehte um ein paar freundliche Zeilen von zu Hause. Jeden Tag wartete ich voller Hoffnung darauf, daß bei der Postverteilung mein Name aufgerufen wurde. Es kam aber nie auch nur ein einziger Brief. Ich wußte ja nichts von den Anweisungen meiner Eltern an die Nonnen, daß ich weder Besucher noch Telephonanrufe, noch Post bekommen durfte.

Hermetisch hinter den Klostertoren vom Rest der Welt abgeschnitten, wußte ich nicht, daß die Kommunisten inzwischen die Mandschurei erobert hatten und über die Große Mauer unaufhaltsam auf Peking und Tientsin zu marschierten. Die Truppen der Nationalisten kämpften erbittert um die Herrschaft in Nordchina. Viele Studenten und ihre Familien flohen nach Taiwan und Hongkong; ganze Klassen blieben leer. Wir verbrachten unsere Zeit mit dem Lesen englischer Bücher, die wir uns selbst aussuchen durften. Ich selbst vertiefte mich in das englisch-chinesische Wörterbuch. In einer Konversationsstunde sollte eines Tages jeder ein Buch nennen, das ihm besonders gut gefallen hatte. Alle lachten, als ich erklärte, mein Lieblingsbuch sei das Wörterbuch. Und wenn ich einen Wunsch frei hätte, was würde ich mir wünschen? Einen Brief an mich. Nur einen einzigen Brief, egal von wem.

Immer mehr Mädchen verließen die Schule, je näher die kommunistischen Truppen rückten. In der St.-Joseph-Schule gab es keine Abschiedsfeste mehr, die Mädchen blieben dem Unterricht einfach fern; die Nonnen waren bestürzt und sehr beunruhigt. Von ihrer Oberin in Frankreich erhielten sie die Anweisung, Tientsin zu verlassen und sich vor jeglicher Verfolgung in Sicherheit zu bringen.

Jeden Sonntag und jeden Feiertag verbrachte ich ganz allein in der Schule, auch Weihnachten und Neujahr. Alle anderen Internatsschüler konnten zu ihren Familien nach Hause fahren, ich hingegen durfte nicht einmal eine Einladung von Freunden annehmen. Die Nonnen wußten auch nichts mit mir anzufangen. Also wanderte ich wie ein Gespenst durch die Klassenzimmer und las stundenlang in der Bibliothek Märchen. Wenn ich an diese Weihnacht denke, sehe ich mich allein in unserem riesigen Speisesaal sitzen und Schinken, Kartoffeln und Plumpudding essen und so tun, als kümmerte mich die Welt nicht. Draußen schwang der liebliche Refrain von »Stille Nacht« durch die kalte Luft, während ich gleichmütig den mitfühlenden Blicken der freundlichen Schwester Helene auswich, die geschäftig hin und her lief, bis ich mein Weihnachtsessen beendet hatte.

Am 31. Januar 1949 marschierten die siegreichen Truppen der Kommunisten, ohne einen einzigen Schuß abzufeuern, in Peking ein. Am nächsten Tag kapitulierte Fu Zuoyi, der nationalistische General, mit allen Armeen und dem vorhandenen militärischen Nachschub. Dafür wurde er mit dem Posten des Ministers für Wasserwirtschaft in der Volksrepublik belohnt. Etwa zur gleichen Zeit wurde Tientsin durch den kommunistischen General Lin Biao eingenommen.

Meine älteste Schwester Lydia lebte mit ihrem Mann Samuel und seinen Eltern ja auch in Tientsin. Aber in der ganzen Zeit, die ich hinter Klostermauern verbringen mußte, besuchte mich niemand oder erkundigte sich wenigstens nach mir. Als sie im Januar 1949 vor den Kommunisten nach Taiwan flohen, ließen sie mich in Tientsin zurück, ohne mir eine Nachricht zu hinterlassen.

Tag für Tag saß ich allein in der Bibliothek und fragte mich, was aus mir werden sollte. Der tägliche Unterricht hatte längst aufgehört. Jeder Tag war ein »schulfreier« Tag. Meine Lehrer wußten nicht recht, was sie mit einem einzelnen Kind anfangen sollten, das wenig Englisch und überhaupt kein Französisch sprach. Die Stimmung im Kloster grenzte an kaum beherrschte Angst, die lediglich durch die römisch-katholischen Rituale gemildert wurde.

Eines Morgens erschien völlig unerwartet Niangs ältere Schwester, Tante Reine, im Besucherzimmer der Schule. Ich war überglücklich, denn seit meiner Ankunft hatte mich noch niemand besucht. Obwohl wir uns kaum kannten, weinte ich vor Freude, als ich sie sah. Sie schickte sich an, Tientsin mit ihrem Gatten und ihren beiden Kindern zu verlassen, und hatte sich daran erinnerte, daß ich im St.-Joseph-Kloster gelandet war. Aus eigener Initiative und ohne um Erlaubnis zu fragen, nahm sie mich aus der Schule.

Tientsin war gerade von der Volksbefreiungsarmee eingenommen worden. Auf der Straße sah ich kommunistische Soldaten in wattierten Winteruniformen und Fellmützen. Sie entfernten die Sandsäcke, Barrikaden und Befestigungen, die von den Nationalisten errichtet worden waren, um feindliche Fahrzeuge und Truppen am Weiterkommen zu hindern. Durch die Nässe des gerade erst geschmolzenen Schnees waren die Sandsäcke zu schlammigen Klumpen geworden. Die Straßen waren gespenstisch ruhig, es herrschte kaum Verkehr. Wir gingen die kurze Strecke zu Vaters beiden Häusern in der Shandong Road zu Fuß.

An diesem Tag wirkte alles seltsam und verwirrend auf mich, nicht zuletzt, weil ich mich plötzlich wieder in dem Haus befand, das mich an schöne Zeiten erinnerte. Dort lernte ich Onkel Jean Schilling, der für die Vereinten Nationen arbeitete, und die beiden Kinder Victor und Claudine kennen. Ich war sehr verschüchtert, aber ihre Freundlichkeit beruhigte mich. Victor war etwa so alt wie ich und lud mich ein, in seinem Zimmer mit ihm zu spielen. Wir falteten Papierflugzeuge und ließen sie durch das ganze Haus segeln. Tante Reine bemerkte meine stumme Nervosität, legte mir den Arm um die Schultern und flüsterte mir ins Ohr: »Mach dir keine Sorgen, ich werde allen drei Kindern die gleiche Behandlung zuteil werden lassen, *yi shi tong ren* 一視同仁.«

Beim Abendessen erklärte Onkel Jean, daß meine Eltern in Hongkong seien und wir so bald wie möglich zu ihnen stoßen sollten. Am Tag zuvor hatten kommunistische Soldaten versucht, ins Haus zu kommen und beide Häuser als vorübergehendes Hauptquartier für General Lin Biao zu konfiszieren. Um die Häuser zu schützen und vor der Beschlagnahmung zu retten, hißte Onkel Jean die Flagge der Vereinten Nationen.

Inzwischen wohnten alle Verwandten Niangs in Vaters Häusern in Tientsin. Ihre Mutter war gestorben und Lao Lao, ihre unverheiratete chinesische Tante, lebte bei Niangs älterem Bruder Pierre im sogenannten alten Haus, in dem auch das verbliebene Büropersonal wohnte. Pierre war noch immer der leitende Direktor der Unternehmen in Tientsin, doch kurze Zeit später floh auch er – nach Marokko. Tante Reine und ihre Familie wohnten im neuen Haus. Vater hatte den jüngsten Bruder Jacques nach Paris geschickt und finanzierte sein Studium an der Sorbonne.

Wenige Tage später ging die Familie Schilling mit mir an Bord eines Schiffes nach Hongkong.

Die Insel Hongkong, »Duftender Hafen« 香港, war nach Chinas Niederlage im Ersten Opiumkrieg 1842 an die Briten abgetreten worden. Nach dem Zweiten Opiumkrieg 1858 bis 1860 sollten die Briten die Spitze der Halbinsel Kowloon, südlich der Boundary Street, als ständigen Besitz »erhalten«. 1898 stellte Großbritannien jedoch weitere Ansprüche und entlockte China für den Rest der Halbinsel Kowloon nördlich der Boundary Street einen Pachtvertrag für neunundneunzig Jahre. Dieses Gebiet wurde New Territories genannt und sollte am 1. Juli 1997 an China zurückfallen.

Tante Reine war es gelungen, Niangs Diamanten aus Tientsin herauszuschmuggeln. Sie umwickelte die Edelsteine mit Stoff und nähte sie als Knöpfe an ihren Wintermantel. Die Enthüllung war ein dramatischer Akt. Mit jedem kostbaren Edelstein, der aus Reines Hand herrlich glitzernd auf den Kaffeetisch rollte, hob sich Niangs Laune, und mein unerwartetes Auftauchen führte nicht sofort zu dem Wutausbruch, mit dem ich gerechnet hatte.

Vater, Niang, Ye Ye, Franklin und Susan wohnten in einer Mietwohnung im zweiten Stock an der Boundary Street in Kowloon genau gegenüber der Maryknoll-Klosterschule. 1949 war diese britische Kronkolonie nur ein schwaches Abbild des geschäftigen Lebens und des hohen Entwicklungsstandes von Schanghai und besaß auch nicht die lange Tradition und Kultur von Tientsin. Es war eine verschlafene, ordentliche, ziemlich provinzielle

Stadt mit sauberen Straßen, leuchtendroten Doppeldeckerbussen, geordnetem Verkehr und einem herrlichen Hafen. Die vorherrschende Sprache war Kanton-Chinesisch, Englisch wurde nur in erstklassigen Hotels wie dem *Peninsula* gesprochen.

Jeden Tag fuhr Niang mit den Schillings in ihrem Auto mit Chauffeur zu verschiedenen Sehenswürdigkeiten. Ich blieb mit Ye Ye und der Dienerschaft zurück. Höflich fragte Niang Ye Ye, ob er sie zu begleiten wünschte, doch er lehnte immer ab. Ich wurde erst gar nicht gefragt, man ging selbstverständlich davon aus, daß ich an den Ausflügen nicht teilnehmen wollte.

Insgeheim war ich froh darüber. Es war herrlich, bei meinem Ye Ye zu bleiben. Ich begleitete ihn auf seinen kurzen Spaziergängen, und weil seine Augen schon schlecht waren, las ich ihm jeden Morgen die Zeitungen vor. Wir spielten chinesisches Schach miteinander, und oft ließ er mich großzügig ein Pferd gegen einen Turm austauschen. Es machte ihm Spaß, um den Sieg zu kämpfen und am Ende das Spiel noch einmal zu besprechen, egal ob er gewonnen hatte oder ich. Wenn er gut gelaunt war, erzählte er mir Geschichten aus den *Legenden der drei Königreiche* und Märchen, in die er Elemente der chinesischen Oper einbaute. Er erklärte mir den Zauber und das Geheimnis vieler Buchstaben anhand genialer Beispiele, die mich in Erstaunen und Entzücken versetzten. Einmal zeigte er mir, daß die chinesischen Zeichen für »Geschäft«, 買賣, das Geheimnis aller Reichtümer der Welt beinhalten: »買 bedeutet ›kaufen‹, 賣 heißt ›verkaufen‹«, sagte er. »Die beiden Begriffe sind identisch, bis auf das Symbol 土 für Erde oder Land oben auf dem Wort ›verkaufen‹. Das Wesen von Geschäft, 買賣, ist ›kaufen – verkaufen‹, und der wichtigste Bestandteil ist ›Erde‹ oder ›Land‹, 土. Denk immer daran.« Oft saßen wir schweigend beieinander, genossen die Gesellschaft des anderen, und Ye Ye rauchte friedlich seine Pfeife.

Beim Sonntagsfrühstück schlug Niang vor, im luxuriösen *Repulse Bay Hotel* auf der Insel zu Mittag zu essen. Alle zwängten sich in Vaters großes Auto; ich war die einzige, die zurückblieb, und stand verloren am Randstein neben den Hausangestellten.

Victor meldete sich zu Wort. »Das ist ungerecht, Mama«, sagte er auf französisch zu Tante Reine. »Warum darf Adeline denn nie mitkommen?«

Vater, der endlich abfahren wollte und kein Französisch verstand, fragte Victor auf englisch: »Mußt du auf die Toilette?«

Niang unterbrach ihn und anwortete auf französisch: »Adeline kann nicht mitkommen, weil wir im Auto keinen Platz mehr haben.«

»Und wie war es dann gestern und vorgestern und vorvorgestern?« fragte Victor wieder auf französisch.

»Steig ein, Victor!« befahl Tante Reine. »Du hältst uns alle auf. Du siehst doch, daß heute nicht genug Platz im Auto ist.«

»Das ist aber ungerecht«, beharrte Victor. »Warum muß immer sie zurückbleiben?«

»So ist das eben«, erwiderte Niang schon ziemlich verärgert. »Entweder du steigst jetzt ein oder du bleibst bei ihr zu Hause.«

»Wenn das so ist, bleibe ich lieber bei Adeline.« Victor kletterte aus dem Studebaker und stand neben mir, als das Auto losfuhr. Ich erinnere mich noch heute mit Dankbarkeit an sein edelmütiges Verhalten.

Onkel Jean und seine Familie reisten wenig später nach Genf ab, wohin er von den Vereinten Nationen versetzt worden war.

Vater hatte in der Ice House Street mitten im Geschäftsbezirk von Hongkong, auch *Central* genannt, ein Büro gemietet. Jeden Morgen brachte ihn der Chauffeur an die Fähre, die ihn in sieben Minuten über den Victoria-Hafen von Kowloon nach Hongkong brachte. Von dort war es nur noch ein kurzer Fußweg ins Büro.

Vater paßte sich dem Geschäftsleben in der britischen Kronkolonie rasch an. Zuerst gründete er ein sehr erfolgreiches Import-Export-Unternehmen und handelte klug und geschickt mit Aktien, Waren und ausländischen Währungen. Er gründete eine Immobiliengesellschaft, Mazman, die später an der Börse von Hongkong notiert wurde. Mazman kaufte auf den Versteigerungen der Regierung die besten Grundstücke und baute Wohnhäuser und Industriegebäude. Als die Stubbs Road, die sich vom Hafen durch das Herz von Hongkong und die exklusiven *Mid-*

levels, die Stadtviertel auf halber Höhe, bis zur Spitze des Berges zieht, ausgebaut und verbreitert wurde, erhielt er die Genehmigung, abgetragenen Kies, Steine und Erdreich abzutransportieren; er schuf einen behelfsmäßigen Steinbruch und verkaufte das abgebaute Material an eifrige Bauunternehmer. Er wurde Mitglied in den meisten renommierten Clubs von Hongkong, und man schätzte ihn als einen der erfolgreichsten Geschäftsmänner aus Schanghai.

Vater und Niang gehörten bald zur Prominenz der westlichen High-Society. Damals sprachen nur wenige chinesische Geschäftsleute Englisch oder fühlten sich in westlichen Kreisen wohl. Vater und Niang waren in beiden Welten zu Hause.

Die elegante und photogene Niang war auch in der Gesellschaftskolumne der örtlichen Zeitungen und Zeitschriften keine Unbekannte. Sie stellte einen berühmten Koch des Schanghaier Parkhotels ein, der als Analphabet sämtliche Rezepte im Kopf hatte und angeblich hundert verschiedene Hühnergerichte zubereiten konnte. Im Hause Yen wurden großartige Dinner gegeben; die Einladungen waren wegen des hervorragenden Essens und Niangs internationaler Gästeliste sehr geschätzt. Während dieser Feste wurden wir Stiefkinder und Ye Ye niemals erwähnt oder vorgestellt – wir hatten uns in unseren Zimmern aufzuhalten und durften durch unsere Gegenwart niemanden in Verlegenheit bringen, schon gar nicht die westlichen Gäste.

Zwei Tage nach der Abreise der Schillings befahl mir Niang, meine Sachen zu packen. Ich wurde fortgebracht.

Ich erinnere mich sehr lebhaft an diesen Samstagnachmittag. Vater war im Büro, Susan auf einer Geburtstagsparty, und Ye Ye hielt gerade seinen Mittagsschlaf. Niang, Franklin und ich saßen nebeneinander hinter dem Chauffeur des Studebakers. Das Fahrzeug roch aufdringlich nach Niangs teurem Parfum, von dem mir in schrecklicher Vorahnung fast schwindlig wurde.

Zu meiner Verwunderung hielt das Auto vor dem eleganten *Peninsula*. Offensichtlich wünschte Franklin, hier seinen Fünfuhrtee einzunehmen. Ich saß unsicher in einem großen Bambussessel in dem kühlen, hohen Restaurant in der Lobby. Überall standen Rattanmöbel und Palmen in riesigen Blumentöpfen, und an der Decke drehten sich langsam Ventilatoren. Ein Kammerorchester spielte den Donauwalzer. Franklin wollte einen Eisbecher, und Niang bestellte sich Kanapees, während ich nervös die lange Speisekarte studierte. Plötzlich wurde mir schlecht, ich wäre am liebsten in die Damentoilette verschwunden. Statt dessen blieb ich wie angenagelt sitzen und hatte Angst, sie würde ihre Drohung wahr machen und mich in ein Waisenhaus schicken. War dies wohl meine letzte Mahlzeit vor dem Gnadenschuß?

Niangs schrille Stimme riß mich plötzlich aus meinen trübsinnigen Gedanken. »Adeline!« sagte sie ungeduldig. »Du kannst dir bestellen, was du möchtest, klar? Aber bitte beeil dich!«

9. KAPITEL

Ein erleuchteter Gelehrter in einem märchenhaften Land

Ren Jie Di Ling

人傑地靈

Das Herz-Jesu-Kloster und Waisenhaus, das von italienischen Canossa-Schwestern geführt wurde, lag an der Caine Road hoch oben über dem Meer auf den Mid-levels der Insel. Nachdem wir im Laufe des Nachmittags mit der Fähre von Kowloon den Hafen durchquert hatten, quälte sich unser Wagen durch die engen Gassen des Finanzdistrikts Central, in dem Vater sein Büro hatte, hinauf zur Bergstation der Straßenbahn am Peak. Unmittelbar unterhalb des Botanischen Gartens bogen wir an der Governor's Mansion mit ihren Wachen in blütenweißer Uniform und dem üppig grünen Rasen rechts ab und hielten etwa zwei Kilometer weiter westlich direkt vor dem engen Eingang des Klosters. Eine lange Steintreppe führte in den Hof, in dem wir nach kurzem Warten von Mutter Mary und Mutter Louisa begrüßt wurden.

1949 unterhielt der Herz-Jesu-Orden eine der wenigen katholischen Schulen in Hongkong, die sowohl Internatsschülerinnen als auch Waisenkinder aufnahmen. Die beiden Gruppen trugen unterschiedliche Uniformen und durften keinerlei Umgang miteinander pflegen. Die Waisenkinder nahmen nicht am normalen Unterricht teil, sondern erhielten eine mehr praktisch orientierte Ausbildung wie Nähen, Waschen, Kochen und Bügeln. Während der Messe saßen sie in einem eigenen Bereich des Kirchengestühls. Nach der Schule mußten die Waisen in der Wäscherei, in der Küche oder im Garten helfen, während die Internatsschüler spielen durften, Einzelunterricht in Kunst oder Musik erhielten oder in der Bibliothek lasen. Die Waisen mußten mit sechzehn das Kloster verlassen und sich als Kellnerinnen, Dienstmädchen oder Verkäuferinnen ihren eigenen Lebensunterhalt verdienen.

In China waren Mädchen billige Handelsware. Ungeliebte Töchter wurden praktisch als Sklaven verschachert, manchmal über Händler an völlig unbekannte Familien. Das Schicksal eines verkauften Kindes lag allein in den Händen des Käufers, es besaß weder Papiere noch irgendwelche Rechte. Nur wenige Glückliche wurden von ihren Besitzern ordnungsgemäß adoptiert, die meisten jedoch nach Belieben geprügelt und mißbraucht. Manche dieser Sklavenmädchen endeten im Bordell oder überlebten ihre Kindheit nicht.

Ich wußte nicht, was Niang vorhatte, doch meine Zukunft lag allein in ihren Händen. Sie wurde mit Franklin in einen der Empfangsräume geführt und hatte eine, wie mir schien, endlos lange Unterredung mit den beiden Nonnen. Ich mußte draußen warten und hatte reichlich Zeit, mir die Broschüren, in denen die Schule und das Waisenhaus beschrieben wurden, genau anzusehen. Daraus war zu entnehmen, daß die überwiegende Mehrheit der zwölfhundert Mädchen an der Herz-Jesu-Schule Tagesschülerinnen waren, die um acht Uhr kamen und die Schule um halb vier Uhr wieder verließen. Ich saß ängstlich und nervös da und erinnerte mich an Niangs Drohungen im Vorjahr in Schanghai …

Schließlich kamen sie wieder heraus. Erstaunlicherweise lächelte Niang und tätschelte mir vor den Nonnen den Kopf. Dies war das erste und letzte Mal, daß sie mich je berührte, abgesehen von den Ohrfeigen, die ich als Kind bekommen hatte. »Du hast wirklich Glück!« rief sie. »Mutter Mary nimmt dich sogar mitten im Schuljahr ins Internat auf!«

Zur Zeit meines Einzugs wohnten sechsundsechzig Mädchen im Internat. In den ganzen Jahren, die ich hier verbrachte, verfolgte mich ständig die Angst, ins Waisenhaus abgeschoben zu werden, wo mein Vater nicht mehr für mich bezahlen müßte.

Bei der Einweisung ins Internat erhielt jedes Kind eine Nummer, mit der alle Sachen gekennzeichnet wurden. Jeden Tag riß uns eine laute Glocke um Viertel vor sechs aus dem Schlaf. Die tägliche Messe war Pflicht. Meine Freundin Mary Suen, die keine Frühaufsteherin war, beklagte sich immer, man würde behandelt wie eine Nonne, ob man es nun wolle oder nicht. Die einzige Entschuldigung, der Messe fernzubleiben, war eine schwere Krankheit, ob sie nun vorgetäuscht war oder echt. Während der ganzen Messe hatten wir nur einen Gedanken: so schnell wie möglich aus der Kapelle in den Speisesaal zum Frühstück zu kommen. Die vorbestimmte Sitzordnung je nach Alter durfte nicht geändert werden. Mary saß links neben mir.

Wir bekamen jeder ein Fach in einem riesigen, auffälligen Schrank im Speisesaal. Dort mußten wir unsere Vorräte von zu Hause, ordentlich numeriert, aufbewahren. Alle Mädchen konnten so sehen, wieviel oder wie wenig man von zu Hause erhielt. Es war praktisch ein Barometer für die Liebe und Zuwendung der eigenen Familie. Während meines gesamten Aufenthalts im Herz-Jesu-Kloster blieb mein Fach immer leer.

Eier hatten eine besondere Bedeutung. Sie mußten von zu Hause mitgebracht und im Kühlschrank in der Küche aufbewahrt werden. Vor der Abgabe wurde von den Schülerinnen die jeweilige Nummer mit Zeichentinte auf die Schale gemalt.

Zum Frühstück erhielten wir zwei Scheiben Brot, einen Klecks Butter und eine Portion Marmelade. Für die Glücklichen, deren Eltern fünfzehn Dollar mehr pro Monat bezahlten, gab es heiße Milch, in die sie eigenes Kakaopulver oder Ovomaltine aus ihrem Fach rühren durften. Manche Mädchen strichen Sardellenpaste, Hühnerleberpastete oder Thunfisch aus der Dose auf ihr Brot. Dann brachte Mutter Mary ein riesiges Faß mit dampfendheißen, frisch gekochten Eiern herein. Sie nahm eines nach dem anderen heraus und stellte es in einen Eierbecher, dabei las sie laut die Nummer vor. Wenn man seine Nummer hörte, ging man zu ihr hin und holte sich sein Ei ab.

Diese Eier wurden zum Symbol seltener Privilegien. Sie waren billig und auf den Märkten jederzeit erhältlich; aber wenn Mutter Mary deine Nummer aufrief, bedeutete es, daß jemand zu Hause dich genug liebte, um für ein nahrhaftes Frühstück zu sorgen. Nur weil die eigene Familie reich war, bekam man noch lange kein Ei. Eier konnte man auch nicht von seinem Konto abbuchen lassen wie Milch oder Klavierstunden. Das Frühstücksei teilte uns mehr als alles andere in zwei Gruppen: die Geliebten und die Ungeliebten. Ich brauche wohl nicht zu erwähnen, daß ich in der ganzen Zeit nicht ein einziges Ei erhielt.

Nach dem Frühstück holten wir rasch unsere Bücher aus dem Studierzimmer und gingen zu den Tagesschülerinnen auf den Spielplatz. Der Unterricht begann um acht. Er wurde auf englisch gehalten, aber untereinander sprachen wir Kanton-Chinesisch. Ich war überrascht, daß ich mir in den Monaten an der St.-Joseph-Schule genügend Grundlagen erworben hatte, um im Unterricht gut mithalten zu können.

Um zwölf Uhr wurde der Unterricht für das Mittagessen unterbrochen: Eine Glocke rief die Internatsschülerinnen in den Speisesaal. Auf dem Tisch standen Spaghetti und Fleischklößchen oder Makkaroni mit Käse. An Feiertagen wurden Schweinerippchen und Reis oder gebratenes Gemüse mit Kartoffelbrei serviert. »Sogenanntes westliches Essen«, murmelte Mary leise. »Ich will jeden Tag eine Schüssel Wantan-Suppe!«

Nachmittags dauerte der Unterricht nur von halb zwei bis halb vier. Um vier Uhr gab es dann im Speisesaal Tee; an dieser Mahlzeit mußte man nicht teilnehmen. Jetzt konnten diejenigen auftrumpfen, deren Essensfächer prall gefüllt waren. Neben dem üblichen Marmeladebrot kamen die echten Leckerbissen, die sonntags zur Besuchszeit mitgebracht wurden, auf den Tisch: Schokolade, Kekse, Süßigkeiten, Rindfleischhäppchen, Dörrobst und Nüsse. Am Geburtstag durfte das Geburtstagskind die Schuluniform ablegen und ein hübsches Kleid tragen. In feinen Spitzen, bunten Bändern und Schleifen verteilte es kleine Geschenke an die Mitschülerinnen und durfte neben Mutter Mary hinter einer riesigen Geburtstagstorte mit der entsprechenden Anzahl Kerzen stehen. Wir sangen Happy Birthday, die Torte wurde angeschnitten und auf einer großen Platte angerichtet. Zusammen mit Mutter Mary ging das Geburtstagskind dann von einer Schülerin zur anderen und entschied, ob sie ein Stück Torte erhalten sollte oder nicht. Nach diesem kleinen Diskriminierungsspiel durfte das Geburtstagskind seine Geschenke öffnen, die wir mit lauten Ahs und Ohs bestaunten.

Für gewöhnlich kam ich ein bißchen später zum Tee, schlang mein Marmeladebrot so schnell wie möglich hinunter und stürmte wieder hinaus. Ich wußte, daß es für mich keine Geburtstagsfeier geben würde. Nie würde ich etwas zurückgeben oder ein Geburtstagsgeschenk kaufen können. Über solche Dinge sprach ich zwar nie mit meiner Freundin Mary, aber oft fand ich ein paar Leckereien auf meinem Teller: ein paar Kokosnußbonbons, ein Päckchen Dörrpflaumen, etwas Obst.

Im akademischen Sinne galt Mary nicht gerade als intelligent. In Mathematik hatte sie große Schwierigkeiten und bat mich oft um Hilfe. Sie saß dann meist neben mir, während ich ihre Aufgaben machte, und sagte: »Jetzt ist es völlig klar. Warum ist *mir* das nicht eingefallen?« Ich badete mich geradezu in ihrer Bewunderung und gab mir noch größere Mühe.

In anderen Dingen war Mary für ihr Alter sehr klug. Als Daisy Chen ins Internat kam, bemerkte ich sofort ihren Schanghaier Akzent und fragte sie neugierig aus. Vielleicht stellte ich zu viele Fragen, denn Daisy antwortete immer einsilbiger und ausweichender. Später sagte Mary zu mir: »Stell nicht solche Fragen. Mädchen wie wir, die hier landen, kommen für gewöhnlich aus unglücklichen Familien. Da fragt man besser nicht. Irgendwann kommt ihre Geschichte sowieso heraus.« Ich bedauerte, so unsensibel und rücksichtslos gewesen zu sein.

Nach dem Tee hatten wir eine Stunde Pause. Wir konnten mit unseren Puppen spielen, Geschichten lesen, seilhüpfen, Klavier spielen, Rollschuh fahren, Softball oder Basketball spielen. Ich ging meistens in die Bibliothek.

Der große quadratische Raum lag hinten im Seitenflügel des Internats. Die Regale waren bis zur Decke mit Büchern gefüllt, die meisten auf englisch, einige wenige auf italienisch oder lateinisch. Chinesische Bücher gab es nicht.

Auf mich übte es einen unbeschreiblichen Zauber aus, durch diese Schätze zu wandern, in denen das geschriebene Wort herrschte. Durch die kleinen Fenster fiel kaum Licht, und die wenigen Glühbirnen ließen den Raum düster und geheimnisvoll erscheinen. Es gab keinen Bibliothekar. Viele der Bände waren Nachschlagewerke oder gebundene Zeitschriften, die man nicht mitnehmen durfte; ansonsten gab es Bücher zu jedem nur denkbaren Thema. Wir durften so viele Bücher ausleihen, wie wir wollten. Mutter Louisa hatte die Bibliothek unter sich und verschloß pünktlich um fünf Uhr die Türen. Da der Tee zwischen vier und fünf serviert wurde, saß ich meistens ganz allein zwischen den Büchern. Oft begegnete mir Mutter Louisa, wenn ich gerade mit einem Stoß Büchern unter dem Arm die Bibliothek verließ. Mit der Zeit wurde ihr mein Anblick so vertraut, daß sie oft nach mir suchte, bevor sie abschloß: »Hat die Gelehrte ihr Schlupfloch schon verlassen?« fragte sie dann lächelnd und rasselte mit den Schlüsseln. »Oder hat sie vor, die ganze Nacht hier zu verbringen?«

Diesen Spitznamen gab sie mir, weil ich eine Mathematikaufgabe für Mary besser gelöst hatte, als es in ihrem Lösungsbuch angegeben war. Wahrscheinlich war es nur ein Druckfehler, doch die Geschichte machte bald die Runde und erreichte auch die anderen Internatsschülerinnen. Viele kamen mit ihren Schwierigkeiten bei den Hausaufgaben zu mir.

Allmählich übersahen sie, daß ich nur ein einziges Sonntagskleid besaß, das mir schon zu kurz, zu eng und also längst zu klein war, daß meine abgetragenen Schuhe Löcher in den Sohlen hatten, daß mein Essensfach immer leer blieb, und sogar, daß ich niemals Eier bekam.

Sonntage waren Besuchstage. Zwischen zehn und zwölf warteten wir in unserer hübschesten Straßenkleidung, ordentlich gekämmt und mit sauberen, glänzenden Schuhen unten am Empfang auf unsere Eltern. Sessel wurden gruppenweise zusammengestellt, damit die einzelnen Familien unter sich waren. Zu den Verwandten unserer Mitbewohner hatten wir keinen Kontakt.

Anfangs ließ ich mich von der allgemeinen Aufregung anstecken und freute mich wie alle anderen auf den Besuch meiner

Familie. Ich bekam jedoch keinen Besuch. Sonntag für Sonntag die spitzen Bemerkungen und mitleidigen Blicke zu ertragen war nicht leicht. Von allen Mädchen im Internat war ich ganz offensichtlich die einzige wirklich ungeliebte und unerwünschte Tochter.

Schließlich entging ich der sonntäglichen Verlegenheit, indem ich überhaupt nicht mehr in der Halle unten auftauchte. Wenn sich die Mädchen am Sonntagvormittag vor dem Spiegel herausputzten, nahm ich einen Stoß Bücher unter den Arm und verschwand im Waschraum. Dort blieb ich, bis ich an dem anhaltenden Geplapper und Gekicher erkannte, daß meine Freundinnen, beladen mit Essensvorräten und Leckerbissen, wieder nach oben kamen. Sie waren damit beschäftigt, die Geschenke zu vergleichen, zu tauschen oder neue Kleidungsstücke und Schuhe zu probieren. Dann steckte ich meine Bücher unter die Uniform und schlenderte lässig aus meinem Versteck. Taktvoll erwähnte nie jemand mein sonntägliches Verschwinden.

Oft hatte ich düstere Alpträume über meine Zukunft und schreckte mitten in der Nacht zitternd vor Angst auf. Im Winter, wenn es draußen kalt war, vergrub ich mich unter meiner Decke und las im Schein einer Taschenlampe meine Lieblingsbücher, damit die Nonnen den flackernden Lichtschein an der Decke nicht sehen konnten. Durch die Abenteuer und Leiden der Hauptfiguren in den Geschichten verschwand meine innere Erregung, und ich schlief nach einiger Zeit wieder ein.

Von April bis September war es drückend heiß und feucht. Während der langen Sommerferien war ich eine der wenigen, die im Internat zurückblieben, manchmal war ich sogar völlig allein. Ich hatte mir angewöhnt, mich nachts aus dem Bett fallen zu lassen und völlig geräuschlos unter den leeren Betten bis zur anderen Seite des Schlafsaals zu rollen. Dort konnte ich vom Balkon aus den ganzen Hafen überblicken. Unter dem sternenübersäten, dunkelblauen Himmel kletterte ich auf die kühle Balustrade entlang der Veranda und suchte mit den Augen die riesigen Schiffe, die in der Bucht vor Anker lagen. Die Arme um die Knie geschlungen, blickte ich hinunter und ließ meine Träume in die Ferne schweifen.

Manchmal gab einer der Ozeanriesen ein tiefes Hornsignal von sich, um seine Abfahrt kundzutun – für mich bedeutete dieser langgezogene Ton die große weite Welt: Sehnsüchtig folgte mein Blick dem langsam dahinziehenden Schiff, das allmählich in der Dunkelheit entschwand. Ich sah mich am Bug des gigantischen Schiffes stehen, das lautlos durch das dunkle Wasser glitt und mich auf eine Reise in märchenhafte Länder mitnahm: ins Land der Helden, *Ying Guo* 英國, und ins Land der Herrlichkeit, *Mei Guo* 美國. Diese Worte, die eigentlich England und Amerika bedeuteten, ließen Bilder von efeubewachsenen Universitätsgebäuden, wahren Zitadellen des Wissens in Form von Burgen und prächtigen Kathedralen, vor meinem geistigen Auge entstehen. Ich sehnte mich danach, an diesen mystischen Orten, die schon der Dichter der Tang-Dynastie, Wang Bo, beschrieben hatte, studieren zu können und in einen erleuchteten Gelehrten in einem märchenhaften Land, *ren jie di ling* 人傑地靈, verwandelt zu werden.

Noch heute verspüre ich die Sehnsucht dieser nächtlichen Stunden, wenn das einsame Tuten eines Nebelhorns an mein Ohr dringt und mich wie ein Orakel über den Ozean der Zeit ins Land der Träume ruft.

10. KAPITEL

Jeder Tag ist wie ein Jahr

Du Ri Ru Nian

度日如年

Ye Yes lange chinesische Gewänder, seine bestickten Jacken und sein rasierter Kopf wirkten in Hongkong noch altmodischer als in Schanghai. Er blieb strenger Buddhist, sprach weder Englisch noch Kanton-Chinesisch und fühlte sich in dieser Stadt des Südens völlig fremd. Er hatte keine Freunde und konnte sich kaum mit den Dienstmädchen verständigen. Seine einzigen Vergnügungen waren seine täglichen Mahlzeiten, seine Zigarre nach dem Abendessen und der Briefverkehr mit Tante Baba. Franklin, sein einziger verbliebener Enkelsohn, war frech und ungezogen, und mit der kleinen Susan wußte er noch nichts anzufangen. Also wandte er sich zunehmend James und mir zu. Dreimal durfte ich nach Hause fahren, zweimal zum chinesischen Neujahrsfest und einmal, um mich von einer Lungenentzündung zu erholen. Bei diesen Gelegenheiten wurde in Ye Yes Zimmer für mich ein Klappbett aufgestellt, er selbst schlief mit James in seinem breiten Doppelbett.

Für kleinere Einkäufe wie Zigarren und Briefmarken mußte er Vater um Geld bitten. Ich erinnere mich genau, wie alt und traurig Großvater aussah, wenn er im Wohnzimmer saß und still die Morgenzeitungen las.

In seinen letzten Jahren wurde Ye Ye zuckerkrank. Er liebte Süßigkeiten und litt deshalb besonders unter dem Verzicht auf eine seiner wenigen Freuden. Vater verabreichte ihm jeden Tag die Insulinspritze. Ab und zu leistete sich Ye Ye dennoch ein bißchen Schokolade oder ein paar Kekse, doch Niang entdeckte diese kleinen Sünden immer wieder. Wenn Vater dann nach Hause kam, schrie er ihn jedesmal an; und Ye Ye schrumpfte zu einem ängstlichen alten Mann zusammen, der eingestehen mußte, die Schokolade wirklich gegessen zu haben. Nun ja, natürlich wisse er, daß es verboten sei und seiner Gesundheit schade; nein, selbstverständlich wolle er noch nicht sterben. Meistens endete es sehr erniedrigend, indem Vater ihm eine Extradosis Insulin spritzte.

Vater beschloß, Ye Ye auf Diät zu setzen. Er ließ Reiswein, geröstetes Schweinefleisch, gebratenen Gelbfisch in süßsaurer Sauce, gesalzenes Gemüse und vergorenen Gurkensaft von seinem Speiseplan streichen. Auf Empfehlung eines englischen Arztes erhielt Ye Ye nur noch einen Teller mit sorgfältig abgewogenen Speisen: ein paar Karotten, etwas gedünsteten Fisch, gekochte Kartoffeln und ein wenig gedünsteten Reis. Diese Zusammenstellung brachten ihm die Dienstmädchen dreimal am Tag, jeden Tag. Er aß nicht mehr mit uns bei Tisch, sondern erhielt seine Sonderration pünktlich um acht, zu Mittag und um sechs Uhr abends. Dazwischen durfte er nichts essen.

Als Ye Ye gegen diese Behandlung protestierte, wurde ihm erklärt, der Doktor habe es so verordnet. Bei meinen seltenen Besuchen zu Hause blieb ich immer bei ihm, wenn er aß. Es schmerzte zuzusehen, wie er wütend seine eintönige Kost hinunterwürgte und dabei innerlich jeden Bissen verfluchte.

Vater glaubte vermutlich, daß seine Maßnahmen nur zu Ye Yes Bestem seien. Wie hätte er sonst die Verzweiflung ertragen können, die bei jeder Mahlzeit aus Ye Yes Körperhaltung sprach. Jahre später erzählte mir Lydia, daß Ye Ye aufbegehrte und ausziehen wollte, um allein zu leben. Eines Tages verkündete er, er habe die Absicht, noch einmal zu heiraten und wünsche einen Heiratsvermittler zu sprechen. Sie verweigerten dies kategorisch, Ye Ye konnte nichts dagegen tun. Er wurde sehr depressiv und schrieb an Tante Baba, er wolle nach Schanghai zurückkehren und seine letzten Jahre bei ihr verbringen – dabei mußte er doch wissen, daß das wegen seiner kapitalistischen Vergangenheit unmöglich war. Er sei in Hongkong so unglücklich, daß als einziger

Ausweg nur noch Selbstmord in Frage käme. Tante Baba zeigte Lydia diese Briefe. Später, während der Kulturrevolution, wurden sie von Soldaten der Roten Armee vernichtet.

Im Sommer 1951 bekam ich Lungenentzündung und wurde in ein Krankenhaus eingeliefert. James, der erst vor kurzem aus Schanghai gekommen war, erinnerte sich, daß Ye Ye äußerst beunruhigt war und mich zu besuchen beschloß. Niang brauchte das Auto für ihre allwöchentliche Bridgepartie. Sie befahl ihm, nicht zu gehen, denn es sei ungehörig und sinnlos, da ich bereits von den »besten Ärzten, die man für Geld bekommen konnte«, behandelt würde. Doch dieses eine Mal gab Ye Ye nicht nach. Er bat James, ihn zu begleiten, da er sich in der Stadt nicht auskannte und nicht wußte, welche Busse und Fähren von Kowloon nach Hongkong fuhren.

Ye Ye zog sein bestes chinesisches Gewand an. Es begann gerade zu regnen; deshalb konnte er seine bequemen Schuhe mit den Stoffsohlen, die er aus Schanghai mitgebracht hatte, nicht tragen und suchte seine Lederschuhe. Nirgends waren sie aufzutreiben. Schließlich, nach langem Suchen, fand Franklin sie doch: Offensichtlich hatten sie die ganze Zeit über in der Gästetoilette neben dem Hauseingang gestanden, obwohl James und Ye Ye dort mehrmals nachgesehen hatten. Bei strömendem Regen zogen sie also los, James hielt den Regenschirm, und Ye Ye stützte sich schwer auf seinen Arm. Das Straßenpflaster war naß und rutschig. Als sie gingen, meinte Franklin: »Niang hat euch verboten zu gehen. Schiebt es nur nicht auf mich, wenn ihr im Regen ausrutscht und stürzt.«

Noch vor der nächsten Ecke, wo sie an der Waterloo Road den Bus erreichen wollten, rutschte Ye Ye aus und fiel mit einem dumpfen Geräusch zu Boden. Sie mußten das Unternehmen aufgeben – Ye Ye rutschte und schlitterte bei jedem Schritt. Als sie wieder zum Haus zurückkamen, sah Ye Ye schon von weitem Franklin gestikulierend und lachend im Regen auf dem Balkon auf und ab hüpfen. »Siehst du, ich habe euch doch gleich gesagt, daß ihr ausrutschen würdet! Und ich hatte recht! Ich hatte recht! Niang hat es euch verboten. Sie hat es euch verboten!«

Ye Ye erzählte mir diese Episode, als ich aus dem Krankenhaus entlassen wurde und bis zur vollständigen Genesung ein paar Tage zu Hause verbringen durfte. Traurig und leise bat er mich um Entschuldigung dafür, daß er mich nicht im Krankenhaus besucht hatte. »Das Bedrückende dabei war, daß Franklin jegliche Loyalität fehlt, wie sie einem Enkel ansteht«, erklärte Ye Ye. »Als ich ausrutschte, verlor ich den einen Schuh. Ich hob ihn aus dem Rinnstein auf und stellte fest, daß die Sohle fettig glänzte. Zu Hause habe ich mir die Schuhe genauer angesehen. Die Sohlen waren mit einer weißlichen, fettigen Substanz bedeckt, die wie Darkie-Zahnpasta roch.« Darkie war der Markenname einer bekannten Zahnpasta, die in Hongkong hergestellt wurde – die Besitzer der Fabrik wohnten ein Stockwerk unter unserer Wohnung in der Boundary Street und belieferten uns großzügig mit Mustern ihrer Produktion. Ye Ye war zu gutmütig, um Franklin zur Rede zu stellen. Doch er war feinfühlig genug, zu erkennen, daß ich mich vor Mitgefühl und Zorn kaum beherrschen konnte. »Du hast noch dein ganzes Leben vor dir. Sei gescheit. Lerne viel und mache dich unabhängig, denn ich fürchte, deine Chancen, eine Mitgift zu bekommen, sind sehr gering.« Ich nickte. »Laß dich nicht wie Lydia verheiraten. Habe Vertrauen in dich. Menschen können dir alles nehmen, aber nicht dein Wissen. Die Welt ändert sich. Bau dir ein eigenes Leben auf, außerhalb dieses Hauses.«

Ende 1951 zog die Familie in eine abgeschiedene Villa in der Stubbs Road in den Mid-levels von Hongkong. Stubbs Road war eine wichtige Schnellstraße, auf der die Autos in halsbrecherischem Tempo entlangrasten. In der Nähe des Hauses gab es keine Geschäfte, und zu Fuß zu gehen war gefährlich; man benötigte für den kleinsten Einkauf ein Auto. Ye Yes Briefe an Tante Baba klangen immer verzagter. »Wir hängen alle so sehr am Leben«, schrieb er, »doch es gibt Schicksale, die schlimmer sind als der Tod: Einsamkeit, Langeweile, Schlaflosigkeit und körperlicher Schmerz. Ich habe mein ganzes Leben lang gearbeitet und jeden Pfennig gespart. Jetzt frage ich mich, wozu. Das Leiden und die Angst vor dem Sterben sind sicher schlimmer als der Tod. In meiner Umgebung gibt es keinen Respekt, keine Hoffnung. In diesem Haus, in dem ich nichts wert bin, nicht zähle, in diesem Haus ist jeder Tag wie ein Jahr, *du ri ru nian* 度日如年. Kann der Tod wirklich schlimmer sein? Sag mir, meine Tochter, was ist mir geblieben, worauf kann ich mich noch freuen?«

Ye Ye starb am 27. März 1952 an den Folgen seiner Zuckerkrankheit. In den letzten drei Monaten seines Lebens erzählte er in den Briefen an Tante Baba vor allem von seiner Vergangenheit: den zehngängigen Festessen, die sein Vater zum chinesischen Neujahr in ihrem Teehaus in der alten, ummauerten Stadt Nandao selbst zubereitete, den Ausritten mit Großtante, als er noch ein Junge und Schanghai noch sehr ländlich war, seine Sampans, denen er in aller Ruhe zuschauen konnte, während sie auf dem Huangpu auf und ab fuhren, die glückliche Zeit mit Großmutter, als Tante Baba und Vater noch klein waren. Er bat um Entschuldigung, weil er keine passende Heirat für Tante Baba arrangiert hatte. »Wenn es ein Irrtum war, dann habe ich mich geirrt, weil ich dich zu sehr liebte«, schrieb er. »Es war eigentlich kein Mann gut genug für dich. Ich fand, du brauchtest einen ganz besonderen Menschen, der gut für dich sorgt. Vielleicht gibt es einen solchen Menschen nur in meiner Vorstellung.«

Als Ye Ye starb, war Vater zu beschäftigt, um Tante Baba persönlich über seinen Tod zu informieren. Sie erhielt die Nachricht aus zweiter Hand durch ein Schreiben, das einer von Vaters Mitarbeitern verfaßt hatte.

11. KAPITEL

Originelle Ideen im literarischen Aufsatz

Zi Chu Ji Zhu

自出機杼

Meine Krankheit fiel in die Sommerferien 1951, als die meisten Mädchen schon nach Hause gefahren waren. Ich begann Blut zu husten, hatte hohes Fieber und konnte kaum atmen. Nach zwei Tagen wurde ich ins Krankenhaus gebracht. Anfangs glaubten die Ärzte, ich würde sterben, und informierten meine Familie.

Ich war einsam und verängstigt. Von zu Hause kam niemand. Nur Mary, meine beste Freundin aus dem Internat, besuchte mich. Ihr Vater hatte eine Nebenfrau, deshalb lebte Mary mit ihrer Mutter in einem anderen Haus in unmittelbarer Nähe des Krankenhauses. Sie behauptete, sie habe nichts Besseres zu tun. Ich war ihr wirklich dankbar, gleichgültig warum sie all diese Mühe auf sich nahm. Als es mir allmählich besser ging, brachte sie mir kleine Leckereien: frische Mangoscheiben, geröstete Erdnüsse, Eis und getrocknete Dattelpflaumen. Wir spielten Karten, zeichneten Bilder, lösten Rätsel und aßen gemeinsam, was sie mitgebracht hatte. Das Fieber ging langsam zurück, und der Husten ließ nach.

Eines Tages, um die Mittagszeit, tauchte Vater plötzlich auf. Mary war zum Essen nach Hause gegangen. Unangekündigt betrat er in seinem beeindruckenden dunkelblauen Anzug plötzlich mein Krankenzimmer, kam an mein Bett und schaute mich besorgt an.

»Wie geht es dir?« Ich wollte ihn beruhigen. »Mir geht es schon viel besser, Vater ...« Ich war so überrascht, erfreut und ängstlich, daß ich kaum ein Wort herausbrachte und nicht wußte, was ich sagen sollte.

Offensichtlich erging es ihm genauso. Er betrachtete mich ein paar Minuten, bis das Schweigen zu drückend wurde. Dann berührte er kurz meine Stirn, um die Temperatur zu prüfen, murmelte: »Paß auf dich auf«, und ging.

In diesem Augenblick kamen Mary und eine Krankenschwester herein. »Wer war denn das?« fragte die Schwester.

Stolz erwiderte ich: »Das ist mein Vater.«

Sie sah mich erstaunt an. »Wir dachten, du bist ein Waisenkind.«

»Fast eine Waise, aber nicht ganz.« Ich schaute zu Mary und war nicht ganz sicher, ob ich vielleicht schon zuviel gesagt hatte.

»Ich auch«, erklärte Mary der Schwester. »Ich gehöre in dieselbe Kategorie.«

»Im Herz-Jesu-Internat gibt es mindestens fünfzig Mädchen, die in diese Kategorie fallen«, fügte ich altklug hinzu.

»Allerdings nur unter den Internatsschülerinnen«, zwitscherte Mary, und wir lachten albern. Die Schwester ging wieder hinaus. In diesem Augenblick fühlte ich mich meiner Schulkameradin sehr nahe. Plötzlich wurde mir klar, daß ich mich Tag für Tag nach dem Besuch meiner Familie gesehnt hatte, aber als mein Vater tatsächlich kam, hatten wir uns nichts zu sagen. Warum sollte ich mich meinen Eltern aufzwingen, wenn ich Freunde hatte, die zu mir hielten?

Mary und ich machten Pläne, wie wir aus Hongkong fliehen und weit weg, vielleicht in London, Tokio oder Paris, in einem Studentenwohnheim unterkommen könnten.

Als ich nach einer Woche der Rekonvaleszenz zu Hause wieder in die Schule zurückkehrte, war ich die einzige im Internat, denn die Ferien waren noch nicht vorüber. Mit wem sollte ich reden oder was sollte ich tun? So verbrachte ich viel Zeit in der Bibliothek und blätterte Bücher und Zeitschriften durch. In einer dieser Zeitschriften sprang mir die Ankündigung eines Wettbewerbs ins Auge, bei dem es darum ging, ein Theaterstück zu schreiben. Teilnehmen durften alle englischsprechenden Kinder von zehn bis neunzehn. Ich vergrub mich in der Bibliothek und machte mich an die Arbeit, Zeit genug hatte ich ja. Mein Stück trug den Titel *Mit den Heuschrecken verweht*. Es handelte von den schrecklichen Schäden, die diese Insekten in Afrika anrichteten. Die Zeit verging wie im Fluge, fast bedauerte ich, daß das Stück schon fertig war, schickte meinen Beitrag ab und vergaß ihn. Die Schule fing wieder an, und die Mädchen kamen zurück.

Eines Montags, Monate später – ich spielte in der Mittagspause gerade Basketball –, kam Schwester Valentine, die von uns den Spitznamen »Pferdegesicht« erhalten hatte, unterbrach unser Spiel und erklärte mir, daß der Chauffeur meiner Familie unten auf mich warte. Ye Ye war gestorben, und die Beerdigung sollte an dem Tag stattfinden.

Ich wurde in meiner Schuluniform direkt zu dem buddhistischen Tempel gebracht. Ye Yes Photo stand auf dem Sarg. Ich begann hemmungslos zu weinen, und meine Tränen wollten gar nicht aufhören. Außer mir weinte niemand. Vater, Niang, James, Franklin und Susan saßen mit versteinerten Gesichtern in der ersten Reihe vor den Dienstmädchen, dem Koch und dem Chauffeur. Weitere Trauergäste waren nicht gekommen.

Ich weinte während der gesamten Trauerfeier, überwältigt von einem tiefen Gefühl des Verlustes. Als wir den Tempel verließen, schluchzte ich noch immer und bemerkte überhaupt nicht, daß sich Niang immer mehr über meine Tränen ärgerte.

»Wieso heulst du denn?« flüsterte sie plötzlich voller Zorn.

Traurig blickte ich sie mit triefender Nase aus rotgeweinten Augen an und wappnete mich für eine scharfe Zurechtweisung.

Und diese ließ nicht auf sich warten. An Vater gewandt, erklärte sie: »Ich finde, Adeline wird immer häßlicher, je älter und größer sie wird. Schau sie dir doch an!«

Nach der Beerdigung kehrten wir nach Hause zurück. Niang ließ mich ins Wohnzimmer rufen. Sie trug einen eleganten schwarzen Anzug und hatte lange, leuchtendrote Fingernägel. Von ihrem starken Parfum wurde ich fast ohnmächtig. Sie starrte auf meine abgetragene Schuluniform, die glatten Haare und meine abgekauten Fingernägel. Ich fühlte mich klein, dumm und wertlos.

»Setz dich, Adeline«, sagte sie auf englisch. »Möchtest du etwas Orangensaft?«

»Nein, nein danke.«

»Ich habe gesehen, daß du auf der Beerdigung geweint hast«, begann sie. »Du wirst allmählich erwachsen. Du mußt dich jetzt etwas mehr pflegen. Mach dich etwas hübscher. Kein Mann möchte eine häßliche Braut.«

Ich nickte und dachte, daß sie mich sicher nicht gerufen hatte, um mir das zu sagen. Ich ballte die Fäuste und wartete.

»Dein Vater muß für sieben Kinder sorgen. Gott sei Dank ist Lydia gut verheiratet. Damit sind jetzt nur noch sechs übrig. Es wird Zeit, an deine Zukunft zu denken. Wie hast du dir deine Zukunft vorgestellt?«

Ich dachte an mein glänzendes Zeugnis und schaute auf die bedrohliche Gestalt meiner Stiefmutter. Ich wußte, daß sie alles tun würde, was in ihrer Macht stand, um mir alle Zukunftsaussichten zu nehmen.

Voller Angst und Schrecken blickte ich auf meine Füße und murmelte leise, daß ich hoffte, auf eine Universität in England gehen zu können wie meine Brüder.

»Dein Vater«, unterbrach sie mich, »verfügt nicht über unendlich viel Geld. Wir haben beschlossen, daß du Stenographie und Maschineschreiben lernst und dir anschließend eine Arbeit suchst.«

Ich war vierzehn Jahre alt, als Ye Ye starb; James ging in diesem Sommer nach London, um zu studieren. Meine Lehrer hatten mir versichert, daß es in Europa und Amerika die besten Universitäten gab. Als ich wieder in der Klosterschule war, schrieb ich einen Brief nach dem anderen an Niang und Vater, flehte sie an, mir zu erlauben, mit James nach London zu gehen, legte meine Zeugnisse mit allen Belobigungen, Preisen und Auszeichnungen bei. Es kam keine Antwort. Ich erwog ernsthaft, fortzulaufen und meine Schulausbildung bei Tante Baba in Schanghai fortzusetzen. Ich war fest entschlossen, auf ein College zu gehen.

Etwa einen Monat später kam an einem Samstagnachmittag wieder einmal Schwester Valentine mit der Nachricht zu mir, daß der Chauffeur draußen auf mich warte. Wer war wohl diesmal gestorben? Aber der Chauffeur erklärte mir, alle seien gesund und wohlauf. Daraufhin fragte ich mich, was ich wohl angestellt haben könnte. Den ganzen Weg über verspürte ich Furcht in meinem Herzen.

Endlich hatte sich das Blatt zu meinen Gunsten gewendet, ich wußte es nur noch nicht. Ich hatte bei dem Wettbewerb, für den ich vor sieben Monaten mein Stück geschrieben hatte, den ersten Preis gewonnen. Die Jury teilte ihre Entscheidung dem Ministerium für Erziehung in Hongkong mit, und dieses veröffentlichte das Ergebnis in allen Zeitungen. Die Nachricht machte Schlagzeilen. Mein Name, mein Alter und meine Schule wurden erwähnt, und es wurde auch bekanntgegeben, daß der Wettbewerb für alle Schüler der gesamten englischsprechenden Welt ausgeschrieben worden war. An jenem Samstagmorgen hatte ein Bekannter Vater im Aufzug des Bürogebäudes angesprochen, ihm den Artikel gezeigt und gefragt: »Ist die Gewinnerin, Adeline Junling Yen, mit Ihnen verwandt? Sie haben den gleichen, ungewöhnlichen Nachnamen.« Vater war begeistert und platzte fast vor Stolz. Wieder und wieder las er den Artikel. Am Nachmittag ließ er mich dann holen.

Als ich zu Hause ankam, mußte ich mich sofort in das Allerheiligste begeben, das ich fast nie betreten hatte. Niang war ausgegangen, und Vater war allein. Ich merkte sofort, daß er guter Laune war. Er zeigte mir den Artikel in der Zeitung. Ich konnte es kaum glauben, ich hatte wirklich gewonnen! Vater wollte nun über meine Zukunft mit mir sprechen.

Mein Herz schlug wild. »Vater, bitte, laß mich in England studieren. Bitte laß mich auf die Universität gehen.«

»Nun, ich glaube, du bist tatsächlich begabt«, erwiderte er, »und vielleicht hast du sogar originelle Ideen im literarischen Aufsatz, *zu chu ji zhu* 自出機杼. Erzähl mir von deinen Zukunftsplänen. Welche Fächer möchtest du gern belegen?«

Ich schwieg lange. Was wollte ich studieren? Ich hatte nur davon geträumt, nach England zu kommen, als wäre es der Himmel. Ist es wichtig, was man tut, wenn man im Himmel ist?

Vater wartete auf eine Antwort. Glücklich über meinen gerade errungenen Erfolg sagte ich mutig: »Ich denke, ich werde Literatur studieren und Schriftstellerin werden.«

»Schriftstellerin!« wiederholte er spöttisch. »Was für eine Art Schriftstellerin denn? Und in welcher Sprache wirst du schreiben? Dein Chinesisch ist nicht besonders gut, und meinst du nicht, daß Engländer besser englisch schreiben können als du?«

Bereitwillig stimmte ich ihm zu. Wieder dieses erdrückende Schweigen.

»Ich habe darüber nachgedacht«, verkündete Vater schließlich. »Ich sage dir, welcher Beruf für dich das Beste wäre.«

Ich war erleichtert und bereit, seinem Rat zu folgen.

»Du gehst mit James nach England und studierst Medizin. Danach machst du den Facharzt für Geburtshilfe wie Großtantes beste Freundin, Dr. Mary Ting. Frauen bekommen Kinder, und es muß schließlich jemanden geben, der diesen Kindern auf die Welt hilft. Patientinnen gehen lieber zu einer Ärztin.«

Diese Nacht durfte ich zu Hause verbringen. James und ich unterhielten uns lange, machten Pläne, und die Zukunft erschien uns grenzenlos. Dann tauchten die ersten Sorgen auf. Angenommen, die Engländer behandelten uns nicht gleich, benachteiligten uns? Müßten wir uns an englisches Essen gewöhnen? Wären wir dann die einzigen Chinesen in unseren englischen Schulen und würden als Sonderlinge betrachtet? Um Mitternacht sahen wir im Wörterbuch nach, denn James meinte, daß man uns »seltsame Vögel« nennen würde, wenn uns die Engländer mochten, und »Sonderlinge«, wenn sie uns nicht mochten. Plötzlich ging die Tür auf und Niang kam herein.

Vater und Niang waren auf einer Abendgesellschaft gewesen. Sie trug ein paillettenverziertes Abendkleid und eine herrliche, mit Diamanten besetzte Halskette und den dazu passenden Schmuck an Ohren und Fingern; ihre langen Nägel waren schwarz lakkiert. Sie war gar nicht erfreut. »Wieso verschwendet ihr beiden so spät noch Strom? Man hört euer Lachen schon am Eingang. Es ist schon schlimm genug, daß ihr den ganzen Tag nichts anderes zu tun habt als essen und schlafen. Es ist völlig unnötig, das

Geld eures Vaters auch noch nachts zu verschwenden und hier herumzualbern!« Sie knipste das Licht aus, ging hinaus und schlug die Tür hinter sich zu.

Wir kletterten leise in unsere Betten, und ich versuchte, James zu trösten. »Zumindest hat sie uns nicht verboten, nach England zu fahren.«

»Wie schlimm es in England auch sein mag«, erklärte James, »wie sehr sie uns auch dort benachteiligen oder welche Spitznamen sie uns auch geben mögen – denk immer daran: Schlimmer als zu Hause kann es dort nicht sein!«

12. KAPITEL

Dasselbe Bett, aber verschiedene Träume

Tong Chuang Yi Meng

同床異夢

Im Januar 1949 floh Lydia mit ihrem Mann Samuel und seinen Eltern von Tientsin nach Taiwan. Samuels Vater, damals in Tientsin unser Hausarzt, eröffnete eine Arztpraxis in Taipeh. Er ließ sich auf eine Beziehung mit einer jungen Frau ein und machte sie zu seiner Nebenfrau, eine Situation, die für Samuels Mutter unerträglich war. Nach einer erbitterten Auseinandersetzung kehrte sie 1950 zurück nach Tientsin.

In den vierziger Jahren war Taiwan noch eine subtropische Insel, deren Wirtschaft auf Landwirtschaft und Fischerei beruhte. Es gab kaum Industrie, nur wenige Arbeitsplätze und äußerst primitive Lebensbedingungen; Samuel gelang es nicht, eine angemessene Stellung zu finden. Nach der Geburt einer Tochter beschlossen sie, Samuels Mutter zu folgen und ebenfalls nach Tientsin zurückzukehren.

Vater versuchte, ihnen die Rückkehr auf das Festland auszureden. Immer wieder warnte er sie vor den Schwierigkeiten und der Willkürherrschaft des kommunistischen Regimes.

Wenige Monate nach ihrer Rückkehr wurde Samuel verhaftet und angeklagt, ein Konterrevolutionär zu sein. Samuels Onkel war unter der Guomindang-Regierung ein bekannter Politiker gewesen, ein prominentes Mitglied der »ausbeutenden Klasse«. Obwohl sich der Onkel 1949 auf die Seite der Kommunisten geschlagen hatte, wurde Samuels Herkunft als kapitalistisch gefärbt betrachtet und seine Vergangenheit einer gründlichen Untersuchung unterzogen. Während er im Gefängnis war, wohnte Lydia mit ihrer Tochter Tailing bei Samuels Mutter. Doch die beiden Frauen verstanden sich nicht.

Als Samuel nach sechs Monaten entlassen wurde, erklärte ihnen seine Mutter, daß sie sich eine andere Bleibe suchen müßten; da erinnerten sie sich an Vaters zwei Häuser in der Shandong Road. Eines davon bewohnten Vaters Angestellte, das andere Niangs Tante Lao Lao. Lydia und ihre Familie beschlossen, zu ihr zu ziehen.

Als Niang erfuhr, daß sie dort wohnten, raste sie vor Wut und verlangte von Vater, er solle ihnen schreiben und mit Enterbung drohen, falls sie nicht unverzüglich auszögen. Samuel und Lydia ließen sich diese Behandlung jedoch nicht gefallen. Sie erklärten Vater, sie hätten Beweise gefunden, aus denen klar hervorging, daß Vaters Mitarbeiter Ende der vierziger Jahre und nach der Befreiung illegal mit ausländischen Währungen und Edelmetallen gehandelt hätten. Falls Vater versuchen sollte, sie zu enterben, würden sie ihn und seine Mitarbeiter bei den Behörden anzeigen. Dann verlangten und erhielten sie einen Geldbetrag und blieben in Vaters Haus. Er hat ihnen dieses Verhalten nie verziehen.

Für Lydia wurden die Schwierigkeiten unter dem kommunistischen Regime durch die Entfremdung von ihrer Familie noch schlimmer. Verbittert gab sie ihrem Mann die Schuld an ihrem ganzen Unglück und begann ihn zu hassen. Sie teilten dasselbe Bett und hatten doch verschiedene Träume, *tong chuang yi meng* 同床異夢.

Nach unserer Abreise nach England beherrschte Franklin das Haus. Niang erfüllte ihm jeden Wunsch und gab ihm reichlich Taschengeld, während Susan nicht einen Penny erhielt.

Eines Tages, als er dreizehn war, kam er auf dem Weg von einer Geburtstagsfeier an einem Erdbeerfeld vorbei. Franklin entdeckte einen Verkaufsstand, in dem sich die Kisten mit frisch gepflückten Früchten bis unter die Decke stapelten. Er ließ den Chauffeur anhalten, kaufte zwei große Kisten und aß auf dem Heimweg alle Früchte bis auf die letzte Erdbeere auf.

Wenige Tage später bekam er Halsschmerzen und leichtes Fieber; Vater war im Büro, und Niang kam ihren gesellschaftlichen Pflichten nach. Franklin zog seine Rollschuhe an und ging hinaus in die brütende Nachmittagssonne. Eine halbe Stunde später stürzte er ins Haus und klagte über starke Kopfschmerzen. Er bat Susan, ihm ein Glas Wasser zu holen, und ließ sich ins Bett fallen. Als Susan das Wasser brachte, nahm er einen Schluck, beschwerte sich, es sei nicht kalt genug, und warf das Glas nach ihr. Susan hob es auf und verließ sein Zimmer.

Als Niang drei Stunden später zurückkehrte, lag Franklin im Delirium und röchelte nur noch. Sie brachten ihn mit dem Krankenwagen ins Queen Mary Hospital. Sofort wurde Professor McFadden, von seinen Studenten auch Lo Mac genannt, herbeigerufen; jetzt konnte Franklin schon nicht mehr schlucken. Er verlangte ständig nach Wasser, doch wenn er zu trinken versuchte, lief das Wasser aus den Nasenlöchern wieder heraus. Lo Mac nahm die Eltern beiseite und teilte ihnen seine Diagnose mit: Es war eine Entzündung des Gehirns, und zwar die gefährlichste Variante, die das Stammhirn angreift. Franklin hatte sich das Virus beim Essen der ungewaschenen Erdbeeren geholt: Chinesische Bauern düngten ihre Felder mit menschlichen Fäkalien, durch die, wie man inzwischen wußte, das Virus übertragen wurde. Lo Mac sagte, es gäbe keine Spezialbehandlung für diese Krankheit, lediglich stützende Maßnahmen. Sie nahmen einen Luftröhrenschnitt vor und schlossen Franklin an eine Lungenmaschine an. Er wurde immer blasser und verfiel zusehends. Vater besuchte ihn jeden Tag, Niang wohnte praktisch in seinem Krankenzimmer. Susan mußte zu Hause bleiben, um sich nicht anzustecken. Allmählich schien es Franklin jedoch besser zu gehen.

John Keswick, der Taipan von Jardine Matheson, gab einen Ball – es war *das* gesellschaftliche Ereignis der Saison. Niang wollte unbedingt hingehen und bat Lo Mac um seinen Rat. Er war der Meinung, daß ihr gesellschaftliches Leben wegen Franklins Krankheit nicht aufhören durfte, außerdem deutete alles darauf hin, daß sich sein Zustand stabilisierte.

Es war eine glänzende Veranstaltung. Niang tanzte die ganze

Nacht in ihrem grünen Seidenkleid und mit dazu passenden Ohrringen. Plötzlich wurde sie dringend ans Telephon gebeten. Es war Professor McFadden persönlich. Er klang müde und unglücklich und sagte, er empfinde es als seine Pflicht, ihr die schlimme Nachricht selbst mitzuteilen. Franklins Zustand hatte sich ganz plötzlich verschlechtert. Er war gestorben.

Niang hat seinen Tod nie verwunden. Die Liebe, zu der sie fähig gewesen war, endete mit dem Tod ihres Sohnes. Sie kümmerte sich nicht mehr um Vater und auch nicht um die einzige Tochter, die ihr noch geblieben war.

Auch Vater kam nie über den Verlust seines Lieblingssohnes hinweg. Er vergrub sich in seine Arbeit, beklagte sich nie und fühlte sich offensichtlich im Büro wohler als zu Hause.

Susan, groß und gertenschlank mit dickem schwarzem Haar, dunklen Augen unter langen Wimpern und schneeweißen Zähnen, wuchs zu einer bezaubernden Schönheit heran. Sie war eigenwillig, offen und intelligent; Vater vergötterte sie. Niang entging nicht, wie gut sich die beiden verstanden, und fühlte sich von ihrer eigenen Tochter verdrängt.

Vater und Niang lebten sich auseinander. Wenn sie Streit hatten, schmollte Niang und blieb den ganzen Tag im Bett – Vater mußte dann im Gästezimmer schlafen. Er kam aus dem Büro nach Hause und bemühte sich, Niang zu beschwichtigen, und machte ihr Komplimente. Einmal blieb sie zwei Monate lang im Bett, ohne ein einziges Mal aufzustehen.

Vater begann, Susan überallhin mitzunehmen. Offensichtlich war er sehr stolz auf seine hübsche Tochter. Ihre enge Beziehung vertiefte Niangs Verbitterung.

13. KAPITEL

Ist wirklich alles möglich?

You He Bu Ke?

有何不可?

Im August 1952 fuhren James und ich auf dem Luxusdampfer *P & O SS Canton* nach England. Ich konnte mein Glück noch immer nicht fassen und dachte zurück an die zahllosen Nächte auf dem Balkon des Internats, als ich von dieser Reise geträumt hatte. Auf der gesamten Fahrt, die über einen Monat dauerte, schwelgte ich im Glück.

Endlich befanden wir uns auf einer herrlichen Entdeckungsreise in die Unabhängigkeit. Das Leben war wieder voller Hoffnung. James zitierte den bekannten Zweizeiler: »Berge sind hoch und Flüsse sind lang / ist wirklich alles möglich?«, *shan gao shui chang / you he bu ke* 山高水長、有何不可? Wir freundeten uns auf dem Schiff mit einer Gruppe chinesischer Studenten an, die uns Hänsel und Gretel nannten, weil wir unzertrennlich waren.

Als wir in Southampton anlegten, holte uns ein Mitarbeiter von Vaters Reisebüro ab und brachte uns zum Zug nach London. Ich hatte mir in der Internatsbibliothek schon Photos von London angesehen, doch auf die abschreckende Trostlosigkeit der englischen Hauptstadt, die noch immer die Verwüstungen des Zweiten Weltkriegs aufwies, war ich nicht vorbereitet. So manche berühmten Gebäude und Plätze waren durch Bomben schwer beschädigt.

In London trafen wir uns mit Edgar und Gregory, die uns viel zu erzählen hatten. Zu Anfang hatte Gregory es nicht ganz leicht gehabt, denn er war an seiner Schule der einzige Chinese. Er haßte das schlechte Wetter und das geschmacklose Essen. Es schien jeden Tag Hammel zu geben, fett und ranzig. Als er bemerkte, daß seine jüdischen Mitschüler gebackene Bohnen oder Eier erhielten, wenn es zum Frühstück Schinken oder Speck gab, faßte er einen Plan und ging zum Schuldirektor.

»Ich wundere mich über das Konzept der religiösen Toleranz in England. Gilt es wirklich für alle Religionen?«

»Natürlich! In unserem Land wird niemand diskriminiert.«

»Ich finde das wirklich bewundernswert, Sir. Ich wünschte, wir hätten diese religiöse Toleranz auch in China. Leider herrscht dort eher barbarische Intoleranz. Ich bedaure, der Küche zusätzliche Mühe zu bereiten, aber es widerspricht meiner Religion, bestimmte Nahrungsmittel zu verzehren.«

»Oh, mein lieber Sohn! Diesem Umstand müssen wir sofort abhelfen. Um welche Gerichte handelt es sich denn?«

»Nun, hauptsächlich geht es um Hammel in jeder Form!«

»Das tut mir aber leid. Ich werde der Küche sofort Bescheid sagen. Und was dürfen Sie nach Ihrer Religion essen, wenn die anderen Hammel bekommen?«

»Für die Küche wäre es sicher am einfachsten, Speck und Eier zu servieren, Sir.«

»Gewiß, gewiß. Ach, übrigens, wie heißt Ihre Religion?«

Gregory hatte sich die Antwort gründlich überlegt. »Ich gehöre zu einer kleinen und sehr zurückgezogenen Sekte aus der Region zwischen Tibet und der Mongolei.« Er murmelte undeutlich ein paar chinesische Wörter, die etwa »Vereinigung gegen Hammelfresser« bedeuteten. Wie schon Somerset Maugham glaubte auch Gregory, daß man in England nur gut essen konnte, wenn man dreimal am Tag frühstückte.

Gregory und Edgar fanden nur wenige wissenschaftliche Fächer an ihren Schulen angeboten und wechselten deshalb nach dem ersten Jahr an ein College, das intensive Tutorenkurse anbot. Als wir eintrafen, wohnten sie als Pensionsgäste in Earl's Court. Schließlich ging Gregory auf das Imperial College, um Maschinenbau zu studieren, während Edgar gleichzeitig mit mir an die medizinische Fakultät ging.

Gregorys Hauptinteresse auf dem College galt dem Bridgespielen: Er wurde schon bald Spielführer des Bridgeteams. Eines Tages beschloß er, daß er sein Leben viel lieber mit Bridge als mit Maschinenbau verbringen wollte. Er schrieb einen sechs Seiten langen Brief an unsere Eltern und bat um Erlaubnis, sein Studium zugunsten seines Bridgespiels aufgeben zu dürfen. Er war überzeugt, als Profibridgespieler glücklicher zu werden. War nicht letztendlich die Suche nach dem Glück das Ziel aller Anstrengungen?

Vaters Antwort war ein kurzes, aber unmißverständliches Telegramm: »WARUM WIRST DU NICHT LIEBER ZUHÄLTER?«

Gregory studierte weiter.

Vater brachte mich in einem von Laienschwestern betriebenen katholischen Internat in Oxford, dem Rye St. Anthony, unter. Auf der langen Überfahrt hatte ich die amerikanische Witwe eines Methodisten-Missionars kennengelernt. Sie bestand darauf, daß ich mich bei ihrer englischen Schwägerin meldete, die sich nach langen Jahren in Schanghai jetzt nach Oxford zurückgezogen hatte. Pflichtgemäß rief ich Lady Ternan an. Nach einem kurzen Gespräch über ihre Schwägerin lud sie mich zum Tee ein.

Lady Ternan war ebenfalls Witwe und lebte ganz allein in einer imposanten Villa aus der Zeit König Edwards. Ein uniformiertes Dienstmädchen öffnete mir, offensichtlich war ich der einzige Gast. Der Tee wurde serviert.

»Likee more tea and cakee?« fragte sie in schönstem Pidgin-Englisch.

Zuerst hielt ich es für einen Scherz, denn am Telephon hatte sie ganz normales Englisch gesprochen. Meine chinesischen Gesichtszüge hatten wohl einen alten, längst verschütteten Reflex ausgelöst – fast hätte ich laut gelacht. Zum Spaß erwiderte ich in meinem eigenen selbsterfundenen Pidgin-Englisch. Doch während ich sprach, wurde mir klar, daß mich Lady Ternan durch diesen Dialekt an den mir zustehenden Platz verwies. Durch ihr Pidgin-Englisch untermauerte sie ihre Überlegenheit, machte mit jedem verlängerten Vokal und jedem verschluckten Konsonanten deutlich, daß wir nicht auf einer Stufe standen. Selbstverständlich besuchte ich sie nie wieder.

Obwohl das Rye St. Anthony meinen Eltern als eine ordentliche Mädchenschule mit sehr hohem akademischem Anspruch empfohlen wurde, war es in Wirklichkeit nur eine typische Mädchenschule. Es wurden überhaupt keine wissenschaftlichen Fächer angeboten. Anstelle von Physik, Chemie und Biologie bekamen wir Musikerziehung und lernten Tanzen und Reiten. Ich wechselte daher an die Klosterschule Unsere-liebe-Frau-von-Zion in Notting Hill Gate, ging während der Sommerferien auf eine Schule mit Intensivkursen und schaffte die Aufnahmeprüfungen für die medizinische Fakultät. Mit siebzehn wurde ich am University College in Bloomsbury zugelassen, an dem mein Bruder Edgar bereits studierte.

Edgar sah nicht so gut aus wie meine anderen beiden Brüder. Er hatte ein etwas kantiges Gesicht und eine vorgewölbte Stirn, die durch den zurückweichenden Haaransatz noch betont wurde. Die schmalen Augen standen eng zusammen, und die Lippen waren dünn und fest aufeinandergepreßt, wodurch er immer hartnäckig und entschlossen wirkte.

Edgar besaß weder Gregorys Charme noch James' gutes Aussehen und Intelligenz. Er war der mittlere Sohn und von niemandem besonders geliebt oder bevorzugt worden. Als wir klein waren, ließ er seine Frustration immer an mir aus, dem unbedeutendsten Mitglied der Familie. Er ärgerte sich über Vaters Stolz auf meinen akademischen Erfolg: Ursprünglich war er an der medizinischen Fakultät schon ein Jahr weiter als ich; allerdings fiel er im ersten Anlauf durch die zweite Vorprüfung, so daß wir schließlich in dieselben Vorlesungen und Seminare gingen – für ihn eine persönliche Schmach. Allmählich verstärkte sich seine Mißgunst zu krankhaftem Haß.

Am College verheimlichte er, daß wir Geschwister, ja sogar daß wir verwandt waren – vor Kommilitonen tat er, als habe er mich noch nie gesehen.

Vater und Niang wußten, wie verschieden wir waren, machten sich aber nie die Mühe, unsere Differenzen beizulegen. Ganz im Gegenteil, Niang schien über unsere gegenseitige Feindseligkeit höchst erfreut und schürte die bestehende Rivalität. Wenn sie Edgar kränken wollte, war sie auffallend nett zu mir und trieb den Keil zwischen uns auf diese Weise noch tiefer.

In den fünfziger Jahren waren Rassenvorurteile in England sehr verbreitet. Es gab nur wenige chinesische Studenten, und ich spürte immer eine gewisse Zurückhaltung bei meinen englischen Kommilitonen. Die meisten waren vorher noch nie mit einer Chinesin in Berührung gekommen, manche fühlten sich in meiner Gegenwart nicht wohl. Einige machten kein Geheimnis aus ihrer Verachtung, andere wieder waren sehr väterlich und stellten ihre liberale Anerkennung zur Schau. Sie sprachen herablassend von China oder Schanghai oder erwähnten Eßstäbchen, um die Überlegenheit des Westens zu betonen.

Ich stellte bald fest, daß nicht alle englischen Wörter das bedeuten, was sie normalerweise ausdrücken. Im sozialen Umgang verbargen sich hinter Wörtern wie »exotisch« oder »interessant« sehr subtile Nuancen der Diskriminierung: Exotisch bedeutete »ist in China vielleicht hübsch, aber hier sehr befremdend und entspricht sicher nicht meinem Geschmack«. Unter interessant war zu verstehen: »Du hast meine geschätzte Aufmerksamkeit nur so lange, bis ich eine interessantere Person gefunden habe.«

In den Vorlesungen prahlten die Professoren mit britischem Liberalismus und Edelmut und demonstrierten an mir, daß sie sogar weibliche Studenten aus Asien an der medizinischen Fakultät duldeten. Während sie sich gegenseitig auf die Schulter klopften, ließen sie mich wie eine Trophäe auf dem Podium stehen, wo ich tapfer ein liebenswürdiges Lächeln wahrte.

Studentinnen machten nicht einmal zwanzig Prozent der Studierenden aus; im allgemeinen waren wir eine fleißige und ernsthaft studierende Gruppe. Die Jungen nahmen unsere »ständige Büffelei« und unsere guten Noten übel und nannten uns »verfluchte Notenschinder«. Manche äußerten in aller Öffentlichkeit, *alle* weiblichen Medizinstudenten seien häßlich. Andere behaupteten, wir beraubten qualifizierte Männer der Zulassung zur medizinischen Fakultät und Stipendien für Mädchen seien Verschwendung von Fördergeldern der Regierung.

Manchmal war es gar nicht so einfach, die rassistischen und sexistischen Kränkungen zu ignorieren. Häufig saß ich in der Cafeteria des College und aß allein zu Mittag, während meine Studienkameraden sich fröhlich am Nachbartisch unterhielten. Als ich einmal meinen ganzen Mut zusammennahm und mich mit meinem Tablett zu ihnen an ihren Tisch setzen wollte, schnappte mir ein Junge den letzten Platz weg. Ein bißchen befangen zog ich mir einen Stuhl vom Nachbartisch heran und setzte mich. Eisiges Schweigen. Alle schlangen eiligst ihr Essen hinunter und hasteten zum Ausgang. Schließlich saß ich umgeben von schmutzigem Geschirr und leeren Plätzen wieder allein am Tisch.

Meine Partnerin bei der Leichensektion, Joan Katz, und ich gingen an Wochenenden oft gemeinsam in die Anatomie, um an der einundachtzigjährigen männlichen Leiche zu arbeiten, die uns zugewiesen worden war; wir gaben ihm den Spitznamen Rupert. Offenbar provozierte unser zusätzlicher Eifer die Unzufriedenheit der männlichen Studenten. Eines Morgens stiegen wir gespannt in das dunkle und etwas gespenstische Labor hinunter, um unerlaubt mit dem Sezieren zu beginnen. Hinter den schweren Türen war der Raum stockdunkel und roch stark nach Formaldehyd. Joan streckte die Hand aus, zog an der Schnur, mit der das Licht angeschaltet wurde, und stieß einen Schrei aus, der mir das Blut in den Adern gerinnen ließ. Das Licht ging an. Wir hörten das heisere, hysterische Lachen von ein paar Jungen, die uns im Dunkeln aufgelauert hatten. Sie hatten Rupert den Penis abgeschnitten und an der Lichtschnur befestigt. Ein paar Photoapparate blitzten auf und fingen Joans ausgestreckte Hand, die einen Penis umklammerte, und ihren ungläubigen Gesichtsausdruck ein. Tagelang reichten die Jungen ihr Photo mit der Aufschrift »Höchste Auszeichnung in menschlicher Anatomie« herum.

Trotz dieser Schwierigkeiten war es eine herrliche Zeit. Die ganze Welt der Wissenschaft stand mir offen. Ich konnte es gar nicht erwarten, jeden Morgen in die Vorlesung zu kommen: Physiologie, Biophysik, Pharmakologie und Biochemie waren wie Teile eines riesigen Puzzles, das die Geheimnisse des Lebens enthüllte. Experimente erinnerten mich an ein kniffliges Schachspiel.

Mein Gegenspieler war das »Unbekannte«, das es zu enthüllen galt, und auf dem Weg zum Ziel tauchten immer wieder unwiderlegbare Indizien auf.

Ich studierte konsequent und nach besten Kräften, denn ich träumte davon, mit höchsten akademischen Ehren nach Hongkong zurückzukehren und mir in der Stadt meines Vaters einen Namen zu machen, damit er stolz auf mich sein konnte.

Viele meiner nichtchinesischen Freunde an der medizinischen Fakultät waren Juden. Sie behandelten mich wie ihresgleichen, luden mich zu sich nach Hause ein und machten nie herablassende Bemerkungen. Wir sprachen über unser Studium, spielten Schach und aßen in chinesischen Restaurants. Endlich hatte das richtige Leben begonnen. Kein einziges Mal litt ich unter den Depressionen, von denen meine Kommilitonen gelegentlich heimgesucht wurden. Sie nannten mich eine unverbesserliche Optimistin, doch das machte mir nichts aus. Wie sollten sie auch meine Freude und Erleichterung verstehen, endlich Niangs alles verdunkelndem Schatten entkommen zu sein?

Ich wohnte in Campbell Hall, einem Wohnheim keine zwei Häuserblocks von der Universität entfernt. Die Chinesische Studentenvereinigung befand sich in der Nähe des Gordon Square, die Studentenvereinigung der Londoner Universität auf der anderen Straßenseite. Später wurde am Lancaster Gate, etwa fünf Kilometer weiter, das Hongkong-Haus gegründet. Vater schickte mir ein jährliches Stipendium von fünfhundert Pfund, hundert Pfund weniger als meinen Brüdern, weil ich ein Mädchen war: Es wurde vorausgesetzt, daß wir uns das Geld sorgfältig einteilten, denn es mußte für ein ganzes Jahr reichen. Mein Leben drehte sich um die medizinische Fakultät und die Studentenvereinigungen. Ich gehörte dem Tischtennisteam an und spielte Schach für mein College. James war an der Cambridge University aufgenommen worden und studierte dort Maschinenbau – sonntags besuchte ich ihn oft in den mittelalterlichen Räumen des Trinity College. Berauscht von unserer neuen Freiheit verbrachten wir schöne Nachmittage miteinander, tranken Kaffee und plauderten. Es machte mir Spaß, hinter meinem hochgewachsenen, gutaussehenden großen Bruder in seinem flatternden schwarzen Collegegewand und dem Cambridge-Schal über das Kopfsteinpflaster zu gehen, während überall Kirchenglocken zur Abendandacht läuteten.

Der Panzer, der mich vor Vorurteilen und Ungerechtigkeiten schützte, diente mir auch als geheimer Zufluchtsort, an den ich mich zurückziehen konnte. Auf diese Weise gelang es mir, eine Freundschaft zu knüpfen und zu pflegen, die meine Altersgenossen, hätten sie davon gewußt, sehr erstaunt und vielleicht sogar beunruhigt hätte.

Karl Decker war einer meiner Dozenten. Für mich, eine Siebzehnjährige, war er der ideale Mann: intelligent, sensibel, groß und gut aussehend. Äußerst engagiert arbeitete er oft stundenlang in seinem Labor. Er war Deutscher, vierunddreißig Jahre alt und sprach leicht stotternd mit starkem Akzent. Als Tutor meiner Gruppe fiel mir Karl zuerst wegen seiner Ernsthaftigkeit auf: Er schrieb oft spaltenlange Korrekturen an den Rand meiner Abhandlungen, und ich war beeindruckt, wieviel Mühe er sich mit meinen Aufsätzen machte. Gelegentlich konnte ich erkennen, daß seine Notizen ausradiert und in seiner akribischen Handschrift überschrieben worden waren.

Er begann, mir Komplimente über meine Kleidung oder mein Aussehen zu machen. »Das ist aber eine hübsche Bluse«, sagte er manchmal, wenn ich den Seminarraum betrat. Und dann wußte ich nichts zu sagen und wurde verlegen.

Monatelang wollte ich mir nicht eingestehen, daß mich Dr. Decker bewunderte. Es fiel mir schwer zu glauben, daß dieser brillante Wissenschaftler ernsthaft an einer siebzehnjährigen Chinesin interessiert sein könnte, die geradewegs von der Klosterschule an die medizinische Fakultät gekommen war.

Stundenlang diskutierte er seine Versuche mit mir und suchte mir alle wichtigen Artikel über seinen Forschungsbereich heraus. An kalten Tagen zeigte er mir, wie man in seinem Labor über dem Bunsenbrenner Kaffee kochte, den wir dann gemeinsam aus schmalen, hohen Gläsern tranken.

Aber vor allem schrieb er mir. Die langen, an den Rand meiner Hefte gekritzelten Anmerkungen wichen seitenlangen Enthüllungen über sich und sein Leben. Ich las vom Tod seiner Mutter, als er zehn war, von der zweiten Ehe seines strengen und selbstherrlichen Vaters, den verblichenen und nur fragmentarisch vorhandenen Erinnerungen an seine emotional gestörte Jugend. Er schrieb über eine mysteriöse Krankheit, Schizophrenie genannt, an der er als junger Medizinstudent in Prag gelitten hatte, und von gespenstischen Stimmen, schaurigen Vorstellungen und quälender Angst.

Naiv und unerfahren, wie ich war, schmeichelten mir diese bewegenden, außerordentlichen Offenbarungen, und ich verstrickte mich zusehends in diese Beziehung, ohne zu erkennen, daß ich mich auf dünnes Eis begab. Er war voller Ängste, Zweifel und Zwänge, doch in meinen Augen verband er einfühlsame Vornehmheit mit sanfter Melancholie, die meine Phantasie anregte. Zweifellos beruhte seine Anziehungskraft auch auf meiner tiefverwurzelten chinesischen Verehrung für Gelehrtheit, Alter und Weisheit.

Allmählich spielten seine Briefe eine zentrale Rolle in unserem Gefühlsleben. Er schrieb über Poesie, Musik und Philosophie, er schilderte mir seine Gedanken, seine Stimmungen und seine Ängste, sein Alleinsein und seine Sehnsucht nach mir. Schuld daran war im wesentlichen die Einsamkeit seiner nüchternen täglichen Routine und die beginnende, aber verbotene Romanze zwischen Angehörigen verschiedener Rassen, zwischen Schülerin und Lehrer.

Karl war unabhängig und egozentrisch und hatte keine Freunde. Er lebte nur für seine Arbeit, verbrachte täglich vierzehn Stunden in seinem Labor, auch samstags und manchmal sogar sonntags. Seine Mahlzeiten nahm er in der Cafeteria ein, wußte kaum, was er aß, und es interessierte ihn auch nicht.

Er führte ein absolut asketisches Leben, schlicht und ohne jeden Genuß. Wir gingen nur selten aus, denn keiner von uns wollte mit dem anderen in der Öffentlichkeit gesehen werden. Damals waren gemischtrassige Paare noch selten. Außerdem waren wir ein ungleiches Paar, und es sah nicht so aus, als gehörten wir zusammen.

Natürlich durften auch seine Kollegen nicht erfahren, daß er mit einer Studentin, noch dazu einem chinesischen Mädchen, ausging. Auch ich wollte nicht, daß meine chinesischen Freunde von dieser Beziehung erfuhren, denn der Klatsch konnte auch meine Familie erreichen.

Wir trafen uns daher heimlich in Karls Labor. Dort wurden wir nicht mit neugierigen Blicken angestarrt und fühlten uns absolut sicher.

Linkisch und gesellschaftlich völlig unerfahren, war es ein eigenartiges Erlebnis für mich, meinen hochgeschätzten Professor, der doppelt so alt war wie ich, so unsicher und ängstlich zu sehen. Seine Unbeholfenheit, sein schüchternes Stottern und sein spürbares Verlangen lösten meine Abwehr schnell auf.

Eines Tages gab einer meiner chinesischen Freunde, Yu Chunyee, ein Pianist aus Singapur, ein Konzert in der Wigmore Hall. Karl wußte, daß ich ihn gern unterstützen wollte, und kaufte elf Eintrittskarten an der Abendkasse. Er teilte sie in zwei Stapel auf und gab mir acht Karten, damit ich meine chinesischen Freunde einladen konnte. Er selbst ging mit einem amerikanischen Kollegen und dessen Frau ins Konzert; sie saßen sieben Reihen hinter uns. Meine Freunde wußten natürlich nicht, daß Karl den Konzertbesuch arrangiert hatte, doch ich spürte während der gesamten Aufführung seine Gegenwart.

Es war eine unmögliche Situation, die jedoch lange anhielt. Wir waren zwar verschieden, doch die gegenseitige Zuneigung war groß. Ich fühlte mich angezogen und zugleich abgestoßen von der fanatischen Leidenschaft, mit der er seiner Arbeit nachging und alles andere um sich herum vergaß. Er erzählte mir, er müsse seine Zeit mit der Wissenschaft füllen, um die Dämonen zu vertreiben.

Manchmal verblüffte und erschreckte mich seine emotionale Instabilität. »Alles ist so traurig und schwierig«, sagte er oft, und wenn er dann meinen verdutzten Blick sah, fügte er hinzu: »Du dürftest eigentlich deine Zeit nicht mit mir verschwenden. Gerade du, du bist so voller Leben und Hoffnung!«

Er nahm sich nie genügend Zeit, um sich mit der chinesischen Kultur und ihren Werten, die mich geprägt haben, vertraut zu machen. Verständnislos stand er meiner ewigen Suche nach dem »perfekten, möglichst nahe gelegenen chinesischen Restaurant« gegenüber und nannte es »die hoffnungslose Suche nach dem Heiligen Gral«. Wie wichtig das gemeinsame Essen auf einem chinesischen Fest ist, konnte er nicht verstehen. Am schwersten fiel es ihm zu begreifen, warum ich mich weigerte, eine sexuelle Beziehung mit ihm einzugehen. Aber abgesehen von meiner Jugend und meiner katholischen Erziehung hinderte mich auch die in mir fest verwurzelte konfuzianische Vorstellung daran, daß der Verlust der Jungfräulichkeit außerhalb der Ehe für eine Frau schlimmer sei als der Tod.

Einmal kochte ich ihm zu seinem Geburtstag ein ganz besonderes Abendessen. Ich verbrachte eine ganze Woche damit, das Menü zusammenzustellen, die besten Zutaten der Saison, frische Blumen und Früchte einzukaufen und seine spärlich möblierte, staubige Wohnung zu putzen. Ohne jeden Kommentar aß er das Sechsgängemenü in knapp fünfundvierzig Minuten auf: frische Brokkolisuppe, Gänsegulasch mit Porree, gebratenen Blumenkohl mit Ingwer, Curryhuhn, Erbsen mit Pilzen und Reis. Ständig schaute er auf die Uhr und hatte es eilig, zu irgendeinem Versuch in sein Labor zurückzukehren. Als er davongestürzt war, spülte ich das Geschirr und fand, daß meine ganze Mühe vergeblich war.

Ganz selten kam es vor, daß Karls Experimente abgeschlossen, seine Teströhrchen gewaschen und getrocknet, seine Frösche gefüttert und meine Arbeiten erledigt waren. Dann thronten wir auf den Laborhockern und unterhielten uns bis tief in die Nacht. Es gab Momente tiefer Vertrautheit und gegenseitiger Zuneigung, wie man es sich zwischen Mann und Frau nicht inniger wünschen kann.

Aber Karl sagte auch immer wieder, daß er nicht der Richtige für mich sei, ich solle mir ruhig von dem chinesischen Jungen, den ich bei der Studentenvereinigung kennengelernt hatte, den Hof machen lassen. Meine Verwirrung wurde noch verstärkt dadurch, daß Karl mir oft vor oder kurz nach einer solchen Bemerkung lange Briefe schickte, in denen er mir seine Angst und sein Bedauern offenbarte. Ich fühlte mich hin und her gerissen.

Einen wichtigen Teil meines Lebens stellten meine chinesischen Freunde dar: Bei ihnen konnte ich meine Schutzmauern fallenlassen und ganz ich selbst sein. Es machte mir Spaß, meine Muttersprache zu sprechen und mich in Gesellschaft von Menschen zu entspannen, die über die gleichen Dinge lachten. Ab und zu machten wir uns über diese oder jene Sitte unseres Gastlandes ein wenig lustig. Nicht alle Studenten in diesem Kreis kamen übrigens aus China oder Hongkong; viele waren aus Singapur, Malaysia, Indonesien oder von der Insel Mauritius und brachten etwas internationales Flair in unsere kleine chinesische Welt.

In vielen Fällen hatten die Großeltern oder Eltern dieser südasiatischen Studenten ihre Heimat in den Küstenprovinzen Chinas verlassen müssen und waren nach Fujian oder Guangdong geflohen. Yu Chun-yee, mein Freund aus Singapur, hatte, obwohl er nie in China gewesen war, doch die gleichen chinesischen Romane gelesen, mochte die würzigen Spezialitäten aus der Provinz Sichuan und teilte die gleichen kulturellen Werte. In vielerlei Hinsicht war er chinesischer als ein Chinese.

Drei meiner Mitbewohner aus Hongkong besuchten ebenfalls die Universität in London, und wir alle wurden von C. S. Tang, dem Präsidenten der Chinesischen Studentenvereinigung, stark beeinflußt.

C. S. stammte eigentlich aus Schanghai, seine Familie war im Fracht- und Transportgeschäft reich geworden. Er sah sehr gut aus und studierte Philosophie am Imperial College. Politisch stand er deutlich links und hatte, im Gegensatz zu den meisten von uns, die Absicht, nach Hause zurückzukehren, um dem Volk auf dem chinesischen Festland zu dienen. Für uns war er wie ein großer Bruder.

An den Wochenenden veranstaltete C. S. Ruderausflüge auf dem Serpentine im Hyde Park oder Eisläufe am Queensway. Er organisierte Tanzabende und improvisierte Abendgesellschaften, bei denen es viele Gerichte mit Paprika und Knoblauch gab. Er lieh chinesische Videos aus, in denen kommunistische Freiheitskämpfer korrupte Guomindang-Mitglieder und Großgrundbesitzer überlisteten. Wir hielten uns für sehr progressive Idealisten und träumten davon, eines Tages nach China zurückzukehren und durch unsere Fähigkeiten zum Ruhm unseres Vaterlandes beizutragen.

Chinesische Studenten, die europäischen Mädchen den Hof machten, verachtete C. S. »Verräter!« murmelte er dann. »Tun sich mit dem Feind zusammen!« Einmal bestellten wir in einem chinesischen Restaurant in der Nähe des Leicester Square die Spezialität des Hauses, Peking-Ente mit Frühlingszwiebeln, Pflaumensauce und hauchdünnen Pfannkuchen. Der Kellner teilte uns mit, daß die letzte Ente bereits im Ofen sei und für einen weißen Herrn bestimmt sei, der mit einem chinesischen Mädchen an einem der Tische hinter uns saß. C. S. legte dem Kellner, einem jungen Kantonesen aus Hongkong, der Little Chang genannt wurde, den Arm um die Schulter und erklärte, daß unser großes Land China jahrelang von den Barbaren schikaniert und tyrannisiert worden sei, und erzählte wieder einmal die Geschichte des Verbotsschildes vor dem Stadtpark von Schanghai, auf dem stand: »Zutritt für Hunde und Chinesen verboten.«

»Hier siehst du einen Barbaren, der uns die letzte Ente wegnimmt, um sie mit dieser hübschen Chinesin zu verspeisen. Das darfst du einfach nicht zulassen! Barbaren haben doch sowieso keine Ahnung von chinesischem Essen und können eine lebende Ente nicht von einem lebenden Huhn unterscheiden, und schon gar nicht, wenn sie gebraten sind. Warum servierst du ihm nicht etwas anderes, gießt ein bißchen Pflaumensauce darüber und nennst es Peking-Ente? Einen Barbaren kann man leicht hinters Licht führen.«

Also aß ich wie die anderen Ente, hatte jedoch ein ungutes Gefühl wegen C. S.' Bemerkungen über den »Barbaren«. Gegen Ende der Mahlzeit platzte ich schließlich heraus: »Es ist doch nichts anderes als eine Art von umgekehrtem Rassismus, wenn du davon redest, Barbaren hinters Licht zu führen, oder?«

C. S. warf den Kopf zurück und überlegte. Wie ein kleiner Junge fuhr er sich nachdenklich durch die dicken, glänzenden Haare. Er sprach mich mit meinem chinesischen Namen an: »Junling, du stellst die schwierigsten Fragen. Wie soll ich darauf antworten, ohne mich zum Narren zu machen? Ich denke, jeder muß in seinem Leben Prioritäten setzen. Für mich gilt folgende Reihenfolge: mein Land, der Große Vorsitzende Mao, meine Familie, Eltern, Geschwister, chinesische Freunde. Dann mein Professor, Studienkollegen und andere Barbarenfreunde und schließlich alle anderen. Ich kann doch nichts dafür, daß ich eine Art Seelenverwandtschaft zu meinen eigenen Leuten, wie unserem Kellner Little Chang, empfinde. Offensichtlich empfindet Little Chang uns gegenüber genauso.«

In dieser Zeit, etwa von 1955 bis 1963, waren die meisten von uns in England stolz darauf, daß China auf der ganzen Welt an Ansehen gewonnen hatte. Doch hinsichtlich der Zukunft unseres Volkes hatten wir unterschiedliche Vorstellungen und Hoffnungen: Manche wollten China zu einer strahlenden kapitalistischen Gesellschaft verhelfen, etwa wie Nordamerika; andere hofften auf den Sieg der revolutionären Politik des Kollektivismus und Sozialismus des Vorsitzenden Mao. Doch nur wenige waren so missionarisch wie C. S. mit seinen Flugblättern und Propagandafilmen, die dickliche Kinder mit roten Wangen, glückliche Arbeiter, riesige neue Fabriken und unglaubliche und ständig steigende Produktionszahlen zeigten. Ganz China war in Bewegung. Ich denke, daß sich früher oder später jeder von uns als Mitglied einer Gruppe begabter Akademiker betrachtete, die in den modernsten Bereichen westlicher Technologie ausgebildet wurden und davon träumten, ihrem Vaterland zu dienen und das uralte Unrecht zu bekämpfen.

Im Labor versuchte ich, Karl den Stolz und die Begeisterung für meine Arbeit bei der Chinesischen Studentenvereinigung zu vermitteln. Doch Karl dämpfte meinen Übereifer: »Ich habe im Zweiten Weltkrieg diesen patriotischen Unsinn in meinem eigenen Land miterlebt. Du kannst mir glauben, die Wirklichkeit sieht anders aus. In China ist jetzt wohl jeder ein Engel, nur weil Mao Zedong das Land befreit hat! Von einem Tag zum anderen denkt niemand mehr an sich. Es gibt keinen Neid mehr, keinen Haß und keine Bosheit. Überall nur noch freundliche Menschen, Liebe und allgemeine Gerechtigkeit! Das glaubst du doch nicht wirklich, du kleine Närrin?«

14. KAPITEL

Eine Laute, ein Kranich

Yi Qin Yi He

一琴一鶴

H. H. Tien setzte sein bereits abgeschlossenes Studium in angewandter Mathematik am Imperial College fort. Er war mittelgroß, schlank, trug eine dicke Brille, sah eigentlich nicht gut aus, war aber herzlich und charmant. Freundlich und großzügig ging er über Fehler hinweg, besaß natürliche Führungsqualitäten und verkörperte im Grunde alle Eigenschaften, die für eine hoffungsvolle Zukunft Chinas ausschlaggebend waren. Wir sahen zu ihm auf, nicht so sehr wegen seiner logischen oder überzeugenden Argumente, sondern wegen der Anziehungskraft seiner Persönlichkeit. Sein Vater, ein vermögender Bankier, hatte aus Liebe geheiratet und Geliebte und Nebenfrauen verschmäht, eine äußerst ungewöhnliche Haltung bei chinesischen Männern. In den dreißiger Jahren hatte sich Mr. Tien aktiv in der Boykottvereinigung gegen die Japaner engagiert und in der heldenhaften »Neunten Straßenarmee für die Verteidigung Schanghais« gegen die Japaner gekämpft, bevor er Mitglied der im Untergrund agierenden Kommunistischen Partei geworden war. Er begrüßte die Befreiung Schanghais 1949 und schrieb seinem Sohn H. H. in London einen acht Seiten langen Brief, in dem er den Aufbruch zu einem neuen China predigte. Dennoch gründete er in seiner pragmatischen Art zum Schutz seiner hohen Einlagen eine weitere Bank in Hongkong und zog 1951 schließlich selbst dorthin.

1956, kurz nach dem Aufstand in Ungarn, ging ich eines Abends mit H. H. zu einem Konzert in der Royal Albert Hall. Anfang der Woche hatte Karl äußerst beunruhigt auf Berichte der

BBC regiert, wonach Rußland Truppen nach Budapest entsandt hatte. In einer hitzigen Diskussion mit H. H. vertrat ich viele von Karls Befürchtungen und Vorahnungen, während H. H. die Maßnahmen der Russen für eine brüderliche Umarmung hielt, um das Ausbrechen eines Mitglieds der gleichen politischen Familie zu verhindern.

»Wie kannst du nur so sicher sein, daß China ein großartiges Land werden wird?« fragte ich ihn. »Unter Chiang Kai-shek herrschte Habgier und Korruption, wieso sollte die bloße Veränderung der Regierung die Chinesen plötzlich zu besseren Menschen machen?«

Wir waren an meinem Wohnheim am Tavistock Square angekommen, wollten aber den Abend noch nicht beschließen und gingen diskutierend mehrmals um Campbell Hall herum, als H. H. plötzlich kicherte. »Weißt du, wie sie Chiang Kai-shek nennen?« fragte er auf englisch. »*Cash my cheque* – Chiang Kai-shek.« Dann sprach er in unserem üblichen Schanghaier Dialekt weiter. »Wenn die Führung eines Landes korrupt und unfähig ist, zeigen sich diese Eigenschaften auch im Volk. Unter kommunistischer Herrschaft beginnt für China eine neue Zeit mit radikalen Reformen. Mao und seine Generäle haben bereits große Fortschritte erzielt und China wieder in die Arena der Weltpolitik gebracht. Anstatt sich demütig vor General MacArthur zu verbeugen, haben sie Amerika in Korea zu einem Waffenstillstand gezwungen. Wie der Große Vorsitzende Mao sagte: Endlich hat sich China erhoben!«

Im dämmerigen Licht der Straßenbeleuchtung glänzten seine Augen vor Leidenschaft und Hoffnung. Wie ich ihn bewunderte! Es begann zu regnen. Ich stellte den Kragen meines Mantels auf, denn es blies ein ziemlich kalter Wind. H. H. nahm seinen warmen Collegeschal ab und legte ihn mir um den Hals. Ich fühlte mich in seiner Gesellschaft so wohl und behütet. Im Laufe unserer Unterhaltungen hatte ich ihm immer mal wieder von meiner qualvollen Kindheit erzählt, was ich sonst nur sehr selten tat.

»Ich bin fast acht Jahre älter als du«, sagte H. H. »Ich wünschte, du wärest etwas älter. Ich möchte dir so vieles erzählen. Du hattest es nicht leicht mit deiner Stiefmutter. Du brauchst jemanden wie mich, einen Beschützer, einen Menschen, der sich um dich kümmert und für dich sorgt.«

»Ich muß jetzt nach Hause«, erklärte ich verwirrt. »Mein Bruder Gregory hat mir einmal gesagt, wenn sich ein Junge und ein Mädchen finden, sei es wie das Einsteigen in den richtigen Bus. Man sitzt schließlich in dem Bus, der zur richtigen Zeit kommt und die richtige Nummer hat. Dieser Vergleich geht mir seitdem nicht mehr aus dem Kopf.«

Ich schloß die Haustür auf, gab H. H. seinen Schal zurück und sah ihm zu, wie er vorsichtig die Pfützen umging. Bevor er um die Ecke bog, winkte er noch einmal und rief: »Bin ich der richtige Bus? Bist zu bereit einzusteigen?« Dann verschwand er.

In der Diele war es dunkel und warm. Als ich die Treppe hinaufging, fand ich einen Brief in meinem Briefkasten. Er war von Karl.

Liebe Adeline,

es wäre schön und vielleicht mehr als das, wenn wir uns am Mittwoch nach deinem Tutorium treffen könnten. Ich stimme Dir aber zu, daß wir es nicht riskieren dürfen, alles zu verderben. Da Du jünger bist als ich, sind Deine Bedenken natürlich schwerwiegender als meine, denn sie haben mit Deinen Eltern, mit Deinen Noten, mit dem Wahren des Gesichts, Deinen chinesischen Freunden, Deiner Zukunft und China (jetzt gerade die ganz große Sache) zu tun. Ich dagegen habe lediglich versucht, ein weiteres biophysikalisches Problem zu identifizieren, und bemühe mich nun, es zu lösen. Eine Belohnung gibt es dafür selbstverständlich nicht, vielleicht nicht einmal einen Bericht nach Abschluß der Versuchsreihen, und dennoch ist diese Unternehmung so wichtig. Könnte ich meine Stellung an der Universität behalten, wenn meine Gefühle für Dich bekannt würden? Es wäre so wunderbar, Dich ständig in meinem Team zu haben. Doch das ist fast unmöglich, Du bist erst achtzehn.

Ich erwarte nicht, Dich bald wieder allein treffen zu können. Wenn Du aber meinst, daß es doch möglich wäre, dann weißt Du ja, daß ich mittwochs fast jederzeit abkömmlich bin. Vielleicht haben wir uns etwas Bedeutendes zu sagen. Oder wir können einfach nur zusammen glücklich sein, wie in den letzten Monaten, manchmal jedenfalls ...

Laß Dich durch Rhetorik nicht verführen. Kommunismus übt auf die Männer und Frauen einen Reiz aus, die sich nach einem Idealstaat sehnen. Das funktioniert aber nicht. Konflikte, Neid und Bosheit gibt es immer und überall, wo Menschen zusammenleben, unabhängig von der Regierungsform. Laß Dich nicht dazu verleiten, einer bestimmten Religion anzuhängen, weil Dir der Priester gefällt.

Mein kleines Mädchen! Meine femme fatale! *Ich habe nur wenig von dem geschrieben, was ich Dir eigentlich sagen wollte. An Dich zu denken erfüllt mich mit unruhigen Gefühlen, die ich nicht beschreiben möchte. Es genügt mir, daß Du eine Leere aus meinem Herzen vertrieben hast, die ich gern abgelegt habe. Obwohl ich weiß, daß ich Dir eigentlich aus dem Weg gehen sollte, denke bitte daran, daß ich hier im Labor immer auf Dich warten werde, wohin Du auch gehst.*

Karl

Oh, wie ich seine bewegenden Worte genoß! Und ich ging nie wieder mit H. H. aus.

In den fünfziger und sechziger Jahren erreichte der kalte Krieg seinen Höhepunkt. Einige meiner sehr idealistischen Kommilitonen wurden 1961 durch die Einwanderungsbehörde zu unerwünschten Personen erklärt und aufgefordert, Großbritannien zu verlassen. Es hatte sich kürzlich herausgestellt, daß Kim Philby zusammen mit Burgess und McClean zu einem Kreis englischer Spione gehörte, die in den dreißiger Jahren während ihrer Studienzeit an der Cambridge University angeworben worden waren. Die britische Regierung beschuldigte China, in chinesische Studentenkreise in London Geheimagenten eingeschleust zu haben, und stempelte uns damit zu unerfahrenen und ahnungslosen Kommunisten ab.

C. S. heiratete ein chinesisches Mädchen aus Singapur, brachte sie nach Schanghai und widmete sich in Peking an der Akademie der Wissenschaften nur noch der Lehre und Forschung. Sie hatten während der Kulturrevolution viel zu ertragen. Als ich 1980 ihm und seiner Frau wieder begegnete, hatte C. S. das Haar und seinen Patriotismus verloren. Er sprach nicht mehr vom Wiederaufbau Chinas, sondern fragte mich nur, ob ich ihm helfen könnte, ein Stipendium für seine Doktorarbeit in Amerika zu bekommen. Die Ausbildung seiner Kinder und die Suche nach einem angenehmen Ort für seinen Ruhestand waren ihm nun wichtiger. Nicht ein einziges Mal beklagte er sich über seine Entscheidung, nach China zurückgekehrt zu sein. Er blieb ein warmherziger, großzügiger, ehrlicher und freundlicher Mensch.

Andere hatten weniger Glück. H. H. war dreiunddreißig und noch immer ledig, als er aus England abgeschoben wurde; er kehrte 1962 gegen den Rat seiner Eltern nach China zurück. Monate vergingen, doch er ließ nichts von sich hören. Einige von uns schrieben an die Adresse, die er uns vor seiner Abreise gegeben hatte – ohne Erfolg. Er war einfach in den Eingeweiden Chinas unter achthundert Millionen Chinesen verschwunden.

Sein »Verschwinden« erschütterte und verblüffte uns. Wir wußten, daß etwas Schlimmes passiert sein mußte, und ahnten, daß sich die Dinge nicht zu seinen Gunsten entwickelt hatten. Für mich zerstörte sein Schweigen die Vorstellung von einem glorreichen Vaterland, und ich zog nie mehr in Betracht, in mein Heimatland zurückzukehren, um dort zu arbeiten.

Jahre später hörten wir, daß H. H. während der Kulturrevolution verfolgt und eingesperrt worden war. Seine Gefängnisaufseher wollten nicht glauben, daß ein junger Wissenschaftler mit seiner Ausbildung auf seine reiche Familie in Hongkong, ein bequemes Leben im Westen und eine vielversprechende Karriere verzichtet hatte, um seinem Land zu dienen. Sie bestanden darauf, daß er Hintergedanken haben mußte und drängten ihn zu einem Geständnis. H. H. weigerte sich und beging 1967 Selbstmord. Er hinterließ nur vier chinesische Wörter: eine Laute, ein Kranich, *yi qin yi he* 一琴一鶴. Damit wollte er zum Ausdruck bringen, daß er bis in den Tod unbestechlich und aufrecht geblieben war. Er wurde nur achtunddreißig Jahre alt.

Anderen, die bei der Säuberung Großbritanniens von linken chinesischen Studenten abgeschoben wurden, erging es besser. S.T. Sun – Little Sun –, der gerade sein Architekturstudium abgeschlossen hatte, verliebte sich in Rachel Yu, eine meiner früheren Mitschülerinnen aus dem Herz-Jesu-Internat. Als er »gebeten wurde«, das Land zu verlassen, hatten sie bereits eine ernsthafte Beziehung. Er kehrte während einer beginnenden Hochkonjunktur der Baubranche nach Hongkong zurück, die bis heute unvermindert anhält. Schon bald gründete er ein eigenes Architekturbüro und wurde rasch vom wirtschaftlichen Aufschwung mitgerissen, der Hongkong von einem verschlafenen Außenposten am Rande Chinas zu einer Weltstadt machte. Mit den sechsstelligen Schecks für seine Arbeiten verblichen die Gedanken an das Mutterland zusehends. Weit weg von London und Rachel kehrte er zu seiner Jugendliebe zurück. Später nahm die ganze Familie die kanadische Staatsbürgerschaft an und pendelte zwischen Hongkong und Vancouver hin und her.

Die Jahre vergingen. Ich wurde zu vielen Hochzeiten eingeladen, und meine innere Leere und Verlorenheit wurden immer stärker. Freunde, die noch nicht verheiratet waren, schienen kurz davorzustehen, ich dagegen quälte mich in einer sinnlosen Beziehung. Denn obwohl es mir gelungen war, meine emotionale Bindung zu Karl geheimzuhalten, hatte ich etwas anderes verloren. Ich fühlte mich außerstande, eine Beziehung mit einem anderen Mann einzugehen. Daß unsere gegenseitigen Gefühle von Dauer waren, glaubte Karl schon, doch er war ebenso überzeugt, daß eine Ehe der direkte Weg in die Katastrophe wäre. Immer wieder forderte er mich auf, mit chinesischen Jungen meines Alters auszugehen. Manchmal ging er sogar mit, um meine Begleiter auf Herz und Nieren zu prüfen. Eines Abends, als ich zwischen einem eventuellen Kandidaten und Karl in einem dunklen Kinosaal saß, griff er plötzlich nach meiner Hand und streichelte sie.

Nach meinem Abschluß in Allgemeinmedizin arbeitete und

studierte ich zwei Jahre in Edinburgh, wahrscheinlich in dem Bemühen, Karl zu entfliehen. Ich wurde Fachärztin für innere Medizin und Mitglied des Royal College of Physicians in London und Edinburgh. In dieser düsteren, regnerischen, kalten und windigen Stadt wurde mir schließlich klar, daß ich England verlassen mußte. Schon so oft hatte ich versucht, mich aus dieser unmöglichen Verstrickung zu befreien – unsere Konflikte ließen sich nicht anders lösen. Kurz vor meiner Abreise sagte Karl einmal nach besonders angenehmen Stunden, er sei so glücklich, er wolle am liebsten sterben, und fügte traurig hinzu: »Wir sind nicht füreinander geschaffen. Es ist leichter, für dich zu sterben, als mit dir zu leben.«

Die Trennung war äußerst schmerzlich; in gewisser Weise habe ich sie nie ganz überwunden. Karl war mein Lehrer, mein Mentor, meine erste Liebe, mein überlebensgroßer Ersatzvater. Doch wie rational ich die Lage auch betrachtete, er hatte mich zurückgewiesen und unsere Beziehung war gescheitert. In einem Augenblick tiefster Qual vernichtete ich alle seine Briefe.

Kurz darauf, 1963, verließ ich England und ging nach Hongkong.

Meine Großtante war auch als *Gong Gong* (»Großonkel«) bekannt – ein Ausdruck des Respekts und der Hochachtung, die man ihr als Präsidentin der Shanghai Women's Bank, welche sie 1924 gegründet hatte, entgegenbrachte. Als dreijähriges Kind hatte sie sich mit Erfolg gegen das Wickeln ihrer Füße gewehrt. Sie besuchte die von amerikanischen Methodisten gegründete Missionsschule und sprach fließend Englisch. Ihre Bank in der Nanjing Lu 480 in Schanghai besteht noch heute.

Meine Brüder und Schwestern. Hintere Reihe von links: Gregory, James, Edgar. Vordere Reihe von links: Lydia mit unserer kleinen Halbschwester Susan und ich. Dieses Bild wurde 1942 vor dem Tod unserer Großmutter in Tientsin aufgenommen. Wir trugen modische westliche Kleidung und Frisuren.

Durch den wirtschaftlichen Aufschwung boten sich auch meinem Großvater Ye Ye ausgezeichnete Möglichkeiten in Tientsin. Rechts mein Großvater, links sein Sohn, mein Vater, und in der Mitte K. C. Li. Er gehörte zu den ersten Chinesen, die einen Abschluß der London School of Economics erlangten, und gründete die Hwa Chong Hong, eine äußerst erfolgreiche Import-Export-Gesellschaft. Sowohl mein Großvater als auch mein Vater arbeiteten für ihn.

Meine Geschwister ein paar Jahre später. Hintere Reihe von links: James, Edgar, Gregory, Lydia. Vordere Reihe von links: Susan, Franklin, ich und der Hund Jackie. Dieses Photo stammt aus dem Jahr 1946, etwa aus der Zeit, als wir die kleinen Enten als Haustiere bekamen.

Meine Stiefmutter, Niang (»Mutter«), und mein Vater mit Ye Ye (Mitte) in den vierziger Jahren. Ye Ye war gläubiger Buddhist. Er rasierte sich immer den Kopf und trug im Winter ein rundes Käppchen sowie ausschließlich chinesische Gewänder.

Niang, Franklin und mein Vater Anfang der vierziger Jahre. Mein Halbbruder Franklin war ihr Liebling. Niang kaufte seine Kleidung in den elegantesten Kinderboutiquen auf der Avenue Joffre und ließ ihm das Haar nur von den besten Friseuren schneiden.

Ye Ye und meine kleine Halbschwester Susan. Das Photo wurde im Oktober 1943, kurz nachdem sie aus Tientsin nach Schanghai gekommen waren, aufgenommen.

Jeanne Prosperi war siebzehn, als sie meinen soeben verwitweten Vater kennenlernte. Wir nannten unsere Stiefmutter Niang (»Mutter«). Sie war die Tochter eines französischen Vaters und einer chinesischen Mutter und eine ausgesprochen schöne Frau. Sie sprach fließend Englisch, Französisch, Mandarin und den Schanghaier Dialekt, doch Chinesisch oder Kanton-Chinesisch lernte sie nie.

Tante Baba hat mich als Kind immer sehr verhätschelt, mich wegen meiner guten Noten in der Schule gelobt, meine Hausaufgaben geprüft und mich manchmal in ihrer Rikscha mitgenommen. Sie hat nie geheiratet und blieb ihr Leben lang finanziell von meinem Vater und meiner Stiefmutter abhängig. Sie war sanftmütig, geduldig und weise. Ich liebte sie innigst.

Mein Halbbruder Franklin und meine Halbschwester Susan mit ihrer Erzieherin und Kinderschwester Miss Jian. In unserer Familie gab es zwei Klassen: Wir Stiefkinder gehörten zur unteren Klasse, Franklin und Susan genossen von Geburt an eine bevorzugte Stellung.

Hier steht Franklin neben Jackie, Vaters geliebtem Hund, der von einem eigens eingestellten deutschen Hundedresseur erzogen wurde. Jackie gehorchte nur meinem Vater, Niang und Franklin. Ich hatte Angst vor Jackie, der mich immer anbellte.

Niang und mein Vater erfreuten sich eines angenehmen Lebens. Sie waren ein zauberhaftes und schönes Paar und gehörten in den vierziger und fünfziger Jahren zur Prominenz von Schanghai und Hongkong.

15. KAPITEL

Ein Fisch im Aquarium

Fu Zhong You Yu

釜中游魚

Einige Wochen bevor ich London verließ, schrieb ich an McFadden – Lo Mac –, Professor an der medizinischen Fakultät der Universität Hongkong. Er war sehr erfreut über meine Bewerbung als Assistentin für seine Fakultät, lobte meine umfassende Ausbildung, nannte mir das Gehalt und fügte hinzu, daß eine Unterkunft für mich zur Verfügung stünde. Im November 1963 flog ich daher voller Zuversicht, aber auch mit Bedauern nach Hongkong.

Gregory und James holten mich in Vaters Mercedes mit Chauffeur am Kai-Tak-Flughafen ab. Beide waren seit einem Jahr für Vater tätig. James war der erste, der nach seinem Studienabschluß in Cambridge zurückgekehrt war. Sein Gehalt war so niedrig, daß er sich gerade einmal ein Zimmer im Christlichen Verein Junger Männer leisten konnte. Etwas leichter wurde das Leben für ihn erst, als Gregory mit einem Diplom der McGill University aus Montréal zurückkam. Vater bezahlte beiden ein monatliches Gehalt von zweitausend Hongkong-Dollar, etwa zweihundertfünfzig US-Dollar. Nun konnten sie sich wenigstens zusammen ein winziges Apartment über einem Nachtclub in der Nathan Road in Kowloon mieten.

Hongkong war schon lange nicht mehr das verschlafene Städtchen, das ich vor elf Jahren verlassen hatte. In den engen neonbeleuchteten Straßen drängten sich die Fußgänger durch den dichten Verkehr, obwohl es bereits neun Uhr abends war. Viele der neuen Gebäude waren erst halb fertig und noch mit Bambusgerüsten verschalt. Farbige Neonleuchten blinkten ihre Werbebotschaft in die Welt. Die Lebensfreude war fast greifbar.

»Dies ist nicht das Hongkong, das ich verlassen habe«, staunte ich. »Dies ist ein neues Schanghai!«

»Nur größer, besser und moderner«, erwiderte James. »Kowloon und Hongkong sind wie eine lange Nanking Road.«

»Ich bin froh, daß du da bist«, meinte Gregory herzlich. »Es ist die richtige Zeit und der richtige Ort. Die Stadt explodiert geradezu. Unser kluger alter Herr verdient Geld wie Heu.«

»Ist Vater noch immer im Import-Export-Geschäft?«

»Import-Export!« schnaubte Gregory, fassungslos über meine Unwissenheit. »Hast du denn gar nichts vom Koreakrieg gehört? Hast du nicht gewußt, daß die Alliierten eine Wirtschaftsblockade gegen China verhängt haben, als Mao Zedong Nordkorea unterstützte? Vaters Absatzmärkte waren damit über Nacht abgeschnitten. Dieser Rückschlag veranlaßte ihn, seine Geschäfte in die Leichtindustrie auszudehnen. Er baute drei Fabriken, in denen Kunststoffblumen, Lederhandschuhe und Emailgeschirr hergestellt werden, und ist nun ein Industrieller.«

Sie erzählten mir, daß die Emailfabrik, die bunte Koch- und Campingutensilien und unzerbrechliches Tischgeschirr herstellte, besonders hohe Gewinne abwarf. Die nigerianische Regierung hatte Vater ein äußerst verlockendes Angebot für einen Zweitbetrieb in Port Harcourt unterbreitet und ihm Subventionen, Steuervergünstigungen und billige Grundstücke in Aussicht gestellt. Meine Brüder arbeiteten beide an dem Projekt mit.

Inzwischen hatten wir die Fähre in Yaumati erreicht, damals das einzige Transportmittel zwischen Kowloon und Hongkong. Wir stiegen aus und standen während der Überfahrt an der Reling: Vor uns lag leuchtend wie ein Juwel die Insel Hongkong. Gregory und James trugen dunkle Anzüge, weiße Hemden und ziemlich konservative Krawatten. Sie sahen aus, als gingen sie gerade zu einer geschäftlichen Besprechung. Mit einem verächtlichen Blick auf mein altmodisches, etwas zu großes Kleid von Marks and Spencer meinte Gregory: »Wenn du wirklich die Absicht hast, dich hier in Hongkong als Ärztin niederzulassen, mußt du mehr auf deine Kleidung achten. Die Leute hier sind sehr modebewußt. Was du gerade trägst, ist einfach nicht gut genug.«

»Eine Schönheit war ich noch nie«, stammelte ich zu meiner Verteidigung. »Außerdem bin ich gerade erst aus dem Flugzeug gestiegen.«

»Ich finde, sie sieht gut aus«, meinte James mit einem charmanten Lächeln und legte mir den Arm um die Schulter. »Ich kenne niemanden, der nach so vielen Stunden wie aus dem Ei gepellt aus dem Flugzeug steigt.«

»Wie sieht denn ihre neue Wohnung aus?« fragte ich in dem Versuch, der Unterhaltung eine andere Richtung zu geben. 1953, nach Franklins Tod, war Vater überzeugt, daß die Geister des Windes und des Wassers, *feng shui*, dem Haus in der Stubbs Road nicht wohlgesonnen waren. Er erinnerte sich daran, daß 1952 Ye Ye gestorben war, als er ebenfalls in diesem Haus lebte. Sie kündigten den Mietvertrag und suchten sich eine Wohnung auf dem Peak oben auf der Anhöhe.

»Es ist eine hübsche, luxuriöse Wohnung mit zwei Schlafzimmern«, erwiderte Gregory. »Sie wohnen schon seit zehn Jahren dort.«

»In der Plunkett Road 115 auf dem Peak«, sagte ich. »Gibt es denn heute auf dem Peak keine Diskriminierung mehr gegen Chinesen?«

»Im neunzehnten Jahrhundert durften dort keine Chinesen wohnen. Ich glaube, dieses Verbot endete 1904.« Gregory erklärte, daß damals vor allem Bargeld wichtig war und daß Chinesen überall wohnen durften, wenn sie nur genügend Geld besaßen. Im Peak-Bezirk lebten dennoch weit mehr Weiße als Chinesen. Erst kürzlich habe Vater eine neue Wohnung in den Mid-levels gekauft, in den Magnolia Mansions, mit unverbaubarem Blick auf den Hafen. Mit vier Schlafzimmern war diese Wohnung deutlich größer, und Vater hatte davon gesprochen, daß es da auch genügend Platz für mich gäbe.

»Wie freundlich!« rief ich glücklich.

»Freu dich nicht zu früh!« meinte James düster. »Die alte Dame ist dagegen. Sie sagt immer, die Wohnung sei einfach nicht groß genug. Ich denke, der alte Herr muß seinen Wunsch wohl hintanstellen.«

Inzwischen fuhr der Wagen steile gewundene Straßen hinauf zum höchsten Punkt der Insel, der einen phantastischen Blick und frische, smogfreie Luft bot. Durch die Höhe bekam ich Ohrenschmerzen, und durch die Müdigkeit und die vielen Serpentinen machte sich ein leichtes Gefühl von Übelkeit in der Magengegend breit. Während wir in der mit Marmor und Granit ausgelegten Empfangshalle auf den Aufzug warteten, erfüllte mich die gleiche nervöse Unruhe, die mich immer überkam, wenn ich meinen Eltern gegenübertreten mußte. Obwohl ich elf Jahre lang in England gelebt hatte und nun eine anerkannte Fachärztin war, fühlte ich mich in diesem Augenblick wie das Schulkind, das 1952 das Land verlassen hatte.

Die Begrüßung war sehr förmlich, Lächeln und Händeschütteln genügten. Vater hatte sich kaum verändert, doch Niang war dicker und ihre Züge waren härter und gröber geworden. Die Wohnung war elegant, aber äußerst unpersönlich mit antiken chinesischen Holzstühlen, europäischen Sofas mit Sofaschonern und einem Tientsin-Teppich möbliert. Die großen Fenster gaben den Blick auf das herrliche Panorama von Hongkong City und Victoria Harbour frei.

Etwas verkrampft saßen wir an einem Rosenholztisch und aßen Nudeln, die ein Dienstmädchen, das ich nicht kannte, hereinbrachte; aus unerfindlichen Gründen sprachen wir Englisch. Nach meiner Rückkehr aus London sprachen sie nie wieder Chinesisch mit mir: Dadurch wurde mein Gefühl des Ausgeschlossenseins noch verstärkt, als wäre ich eine Angestellte, die ihr Gehalt rechtfertigen mußte. Ich erzählte, daß mir Professor McFadden eine Stelle als Assistentin an seiner Fakultät für Innere Medizin angeboten habe.

»Ich habe darüber nachgedacht«, begann Vater langsam und bedächtig, als habe er die Rede vorher geprobt. »Das ist kein guter Schritt. Du tätest besser daran, Geburtshilfe und Gynäkologie zu wählen. Erinnerst du dich an Dr. Mary Ting, die euch alle auf die Welt gebracht hat? Sie ist wohl die beste Ärztin, die ich kenne. Innere Medizin ist nichts für eine Frau. Männliche Ärzte werden dir bestimmt keine Patienten überweisen.«

Ich hatte völlig vergessen, daß Vater meine Karriere schon vor elf Jahren festgelegt hatte. Mir fehlten die Worte. Es ging um eine wichtige Entscheidung für meine Zukunft, aber für Vater war es eine Entscheidung, die er zu treffen hatte, nicht ich. Er fügte hinzu, daß Daphne Chun, eine Freundin und Professorin der Geburtshilfe und Gynäkologie an der Universität Hongkong, bereit sei, mir eine Stelle als Assistenzärztin anzubieten. Er nannte ein so geringes Gehalt, daß es fast einer Beleidigung gleichkam. Außerdem bekäme ich die Stelle nur, weil ich seine Tochter sei. Professor Chun wäre sehr großzügig.

Es war beschlossene Sache. Vater würde das Gesicht verlieren, wenn ich diese »Gunst« ablehnte. Dennoch versuchte ich einen leisen Protest, indem ich ihn daran erinnerte, daß ich meine Facharztausbildung zur Internistin bereits vor zwei Jahren in London abgeschlossen hatte. Professor McFaddens Angebot verschaffte mir dagegen als junge, kaum sechsundzwanzig Jahre alte Ärztin eine ungewöhnlich hohe Position. Doch Vater hörte meinen Ausführungen überhaupt nicht zu.

»Warum fängst du nicht erst einmal bei Professor Chun an? Wenn dir die Stelle nicht gefällt, kannst du immer noch wechseln. Du wirst es nicht bereuen. Außerdem hast du dich doch gegenüber Professor McFadden nicht verpflichtet, oder? Du bist also dort nicht gebunden. – Mir liegt dein Wohlergehen sehr am Herzen«, fuhr er fort. »Dein Vater würde dich doch nicht schlecht beraten. Du bist noch sehr jung und kommst gerade erst von der Universität. Wenn du dich jetzt falsch entscheidest, wirst du es in zehn Jahren bereuen. Aber dann ist es zu spät.« Er sprach von Lydia und Samuel, die vor dreizehn Jahren gegen seinen Rat unbedingt nach Tientsin zurückkehren wollten. »Und schau dir an, wie schlecht es ihnen jetzt geht. Daran sind sie ganz allein schuld. Sie werden dort für den Rest ihres Lebens verrotten!« Aus seinen Worten sprach eine gewisse Schadenfreude, als sei er froh, daß seine düsteren Prophezeiungen tatsächlich eingetreten waren.

Meine guten Vorsätze schwanden. Ich wollte nur noch Vaters

Wohlwollen erringen, ich wünschte es mir so sehnlich. Ich wollte, daß er mich akzeptierte, mich liebte. Nur einmal im Leben sollte er sagen: »Gut gemacht, Adeline! Wir sind stolz auf dich!«

Offensichtlich war es ihm sehr wichtig, daß ich für seine Freundin arbeitete. Ich würde meinem Vater großes Ansehen verschaffen, wenn ich Professor McFaddens Angebot einer Assistenz mit Unterkunft gegen Dr. Chuns Versprechen für eine Facharztausbildung eintauschte. Ob ich dadurch in seinen Augen Pluspunkte erringen konnte?

Wieder einmal verriet ich meine eigenen Interessen und erfüllte Vaters Wünsche. Als wir schließlich auseinandergingen, dankte ich ihnen für all die Mühe, die sie auf sich genommen hatten.

Am vierten Tag nach meiner Rückkehr forderte mich Niang auf, meine Sachen zu packen. Vater spielte mit einem Geschäftsfreund Golf.

Es war ein herrlicher Sonntagnachmittag, als Ah Mo, der Chauffeur, Niang und mich zu Dr. Chuns Tsan-Yuk-Krankenhaus brachte. Das Gebäude war fast menschenleer. Wir standen zögernd in der Eingangshalle und sprachen mit der sehr beschäftigten Telephonistin, die die Hauszentrale bediente und gleichzeitig als Empfangsdame fungierte. Schließlich wurde ihr klar, daß ich die neue Assistenzärztin von der Londoner Universität war, die Professor Chun eingestellt hatte und die am Montag ihre neue Stelle antreten sollte. Da im Augenblick weder Professor Chun noch ein anderer Arzt Zeit hatte, uns herumzuführen, sollten wir am Montagmorgen wiederkommen.

Doch Niang ließ sich nicht abwimmeln. Sie befahl, den diensthabenden Assistenzarzt zu holen. Als eine junge Ärztin auftauchte, forderte Niang sie auf englisch auf, mir meine Unterkunft zu zeigen. Obwohl ich nun eine erwachsene Frau und ausgebildete Ärztin war, benahm sich Niang, als sei ich überhaupt nicht anwesend. Es gäbe keine Unterbringung für Assistenzärzte, hieß es.

»Wo schlafen *Sie* denn?« fragte sie gebieterisch, während ich mich vor Verlegenheit wand.

»Ich schlafe im Bereitschaftsraum«, erwiderte Dr. Chow, warf mir einen kurzen Blick zu, schaute aber sofort in die andere Richtung, als sie mein Unbehagen bemerkte.

»Wie viele Betten stehen dort und wie viele sind besetzt?« insistierte Niang.

»Von den vier Betten sind heute zwei belegt, eines von mir und eines von der diensthabenden Kinderärztin.«

»Ich verstehe«, meinte Niang, »es stehen also zwei freie Betten in diesem Raum.«

»Ja, aber nur bis morgen, dann beginnt der neue Wochenplan.«

»Das paßt ja wunderbar«, sagte Niang und lächelte liebenswürdig. »Würden Sie uns bitte in den Bereitschaftsraum führen?«

Sie sprach mit größter Autorität und duldete keinen Widerspruch. Als Dr. Chow zögerte, drehte Niang nervös an ihrem Sechskaratdiamantring. Das Sonnenlicht brach sich in diesem herrlichen Schmuckstück und vermittelte den Eindruck von Geld und Macht. Dann fügte Niang hinzu: »Professor Chun ist sehr eng mit uns befreundet.«

Nun war Dr. Chow so eingeschüchtert, daß sie pflichtschuldig vorausging. Niang folgte, dann kam ich und schließlich Ah Mo, der die beiden Koffer mit meinen gesamten Habseligkeiten trug. Wir betraten einen großen, kahlen Raum mit vier Pritschen, eine in jeder Ecke. Es gab keine Kleiderschränke, lediglich ein kleines Nachttischchen mit einem Telephon neben jedem Bett. Die Straßenkleidung der diensthabenden Ärzte hing an Wandhaken neben ihren Pritschen.

Niang ging ans Fenster, Vorhänge gab es nicht, die Scheiben starrten vor Schmutz. Sie blickte direkt auf Victoria Harbour in seiner ganzen Pracht. Die Sonne schien, die Luft war klar, bunte Boote fuhren über das blau schillernde Meer. Sie befahl Ah Mo, meine Koffer neben einem der freien Betten abzustellen, drehte sich zu mir um und sagte lächelnd: »Oh, Adeline. Du hast einen herrlichen Blick von deinem Zimmer aus! Du hast wirklich Glück!« Als ich sie sprachlos vor Bestürzung und Verlegenheit anstarrte, fügte sie hinzu: »Vater und ich haben nächste Woche leider keine Zeit. Aber vielleicht können wir Sonntag zusammen zu Abend essen. Ruf mich doch am Donnerstag an, dann besprechen wir alles weitere, ja?« Damit wandte sie sich an Ah Mo: »Fahr mich jetzt zu Mrs. Nin«, befahl sie, »ich komme sonst zu spät zum Tee.«

Ah Mo eilte ihr nach. Dr. Chow murmelte, sie habe noch einen Patienten zu besuchen, und verließ ebenfalls den Raum.

Ich blieb allein zurück, stand am Fenster und prüfte lange den »herrlichen Blick«. Das bekannte Gefühl der Einsamkeit und des Ausgestoßenseins stieg in mir auf. Warum war ich nur nach Hause zurückgekehrt?

Anfang der sechziger Jahre befand sich Hongkong, diese außergewöhnliche Stadt, auf dem Weg in eine glänzende Zukunft und hatte Schanghai als Tor zum Westen den Rang abgelaufen. Alles war im Fluß, das Leben ging nur noch um Reisepässe und Geld, Menschen kamen und gingen.

Nur ein Prozent der Bevölkerung war nichtchinesisch. Die meisten Chinesen kamen aus der Nachbarprovinz Guangdong und ihrer Hauptstadt Kanton. Nach 1949 strömten die Flüchtlinge aus Schanghai und anderen Teilen Chinas in die aufblühende Stadt. Mit der Zeit wurde es jedoch immer gefährlicher, die kurze Strekke vom Festland zur Insel auf dem Wasserweg zu überwinden: Die britische Armee zog einen fast vierzig Kilometer langen Stacheldrahtzaun entlang der chinesischen Grenze und ließ ihn durch Gurkhas, nepalesische Söldner, und Hunde bewachen, um illegale Einwanderer von der bereits überfüllten Kronkolonie fernzuhalten. Wer es dennoch schaffte, war fest entschlossen, sich und seinen Kindern ein besseres Leben zu ermöglichen.

Ich lernte Einheimische kennen, die für wenig Geld vierzehn bis sechzehn Stunden am Tag arbeiteten: Taxifahrer, Friseure, Kellnerinnen, Krankenschwestern, Telephonistinnen. Verglichen mit London war hier alles billiger, bis auf die Wohnungen; in dieser Zeit entstand Hongkongs Ruf als Mekka des Einkaufs und der Sonderangebote. Die Ecksteine der Wirtschaft waren Initiative und geschäftlicher Spürsinn. Das unterdrückte China betrachtete Hongkong als »schöne neue Welt«.

Es gab endlose Geschichten über Menschen mit Durchschnittseinkommen, zum Teil sogar Analphabeten, die es durch Fleiß und Sparsamkeit zu einer eigenen kleinen Wohnung gebracht hatten und sogar ihre Kinder zum Studium ins Ausland schicken konnten. Dienstmädchen und Chauffeure legten ihre Ersparnisse in Immobilien an und spekulierten an der berühmt-berüchtigten Aktienbörse.

Meine Arbeit im Tsan Yuk war zwar körperlich sehr anstrengend, bot aber ansonsten keinerlei geistige Herausforderung. Solange ich in diesem Krankenhaus tätig war, wurde keinerlei medizinische Forschung betrieben. Die Benachteiligung der Frauen war auffallend, denn bei vergleichbarer Tätigkeit und gleicher Anzahl Nachtdienste verdienten männliche Ärzte fünfundzwanzig Prozent mehr als ihre weiblichen Kollegen.

Beliebt war ich nicht, die Kollegen waren verärgert, daß ich mich im Bereitschaftsraum für den Nachtdienst häuslich eingerichtet hatte. Schließlich wurde mir ein eigenes Zimmer im Krankenhaus zugewiesen, für das ich eine horrende Miete zahlen mußte. Die Krankenhausverwaltung gratulierte mir auch noch zu dem großen Glück, dieses Zimmer bekommen zu haben. Professor Chun hatte durchblicken lassen, daß meine Familie enorm reich und ich selbst ebenfalls wohlhabend sei.

Wo konnte ich an meinen freien Abenden und Wochenenden schon hingehen? Meistens aß ich im Krankenhaus und gab mein mageres Gehalt für Miete, Essen und Bücher aus oder kaufte in dem sinnlosen Bemühen, mir ihre Zuneigung zu erwerben, teure Geschenke für meine Eltern, wie silberne Dosen und Kaschmirpullover.

Meine Kollegen nahmen mir übel, daß ich nicht aus Kanton stammte und meinen Abschluß in London und nicht in Hongkong erworben hatte. Meine beiden zusätzlichen Staatsexamen in Innerer Medizin galten auf der Entbindungsstation und in der Gynäkologie nichts. Mein Englisch klang angeblich unchinesisch, anders, unverständlich und verwirrend. Schon nach kurzer Zeit erhielt ich den Spitznamen Loy Lu Foh, Importware.

Als ich mich schließlich an Professor McFadden wandte, bot

er mir erneut die Position einer Assistentin an der Fakultät für Innere Medizin an, mit freier Unterkunft. Ich hätte sein Angebot liebend gern angenommen, wollte jedoch meinem Vater nicht in den Rücken fallen. Später erfuhr ich, daß zwischen den einzelnen medizinischen Fakultäten eine ausgeprägte Rivalität bestand und ich eine winzige Feder an Professor Chuns Kopfschmuck darstellte, weil ich ihr Angebot einer Weiterbildung als Assistenzärztin Professor McFaddens Assistentenstelle vorgezogen hatte, und das, obwohl ich bereits meine Zulassung als Ärztin durch die Ärztekammern in London und Edinburgh besaß. Es gab jedoch noch einen weiteren Grund, das Angebot nicht anzunehmen: Ich wußte zu diesem Zeitpunkt schon, daß ich Hongkong verlassen und mich anderswo niederlassen wollte. Die Position bei Professor McFadden wäre eine Dauerstellung gewesen. Er war äußerst großzügig und hielt die Stelle über ein Jahr für mich frei.

Jeden Sonntagabend hatten wir uns zum Abendessen in Vaters neuer Wohnung in den Mid-levels einzufinden. Diese Essen waren eine ausgesprochene Zerreißprobe, jeder mußte ständig auf der Hut sein. Niang schien alles zu wissen, besonders von Dingen, die sie nicht erfahren sollte: von Gregorys ständig überzogenem Bankkonto, den unzähligen Strafzetteln für falsches Parken in nahezu jeder Straße von Kowloon und Hongkong – nach Vaters Einschätzung »einer Eintragung ins Guinness-Buch der Rekorde wert«, von James' Whiskykonsum und meiner Suche nach einer größeren Wohnung für meine beiden Brüder und mich, um eine Art Familienleben herzustellen, und Susans Briefwechsel mit einem amerikanischen Freund.

Mit der Zeit hatte ich ihre Ratschläge, die sie mir bei diesen sonntäglichen Abendessen angedeihen ließen, gründlich satt. Ich hörte schweigend zu, wie ein Fisch im Aquarium, *fu zhong you yu* 釜中游魚, und schäumte innerlich vor Zorn und Enttäuschung.

Immer wieder machten meine Eltern die in Hongkong lebenden Kanton-Chinesen schlecht und verurteilten sie wegen ihres Geizes, ihres eklatanten Materialismus und ihrer angeblich himmelschreienden Gewöhnlichkeit. Dabei waren ihre Vorurteile und ihre eigene Geldgier kaum zu übersehen. Auch Juden, Inder und Japaner entgingen nicht ihrer Kritik, ganz zu schweigen von ihren nigerianischen Geschäftspartnern, die Niang als verachtenswerte Untermenschen betrachtete.

Nach 1963 strömte eine ganz neue Generation zweisprachiger junger Chinesen auf den Hongkonger Arbeitsmarkt. Zu diesem Zeitpunkt hatten einige der Reichen in Hongkong unvorstellbare Vermögen angehäuft. Ihre Söhne und Töchter kehrten von den besten Universitäten aus England und Amerika nach Hause zurück, trugen selbst im Hochsommer makellose, in London und Paris geschneiderte Maßanzüge und Kleider und sprachen akzentfrei Englisch; gelegentlich brachten die Söhne ausländische »Teufelinnen«, *fan gui mei*, mit nach Hause. Die besten und auserlesensten Clubs nahmen nun auch chinesische Mitglieder auf. Diskriminierung bezog sich nicht mehr auf die Rasse des einzelnen, sondern auf seinen Kontostand. In diesem neuen Hongkong lebten zahlreiche kantonesische Millionäre, die viel vermögender waren als Vater und Niang. Da meine Eltern jedoch von ihrer angeborenen Erhabenheit überzeugt waren, fiel es ihnen schwer, diese Tatsache überhaupt zur Kenntnis zu nehmen. Sie wehrten sich dagegen, indem sie alle Kantonesen mit dem Argument abtaten, sie seien ungehobelte Tölpel und beneideten jeden, der in dieser neuen Gesellschaft schneller vorankam als sie. Mit köstlicher Ironie bedauerte Niang hin und wieder Mischehen, deren Nachkommen »weder Fisch noch Fleisch« wären.

16. KAPITEL

Ein Pferd, ein Speer

Pi Ma Dan Qiang

匹馬單鎗

Ich war schon seit sieben Monaten als Assistenzärztin tätig, als ein fünfundzwanzigjähriger chinesisch-amerikanischer Medizinstudent auftauchte. Martin Ching war Austauschstudent von der medizinischen Fakultät der New Yorker Universität, der den ganzen Juli in unserem Krankenhaus verbringen sollte. Er war der einzige Sohn einfacher Arbeiter, die in den dreißiger Jahren aus Guangdong nach Amerika ausgewandert waren. Sein Vater, der in einer Großwäscherei arbeitete, und seine Mutter, eine Kellnerin, setzten ihre ganze Hoffnung auf ihren einzigen Sohn – sie sparten jeden Cent, damit Martin Medizin studieren konnte. Als er aufs College kam, kauften sie ein Haus in Queens, damit er nicht im Ghetto von Chinatown leben mußte. Sie selbst wohnten weiterhin über ihrem Geschäft, während Martin Zimmer an andere Studenten vermietete, um so die Hypothek abzuzahlen. Er war ein braver Sohn, fleißig und verantwortungsbewußt.

Einige Male saßen Martin und ich nach dem Dienst zusammen und plauderten. Wir wußten beide nicht so recht, was wir mit uns anfangen sollten, konnten aber auch nicht einfach fortgehen. Er sprach kaum Kantonesisch, und Ärzte und Schwestern fanden es zu mühsam, ihm jedes Wort ins Englische zu übersetzen. Außerdem war er ja »nur« Medizinstudent.

»Ich habe noch nie so viel Diskriminierung erlebt wie in Hongkong«, meinte er. »Die Leute sind sehr zurückhaltend und vorsichtig und verachten mich, weil ich chinesisch aussehe, die Sprache aber nicht beherrsche. Sie halten mich für dumm.«

Im Sommer 1964 war das Wetter unglaublich schlecht, und der Regen wollte gar nicht mehr aufhören. Eines Tages warnten alle Wetterämter vor einem Taifun: Die Mitarbeiter, die nicht gerade Notdienst hatten, wurden gebeten, zu Hause zu bleiben. Die meisten Kliniken wurden geschlossen. Martin und ich blieben im Krankenhaus – wo sollten wir sonst hingehen!

Draußen goß es in Strömen, ein heftiger Wind wirbelte das blaue Meer zu wütenden weißschäumenden Wellen auf. Die Fähren stellten ihre Hafenüberfahrten zwischen Hongkong und Kowloon bis auf weiteres ein, und die Straßen waren plötzlich menschenleer. Wir saßen im Tsan-Yuk-Krankenhaus fest, um uns tobten Blitz und Donner, sintflutartige Regenfälle und Windstöße des Taifuns. Die Fensterscheiben wurden durch hölzerne Fensterläden gesichert, für die Scheiben auf der windabgewandten Seite mußten lange Klebebandstreifen, die quer über die Glasscheibe gezogen wurden, genügen. Hongkong befand sich im Ausnahmezustand.

Martin und ich saßen am unteren Ende eines langen Konferenztisches in der Bibliothek und beobachteten das Toben des Sturms. Die Gewalt der Wassermassen machte aus den Mauern des Krankenhauses eine tröstliche und sichere Enklave. »Du vergeudest deine Zeit und deine Fähigkeiten hier«, behauptete Martin. »Diese Arbeit machst du doch mit links, und doch mußt du deine Stunden ableisten und nachts Dienst tun. Warum gehst du nicht zu Professor McFadden und nimmst die Stelle an?«

»Zu Lo Mac kann ich nicht gehen!« erwiderte ich. »Ich muß raus aus Hongkong.«

»Dann geh doch zurück nach London! Mit zwei abgeschlossenen Ausbildungen zum Facharzt bekommst du dort leicht eine entsprechende Position.«

»Nein, London kommt nicht in Frage. Dorthin gehe ich nicht mehr.« Ich dachte an Karl und fühlte ein schmerzliches Stechen. *Das* wollte ich nicht noch einmal erleben! »Außerdem bringt mich das nicht weiter. Als Frau und Chinesin hätte ich dort schlechte Karten. Auch in England gibt es Rassen- und Frauendiskriminierung.«

»Ist das etwa neu?« Es war eine eher rhetorische Frage. »Rassismus und Sexismus gibt es überall, selbst in Amerika.«

»Wie ist es eigentlich, in Amerika aufzuwachsen?«

»Du meinst, wie es ist, mit einem asiatischen Gesicht in einem weißen Amerika aufzuwachsen?«

Er erzählte mir von seiner Schulzeit in Chinatown, New York, als er sich nur mit weißen Amerikanern identifizieren konnte. Er haßte die chinesische Schule, denn er wollte so sein wie seine weißen Schulkameraden. Allmählich begriff er, daß er sich zwar als Amerikaner fühlte, für seine weißen Altersgenossen aber immer ein Fremder, ein Chinese bleiben würde. Er war zwischen zwei Welten gefangen und kam zu der Überzeugung, daß Vorurteile dem Menschen angeboren und in jeder Gesellschaft zu finden sind, auch in seiner eigenen Familie. Seine Eltern waren bestürzt, als er einige Zeit mit einem Mädchen von den Westindischen Inseln ausging, und bezeichneten sie als eine fremde Soyasaucenteufelin, *se yu gui mei*. Schließlich kam er zu dem Schluß, daß Amerika, verglichen mit anderen Ländern, wohl das toleranteste und aufgeklärteste Land sei, und er war froh, in den Vereinigten Staaten auf die Welt gekommen zu sein.

Bevor er sich für das Medizinstudium entschied, hatte Martin an der Columbia University als Hauptfach Geschichte belegt. Er unterteilte die Auswanderungswelle der Chinesen in drei Abschnitte: Vor dem Opiumkrieg waren es vor allem Handwerker und Kaufleute, die aus den südlichen Küstenprovinzen in die Nachbarländer Thailand, Vietnam, Malaya und auf die Philippinen zogen. Dann, in den siebzig Jahren nach dem Opiumkrieg, ergossen sich vor allem ungebildete, mittellose Bauern über ganz Amerika, die sich ein besseres Leben erhofften, bis der Zustrom schließlich durch restriktive Einwanderungsgesetze eingedämmt wurde. Nach dem Zweiten Weltkrieg ließen chinesische Geschäftsleute aus Taiwan und Hongkong ihre Kinder auf ausländischen Universitäten studieren, vor allem in Amerika. Diese neue Welle der »intellektuellen Auswanderung« wurde durch die jüngste Immigrationsreform in Amerika geradezu gefördert. Häufig kehrten diese Studenten nicht mehr zurück, sondern blieben im Lande.

»Ich habe zur Zeit zwei Burschen aus Taiwan, die bei mir Zimmer gemietet haben«, fuhr Martin fort. »Keiner der beiden hat die Absicht zurückzukehren. Der eine ist Pathologe, der andere Ingenieur. Wenn es dir in Hongkong nicht gefällt, warum kommst du nicht nach Amerika? Ein abgeschlossenes Medizinstudium der Londoner Universität wird in New York sehr geschätzt. Dabei fällt mir ein, daß auch einige der Professoren unserer Fakultät in England Medizin studiert haben.«

Plötzlich eröffnete sich eine ganze neue Zukunftsperspektive. Amerika, Wunderbares Land, *Mei Guo* 美國! Ich stand am Fenster und blickte auf die Verwüstungen, die der Taifun anrichtete, und doch erwartete ich fast einen Regenbogen am Horizont. »Danke für deine Großzügigkeit. Du hast mich wirklich sehr beruhigt, mehr als du ahnst. Deine Worte haben mir wieder Mut gemacht, schließlich ist alles möglich!«

»Hör zu, ich fahre nächste Woche zurück nach New York. Ich helfe dir gern, eine Stelle zu finden. Schau mich nicht so ängstlich an. Du hast bestimmt keine Schwierigkeiten.«

Martin verließ das Krankenhaus Ende Juli. Mein Vertrag mit Professor Chun lief drei Monate später aus. Da ich Hongkong unbedingt verlassen wollte, bewarb ich mich bei sämtlichen Kliniken, die mir Martin nannte. In den meisten Antworten hieß es, daß ich die neue Stelle zum ersten Juli des folgenden Jahres antreten könne; nur das Presbyterian Hospital in Philadelphia war bereit, mich sofort als Assistenzärztin auf der Entbindungsstation zu nehmen. Später erfuhr ich, daß sie über meine Bewerbung sehr froh waren, denn es war ihnen in diesem Jahr nicht gelungen, alle internen Stellen zu besetzen; dadurch geriet ihr gesamtes Ausbildungsprogramm in Gefahr. Damals herrschte in Amerika ein Mangel an gut ausgebildeten Ärzten.

Ich nahm die Stellung sofort an. Neben Kost und Logis erhielt ich ein Gehalt von vierhundertfünfzig US-Dollar pro Monat. Blieb nur noch die Frage, wie ich das Flugticket von Hongkong nach Philadelphia bezahlen sollte. Ob ich Vater und Niang wohl um ein Darlehen bitten konnte?

Beim gemeinsamen sonntäglichen Abendessen nahm ich all

meinen Mut zusammen und eröffnete ihnen, daß ich beschlossen hatte, nach Amerika auszuwandern. Diese Ankündigung wurde mit Schweigen quittiert. Vater wußte, daß es mir am Tsan-Yuk-Krankenhaus nicht gefiel; er wußte auch, daß Professor McFaddens Angebot, mich an die Fakultät für Innere Medizin zu holen, noch galt. Meine Pläne für Amerika waren ihm und Niang allerdings völlig neu.

Ich erwähnte meine geringen Geldmittel und dachte laut darüber nach, ob ich für das Ticket bei einer Bank ein Darlehen bekommen würde. Niang meinte: »Nun, Adeline, das wirst du erst wissen, wenn du darum ersuchst, nicht wahr? Und wenn die Bank ablehnt, dann hast du eben Pech gehabt.« Aus dieser Antwort war eindeutig zu entnehmen, daß ich nicht mit ihrer Unterstützung rechnen konnte.

Ich kehrte bald nach dem Essen ins Krankenhaus zurück, denn am nächsten Tag hatte ich einen frühen Operationstermin. Gegen Mitternacht rief Gregory an. »Sie haben über dich gesprochen, nachdem du gegangen warst.«

Ich hielt den Atem an. »Was haben sie gesagt?«

»Sie sagten, sie hätten wirklich alles getan, um dir in Hongkong zu helfen. Da das aber nicht genug sei, seist du künftig auf dich allein gestellt. Es ist ihnen gleichgültig, wohin du gehst. Ob London, New York, Tokio oder Philadelphia, für sie ist es völlig unwichtig. Und glaube nur nicht, du würdest ein Gratisticket von ihnen bekommen.«

Wir schwiegen eine Weile. »Na ja, vielen Dank, Gregory«, sagte ich schließlich. »Mir wird schon etwas einfallen.«

Nach Gregorys Anruf konnte ich nicht mehr einschlafen. Ich weinte und fand, daß es gemein war, mir das Flugticket nach Philadelphia nicht zu gönnen, obwohl es für sie doch nur eine Kleinigkeit gewesen wäre. Nicht das geringste Bedauern über mein Fortgehen hatten sie erkennen lassen oder ein paar freundliche Worte wie »Du wirst uns fehlen« oder »Du mußt uns oft schreiben, ja?« geäußert. Meine bevorstehende Abreise ließ sie völlig gleichgültig, abgesehen von der möglichen Geldausgabe für ein Flugticket.

Ich stand auf, zog meine OP-Kleidung an und ging in die Krankenhausbibliothek. Kein Mensch weit und breit. »Es hat keinen Sinn, sich selbst zu bemitleiden, und durch Heulen kommst du auch nicht an ein Ticket«, sagte ich mir.

Ich setzte mich hin und schrieb einen langen Brief an die Sekretärin der Medizinischen Ausbildungsabteilung am Presbyterian Hospital in Philadelphia.

Dieser völlig Fremden erzählte ich meine traurige Geschichte. Ich war eine unverheiratete Chinesin; mein ganzes Leben lang hatte ich davon geträumt, in Hongkong eine Praxis zu eröffnen, um meinem Vater nahe zu sein. Doch als ich nach elf Jahren endlich nach Hause zurückkehrte, war die Enttäuschung groß. Also beschloß ich, nach Amerika zu emigrieren und eine Stellung am Presbyterian Hospital anzunehmen.

Dann erzählte ich ihr, daß ich kein Geld für das Flugticket hatte und anfragen wollte, ob ich den Betrag nicht leihen und von meinem künftigen Gehalt zurückzahlen könnte. »Ich weiß nicht, woher Sie kommen oder aus welcher Kultur Sie stammen«, schrieb ich, »aber vielleicht hat auch Ihnen einmal jemand eine helfende Hand gereicht, um Ihren amerikanischen Traum zu verwirklichen. Ich bitte Sie nun in aller Bescheidenheit, das gleiche heute für mich zu tun.«

Das Presbyterian Hospital kam mir zu Hilfe. Nach zwei Wochen war die Antwort da. Offensichtlich war meine Anfrage nicht ungewöhnlich, denn es gab am Krankenhaus die Möglichkeit, ausländischen Ärzten, die die spezielle Prüfung für ausländische Mediziner bestanden hatten, die Reisekosten vorzuschießen. Der Preis des Flugtickets plus Zinsen würde in monatlichen Raten vom Gehalt abgezogen werden; als Anlage erhielt ich ein ausgefülltes Formular, das ich nur noch zu unterzeichnen brauchte.

Außerdem lag dem Schreiben eine handschriftliche Notiz der Sekretärin der Abteilung bei. »Ich war sehr berührt von Ihrem Brief. Ich möchte Sie wissen lassen, daß unser Heim jederzeit für Sie da ist, wenn Sie in Philadelphia Hilfe benötigen.« So stellte sich mir eine fremde Amerikanerin vor. Sie war freundlicher als meine eigenen Eltern.

Bald darauf verließ ich Hongkong. Gregory und James brachten mich zum Flughafen, Niang begab sich lieber zu ihrer Bridgerunde. Während Gregory das Auto abstellte, schob mir James unauffällig einen zerknüllten Zwanzigdollarschein in die Handtasche. Diese Geste rührte mich zu Tränen, denn ich wußte, daß er sich ein solches Geschenk kaum leisten konnte. Eine halbe Stunde vor meiner Abreise kam Vater vorbei, um sich zu verabschieden. Wir standen alle am Flugsteig und schüttelten uns die Hände, als es Zeit war, an Bord zu gehen. Ich wollte Vater noch sagen, daß ich mir wirklich alle Mühe gegeben hatte, seinen Ansprüchen zu genügen, fand jedoch nicht die richtigen Worte. Nach einer qualvollen Pause meinte Vater schließlich: »Nun bist du ganz auf dich allein gestellt, ein Pferd, ein Speer, *pi ma dan qiang* 匹馬單鎗. Wir werden ja sehen, wie weit du es bringst.«

17. KAPITEL

Heirate ein Hühnchen, folge einem Hühnchen

Jia Ji Sui Ji

嫁鷄隨鷄

Martin holte mich am Flughafen ab. Um Geld zu sparen, hatte ich das billigste Ticket genommen, und die Reise dauerte fast achtundvierzig Stunden. Im Flugzeug konnte ich vor lauter Nervosität nicht schlafen und sehnte mich doch nach nichts anderem. Martin brachte mich von La Guardia nach Queens; es herrschte starker Verkehr. Während er freudig davon sprach, daß ich seine Freunde kennenlernen und abends mit ihnen zum Bowling und Tanzen gehen würde, fielen mir die Augen zu. Schon bald war ich fest eingeschlafen.

Als wir vor seinem dreistöckigen Haus in einem ruhigen Vorstadtviertel hielten, mußte er mich wachrütteln. Im schwach erleuchteten Wohnzimmer bemerkte ich schlaftrunken, daß die Kunststoffsofas und Plastikbeistelltischchen ordentlich und sauber waren. Aus der angrenzenden Küche fiel Licht; jemand klapperte mit Töpfen und Pfannen.

Martin trug meine beiden Koffer ins Haus und strich mir über die Haare. »Willkommen in Amerika, Schlafmütze!« rief er fröhlich. »Hier hause ich. Wie gefällt es dir?«

Hinter uns hüstelte jemand. Ich drehte mich um und sah einen großen, schlanken jungen Mann mit Bürstenhaarschnitt; trotz der Müdigkeit bemerkte ich, daß er ausgesprochen gut aussah. Mit ausgestreckter Hand kam er auf mich zu. »Hallo, ich bin Byron Bai-lun Soon. Ich wohne hier bei Martin im Haus.« Er hatte einen starken nordchinesischen Akzent.

Martin legte seinen Arm besitzergreifend um meine Schulter, als er mich vorstellte. Instinktiv drehte ich mich zur Seite und setzte mich müde auf die Couch.

»Jetzt, wo du endlich hier bist, könnten wir zusammen ein Bier trinken, bevor ich dich zum Abendessen ausführe«, meinte Martin.

»Ich nicht«, erwiderte Byron, »und chinesische Mädchen trinken kein Bier. Was sie jetzt braucht, ist eine Tasse heißes Wasser und dann eine große Schüssel Nudeln mit viel gepfefferter Fleischsauce. Das bringe ich ihr sofort.«

»Heißes Wasser!« rief Martin und rümpfte die Nase. »Sie ist doch keine alte Dame aus Chinatown wie meine Mutter! Was sie braucht, ist ein eiskaltes Bier. Sie will keine Nudeln. Ich habe doch gerade gesagt, daß wir zum Essen ausgehen.«

Bald hatte ich eine Tasse heißes Wasser und ein kaltes Bier vor mir und trank mal das eine, mal das andere.

Martin führte mich in ein japanisches Restaurant, obwohl mir Byrons Nudeln und ein weiches Kopfkissen viel besser gefallen hätten; höflichkeitshalber aß ich ein paar Tempurashrimps. Während Martin voller Begeisterung von New York erzählte, bewegte ich mich bereits wie ein Schlafwandler. Schließlich verstand er den Fingerzeig, wir fuhren wieder zurück, und er zeigte mir mein Zimmer. Wie ein Zombie versprach ich, um neun Uhr fertig zu sein und ihn auf seiner großen Samstagsvisite an der medizinischen Fakultät zu begleiten.

Am nächsten Morgen überhörte ich den Wecker und Martins lautes Hämmern an der Tür. Helles Sonnenlicht fiel durch die Vorhänge, als ich um ein Uhr aus dem Schlaf fuhr. Ich wußte sofort, daß ich Martin versetzt hatte. Rasch zog ich mich an und stolperte die Treppe hinunter. Im Wohnzimmer saß Byron ganz allein und las in einem Lehrbuch für Maschinenbau.

»Ich habe mich schon gewundert, wo du bleibst«, sagte er lächelnd. Er trug ein frisches weißes Hemd und einen blauen Pullover. Im Tageslicht sah er noch blendender aus. Jetzt, da wir allein waren, sprach er fließend Mandarin mit mir, in seiner Muttersprache fühlte er sich offenbar wohler. Mit unschuldigem Blick reichte er mir einen Zettel, den mir Martin auf dem Couchtisch hinterlassen hatte. In leicht vorwurfsvollem Ton schrieb Martin: »Habe versucht, Dich zu wecken, ohne Erfolg. Habe mir fast die Hand gebrochen, zwecklos – Du mußt wirklich halb tot gewesen sein. Ich bin gegen halb sechs Uhr wieder zu Hause. Bis dann. Wir könnten heute abend zum Bowling gehen.«

»Ich bin froh, daß du verschlafen hast«, erklärte Byron. »Da habe ich dich wenigstens ein paar Stunden für mich allein. Wollen wir zu Mittag essen? Es ist schon alles fertig.« Wir saßen am Küchentisch und aßen Nudeln mit viel scharfer Fleischsauce, die Byron gekocht hatte. Er wurde 1938 in der Provinz Hunan geboren, wo sein Vater General in der Guomindang-Armee war. Nach der Machtübernahme der Kommunisten hatten sich seine Eltern getrennt: Seine Mutter blieb mit seiner jüngeren Schwester in China, sein Vater setzte sich mit Byron und Arnold, seinem älteren Bruder, nach Hongkong ab. Die beiden Jungen gingen in Hongkong zur Schule und studierten dann an der Taiwan University; nach dem Diplom setzten beide ihre Studien in Amerika fort. Arnold heiratete seine Freundin aus Collegezeiten und schrieb seine Doktorarbeit in Mathematik an der Universität von Pennsylvania. Byron suchte sich einen Nebenjob in einer Konstruktionsfirma und lernte gerade für sein Diplom am Brooklyn Polytechnic Institute. Er besaß bereits eine Green Card und wollte sich in Amerika einbürgern lassen. Vor neun Monaten hatte er sich bei Martin ein Zimmer gemietet.

»Ich habe die ganze Nacht an dich gedacht«, gestand Byron. »Als ich Martins Zettel las, beschloß ich, meinen Unterricht zu schwänzen. Heute ist mein Glückstag! Mein Tag in der Sonne mit dir. Allein!« In seinen Augen glänzten Tränen. Er nahm meine Hand. »Ich hatte noch nie so ein Gefühl. Habe ich überhaupt eine Chance?«

Ich war verblüfft, zwinkerte mit den Augen, aber er war immer noch da, der gutaussehende Held aller Kung-Fu-Romane, der mir seine Verehrung gestand. Ich zog meine Hand nicht zurück und schaute ihn fasziniert an. Schließlich stand er auf. Sanft strich er mir übers Haar und sagte: »Das ist der glücklichste Tag meines Lebens. Ich prophezeie dir, daß du noch vor Ende des Jahres meine Frau wirst.«

Abends fand ich auf meinem Kopfkissen einen Zettel von Byron, eine kurze, aber wunderbar in chinesisch formulierte Nachricht mit Zitaten aus den Tang-Gedichten. Ich hatte ihm erzählt, daß sie mir sehr gefielen. Ich schrieb auf die Rückseite des Umschlags, wann ich aus dem Haus gehen würde, und schob den Zettel, seiner Bitte entsprechend, unter seiner Tür durch.

Am nächsten Morgen fuhren wir zu dritt mit dem Taxi zur Pennsylvania Station. Martin und Byron wetteiferten offen um meine Gunst; Martin wirkte zunehmend verärgert, doch mir schmeichelte diese zugegebenermaßen etwas ungewöhnliche Situation. Trotzdem war ich erleichtert, als mein Zug nach Philadelphia schließlich abfuhr.

Keine sechs Wochen nach meiner Ankunft in Amerika und, wie von ihm vorhergesagt, vor Ablauf des Jahres 1964 heiratete ich Byron im Rathaus von New York. Martin forderte Byron auf, unverzüglich auszuziehen, da seine Eltern ihm nicht gestatteten, Zimmer an verheiratete Paare zu vermieten. Seitdem haben wir Martin nie wieder gesprochen oder gesehen. In einer besinnlichen Stunde kurz nach der Hochzeitsfeier rechnete ich nach, daß ich keine zehn Stunden allein mit Byron verbracht hatte.

Ich informierte Vater und Niang durch ein Telegramm von meiner Heirat. Einen Monat später erhielt ich ein Glückwunschschreiben mit einem Scheck über sechshundert Dollar als Hochzeitsgeschenk. Die meisten vermittelten Ehen in China hätten genauso angefangen. Ist nicht jede Ehe ein Glücksspiel und das Zusammenleben mit einem anderen ein täglicher Kompromiß?

Mein Vertrag mit dem Presbyterian Hospital lief noch sieben Monate, bis Juni 1965. Um Byron wenigstens an den Wochenenden besuchen zu können, stürzte ich mich noch tiefer in Schulden und kaufte einen gebrauchten Volkswagen.

Zwei Wochen nach der Hochzeit fand ich beim Wäschewaschen in seiner Hosentasche ein Schreiben der Chase Manhattan Bank, in dem ihm mitgeteilt wurde, daß sein Konto überzogen und deshalb gesperrt worden war.

Als ich in dem Konstruktionsbüro anrief, in dem er angeblich arbeitete, erfuhr ich, daß er nur gelegentlich als Teilzeitmitarbeiter ins Büro kam. Später rief jemand mit einem starken Kanton-Akzent bei uns zu Hause an. Aus der Nachricht des Anrufers konnte ich entnehmen, daß Byron hauptsächlich als Kellner in einem chinesischen Restaurant arbeitete.

Ziemlich beunruhigt beschloß ich, ihn darauf anzusprechen. Am Abend gingen wir ins Kino, um uns *My Fair Lady* anzusehen. Vor Beginn des Films sagte ich ihm, wie sehr es mich verletzte, daß er mir nicht die Wahrheit gesagt hatte.

»Was gibt es da zu bereden«, schnauzte er mich an. »Habe ich dich nicht geheiratet? Was willst du denn noch?«

»Ich möchte dich verstehen, so wie ich mir wünsche, daß du dich bemühst, mich zu verstehen.«

»Ich möchte jetzt nicht darüber reden. Ich will den Film sehen und mich amüsieren.«

»Können wir nach dem Film darüber reden?«

»Nein! Wenn ich nein sage, dann meine ich auch nein, kapiert? Und keine weitere Diskussion!«

»Wir leben doch nicht in einer Diktatur. Sind wir Mann und Frau oder Herr und Sklave? Wieso können wir nicht in Ruhe und vernünftig über die Dinge reden?«

»Heirate ein Hühnchen, folge einem Hühnchen; heirate einen Hund, folge einem Hund – *jia ji sui ji, jia gou sui gou* 嫁鷄隨鷄、嫁狗隨狗.«

»So ein Unsinn!« rief ich und fügte sarkastisch hinzu: »Bist du durch intensive Lektüre der großen chinesischen Literatur zu dieser Ansicht gelangt? Reduziert sich deine Leidenschaft für Tang-Gedichte auf diesen Krümel tiefer Weisheit?«

Im dämmrigen Licht des Kinos konnte ich seine zunehmende Wut spüren. Wortlos stand er auf und ging.

Allerdings ließ er in der Eile seinen Wintermantel und die Handschuhe auf dem Sitz liegen. Besorgt stellte ich mir vor, wie er nur im Pullover und einer dünnen Hose durch die eisigen Straßen von New York wanderte. Ich machte mir Vorwürfe wegen der bissigen Bemerkung und war enttäuscht, daß sich der Lesestoff meines Gatten offensichtlich auf Zeitungen und technische Bücher beschränkte, während er mit seiner angeblichen Leidenschaft für Tang-Gedichte lediglich bei dem Mädchen, das er liebte, Eindruck schinden wollte.

Der Film lief immer weiter. Ich wagte nicht zu gehen, denn ich fürchtete, er könnte zurückkommen und mich nicht vorfinden. Als der Film schließlich zu Ende war, ging ich mit den anderen Zuschauern hinaus und hoffte, daß er im Vorraum auf mich wartete. Er war jedoch nicht da. Auf den unbekannten Straßen gab es überall Schneeverwehungen. Ich winkte ein Taxi heran und fuhr zurück zu seiner Wohnung, zu der ich keinen Schlüssel besaß. Es war schon nach elf Uhr, und Byron war immer noch nicht zu Hause. Wie eine Obdachlose kauerte ich mich in den Eingang und hatte Angst, daß mich ein Betrunkener entdecken und im Dunkeln über mich herfallen könnte.

»Heirate ein Hühnchen, folge einem Hühnchen; heirate einen Hund, folge einem Hund.« Vielleicht sollte ich ihn dadurch bei Laune halten, daß ich die unterwürfige chinesische Ehefrau spielte; die Alternative war das Ende der Beziehung und die Scheidung. Diese Möglichkeit schob ich beiseite. Ein Scheitern hätte ich Vater und Niang gegenüber nie zugeben können. Also entschloß ich mich, meine Ehe zu retten, koste es, was es wolle.

Gegen zwei Uhr morgens kam Byron schließlich mürrisch und finster nach Hause. Er war in das chinesische Restaurant gegangen, in dem er sonst bediente, hatte sich ein großes Menü bestellt und dann bis zur Sperrstunde ausgeholfen. Ohne ein Wort ging er gleich ins Badezimmer, während ich in der Küche noch Nudeln kochte. Als sie fertig waren, verteilte ich sie auf zwei Schalen und rief ihn zum Essen. Aber er schlief schon fest und entspannt wie ein Engel. Da aß ich beide Schalen selbst auf.

Am nächsten Morgen benahm sich Byron, als wäre nichts gewesen. Unbeschwert zeigte er mir einen Brief von seinem Einwanderungsanwalt, der ihm mitteilte, daß er »höchstwahrscheinlich« eine Green Card bekommen würde, und vergaß dabei völlig, daß er mir bei unserer ersten Begegnung erzählt hatte, er besäße bereits eine Aufenthaltsgenehmigung. Ich biß mir auf die Zunge und sagte nichts. Wir saßen da, tranken Kaffee, aßen Krapfen und lasen die Sonntagsausgabe der *New York Times*. Er suchte nach einer Dauerstellung als Ingenieur in einem großen Unternehmen im sogenannten Sonnengürtel. Auf der Rückseite der Zeitung stießen wir auf eine ganzseitige Anzeige: »An alle Ingenieure. Kommen Sie ins herrliche Südkalifornien, wo jeden Tag die Sonne scheint! Arbeiten Sie für Douglas Aircraft in Long Beach! Wir warten auf Sie.«

Vor meinem geistigen Auge tauchte sofort jenes wunderbare Photo von Clark Gable auf, das eine meiner Mitschülerinnen in Schanghai vor vielen Jahren aus Hollywood erhalten hatte. Wie sehr wir sie damals beneidet hatten! Wegen einer Anzeige in der *New York Times* und einem Bild von Clark Gable landeten wir dann schließlich in Südkalifornien.

Douglas Aircraft stellte ihn für achthundert Dollar monatlich ein. Wenn ich in Kalifornien als Ärztin praktizieren wollte, mußte ich eine zusätzliche Prüfung ablegen und an einem anerkannten kalifornischen Krankenhaus eine Assistenz absolvieren. Also trat ich am 1. Juli 1965 am St. Mary's Hospital in Long Beach zum dritten Mal eine Stelle als Assistenzärztin an.

Die Bezahlung belief sich lediglich auf dreihundert Dollar, allerdings wurde mir gestattet, in einem Bungalow neben dem Krankenhaus zu wohnen. Trotz Byrons gutem Aussehen und seinem gepflegten Äußeren empfand ich ihm gegenüber nur noch tiefe Gleichgültigkeit. Gefühlsmäßig blieb er mir fremd; wenn er mich berührte, erstarrte ich zu Stein.

Gleichzeitig fühlte ich mich schuldig, weil ich für seine Aufmerksamkeiten so wenig empfänglich war. Ich hatte ihn aus sehr praktischen Gründen geheiratet: Gesellschaft, Kinder, Geborgenheit und soziale Integration. In meiner Naivität hatte ich geglaubt, daß daraus Liebe werden könnte, wenn ich mir nur genug Mühe gäbe. Das war ein Irrtum.

Byron und ich blieben auf Distanz. So stellte er sich die Ehe vor: Gespräche über Gefühle machten ihn nervös und unsicher. Oft zitierte er das chinesische Sprichwort, Mann und Frau sollten einander achten wie ehrenwerte Gäste, *fu qi xiang jing ru bin*

夫妻相敬如賓. Damit meinte er, daß ich mich jeder Kritik, jeder abschätzigen Bemerkung und jeder vertraulichen Annäherung zu enthalten hatte. Ich vermied alle Streitfragen und bemühte mich, fröhlich und gut gelaunt zu sein. Es gab keine Gespräche und auch keine Intimitäten.

Der Fernseher war sein ständiger Gesellschafter: Sobald er nach Hause kam, schaltete er das Gerät ein, saß stundenlang davor und wechselte zwanghaft alle paar Minuten auf einen anderen Kanal. Widerstrebend riß er sich los, wenn ich ihn zum Essen rief, und kehrte eiligst zurück, während ich abspülte. Die Mahlzeiten nahmen wir schweigend ein, Byron las die *Los Angeles Times* und ich meine Bücher. Nachts lagen wir nebeneinander wie zwei Fremde, die gezwungen sind, sich ein Bett zu teilen.

Im Oktober 1965 wurde ich dennoch schwanger. Byron schien die Vorstellung, Vater zu werden, zu gefallen; für mich beschränkten sich damit meine Karrieremöglichkeiten auf die Position einer Anästhesistin in einem Krankenhaus. Diese Tätigkeit wurde beschrieben als stundenlange Langeweile unterbrochen durch kurze Momente akuter Panik. Die Verantwortung war enorm, es gehörte zur täglichen Routine, Patienten in der Narkose zwischen Leben und Tod zu halten; das Gehalt dagegen war äußerst gering. Ich bewarb mich und erhielt die Stelle einer Assistenzärztin am Orange County General Hospital, das zur kalifornischen Universität in Irvine gehörte.

Das Baby sollte Anfang Juni zur Welt kommen. Byron und ich legten unsere Einkünfte zusammen, zahlten unsere Kredite zurück und zogen aus dem Bungalow in ein anderes Haus in Fountain Valley, für das wir eine entsprechende Anzahlung zu leisten hatten.

Wir waren beide überglücklich über den Kauf des Hauses, es entsprach unserem Wunsch, in Amerika Fuß zu fassen. An dem Abend, als wir den Kaufvertrag unterzeichneten, kochte ich ein ganz besonderes Menü. Beim Essen unterhielten wir uns entspannt über den jeweiligen Stand unserer Visa. Byron hatte seine Green Card bekommen und war damit zum dauerhaften Aufenthalt berechtigt, ich selbst hingegen war noch immer als »Austauschstudentin« im Lande.

»Geh doch auch zu einem Immigrationsanwalt und laß deinen Status so bald wie möglich ändern«, riet mir Byron. »Hättest du damit gleich angefangen, als wir uns kennenlernten, könntest du jetzt auch schon eine Green Card haben.«

»Als wir uns kennenlernten, warst du selbst noch mit einem Studentenvisum hier«, erwiderte ich gedankenlos.

Er blickte mich finster an. »Hältst du mich für einen Lügner? Wenn ich dich nicht geheiratet hätte, kämst du nie in den Besitz einer Green Card.«

»Eins nach dem anderen. Du weißt ganz genau, daß du noch keine Green Card hattest, als wir uns in Martin Chings Haus kennenlernten.«

Plötzlich wurde er zornig. Er stand auf und schrie: »Wenn du dich heimlich nach Martin sehnst, kannst du ruhig zu ihm nach New York zurückgehen.«

Zu meiner Erleichterung läutete in diesem Augenblick das Telephon. Die Aufnahme des Krankenhauses konnte den diensthabenden Assistenzarzt nicht ausfindig machen. Ob ich sofort kommen könne, um zwei Patienten zu behandeln, die nach einem Autounfall gerade eingeliefert worden waren? »Ich werde bei einem Notfall im Krankenhaus gebraucht«, murmelte ich und verließ eiligst das Haus.

Vier Stunden später kam ich völlig erschöpft zurück. Mein dikker Bauch hing wie ein Sack voller Steine unter meiner einstmaligen Taille. Meine Knöchel waren so geschwollen, daß ich kaum aus den Schuhen kam. Ich machte Licht und stand vor einem unglaublichen Chaos. In seiner Wut hatte Byron sämtliche Schubladen aus den Schränken gerissen und ihren Inhalt im ganzen Wohnzimmer verteilt. Überall lagen Hemden, Kleider, Küchengeräte, Bücher, Toilettenartikel und Lebensmittel. Schmutziges Geschirr türmte sich auf dem Küchentisch und in der Spüle. Byron war nicht zu finden.

Nachdem ich die Küche aufgeräumt hatte, machte ich mir eine Tasse Tee. Dann kam das Wohnzimmer an die Reihe. Völlig mechanisch räumte ich alles wieder an seinen alten Platz. »Ein totales Desaster läßt sich mit kleinen Erfolgen leichter ertragen. Es könnte schlimmer sein. Wenigstens hat er die Bude nicht niedergebrannt«, sagte ich mir.

Gegen sechs Uhr morgens, als die Aufräumarbeiten etwa zur Hälfte erledigt waren, drehte sich ein Schlüssel im Schloß und Byron kam herein. Ich kniete gerade auf dem Boden. Diese unterwürfige Haltung muß ihn wohl berührt haben, denn er störte mich nicht. Er ging direkt ins Schlafzimmer, packte eine kleine Reisetasche und lief ohne ein Wort wieder hinaus.

Fünf Tage blieb er weg – ich dachte, dies sei das Ende meiner Ehe. In zwei Wochen sollte das Kind auf die Welt kommen. Ich flüchtete mich in die tägliche Routine meiner Arbeit, schuf mir die Illusion von Ordnung und Normalität und fand Trost darin, daß mich meine Patienten brauchten, während meine eigene Welt einstürzte.

Dann kam er plötzlich zurück. Als ich eines Abends gegen sechs Uhr aus dem Krankenhaus nach Hause kam, saß er vor dem Fernsehgerät und schaltete von einem Kanal auf den anderen, als sei nichts gewesen. Ich kochte das Abendessen, und wir aßen schweigend, während er die *Los Angeles Times* durchblätterte.

Am 8. Juni 1966 um sieben Uhr begannen die Wehen. Byron half mir fürsorglich. Gemeinsam gingen wir zum Krankenhaus hinüber, er nahm sich einen Tag frei und saß im Kreißsaal an meinem Bett. Unser Sohn Roger kam noch am selben Abend auf die Welt, wunderschön und gesund.

Meine ganze Liebe und Zärtlichkeit richtete sich von nun an auf unser hübsches Baby. Ich eilte von der Arbeit nach Hause, um ihn zu baden und zu füttern. Ich empfand es als unfaßbares Glück, ihm all die Liebe geben zu können, die ich als Kind so sehr vermißt hatte.

Obwohl unsere Ehe nur auf dem Papier bestand, erweckten wir doch nach außen den Anschein einer netten und ordentlichen chinesisch-amerikanischen Familie.

18. KAPITEL

Wenn du Melonen säst, wirst du Melonen ernten

Zhong Gua De Gua

種瓜得瓜

South Coast Plaza, ein hypermodernes, regionales Einkaufszentrum, hatte gerade in Costa Mesa, etwa zwanzig Kilometer entfernt, seine Pforten geöffnet. Byron und ich waren schon neugierig und machten uns frühmorgens am Neujahrstag 1967 auf den Weg, um für Byron einen neuen Anzug zu kaufen. In China ist es Tradition, am ersten Januar neue Kleidung zu tragen, als Symbol für den Neuanfang. Für den Abend hatte Byron vier seiner Freunde von der Universität mit ihren Ehefrauen zum Essen eingeladen.

Es war ein herrlicher Morgen, die Sonne schien, ein leichter Wind ging, und die Luft war klar und smogfrei. Auf dem Weg nach Süden über den neu ausgebauten San Diego Freeway konnten wir die schneebedeckten Berge vor dem wolkenlosen Himmel sehen. Die Luft roch sauber und frisch. Aus dem Radio kam eine fröhliche kleine Melodie; wir waren beide bester Laune. Byron hielt auf dem riesigen Parkplatz, sperrte das Auto ab und gab mir die Schlüssel, die ich in der Handtasche verstaute. Er sah in seinem dicken Wollpullover über dem Hemd wirklich gut aus. Wir gingen in die Herrenabteilung von Sears Roebuck. Während er sich einen Anzug aussuchte, schlenderte ich in die Kinderabteilung, um ein Spielzeug zu kaufen. Als ich zurückkam, sah ich, wie ein Verkäufer Byron gerade in ein Jackett half.

»Vielleicht ziehen Sie den dicken Pullover lieber aus, bevor Sie diese Jacketts anprobieren«, meinte der Verkäufer gerade. »Sie haben jetzt schon vier probiert. Auch dieses hier wird Ihnen nicht passen, es ist nicht Ihre Größe. Die Ärmel sind zu lang, weil das Kleidungsstück einfach zu groß ist.«

Byron starrte in den Spiegel und krempelte die langen Ärmel auf. Ohne auf den Verkäufer zu achten, drehte er sich zu mir um und fragte: »Wie gefällt dir die Farbe? Was meinst du?«

Der Verkäufer wandte sich nun an mich. »Sehen Sie, gnädige Frau, hier, sogar der Kragen hängt schief. Das ist Größe 56, er braucht aber nur 52, höchstens 54.«

Ohne nachzudenken, sagte ich zu Byron: »Ich denke, er hat nicht ganz unrecht. Warum ziehst du den Pullover nicht aus und versuchst Größe 54?«

Er starrte mich an, zog wortlos das Jackett aus, drehte sich auf dem Absatz um und ging hinaus.

Ich stand da und blickte ihm dümmlich hinterher. Dann setzte ich mich ins Auto und wartete zwei Stunden. Ich rief Frau Hsu, Rogers Kinderfrau, an, doch dort war Byron auch nicht aufgetaucht. Es war schon fast dreizehn Uhr, als ich nach Hause fuhr.

Frau Hsu half mir, das Haus zu schmücken und einige der Gerichte vorzubereiten. Inzwischen war es drei Uhr nachmittags, und es gab immer noch kein Zeichen von Byron. Ich machte mir allmählich Sorgen, denn ich wußte kaum die Namen seiner taiwanesischen Freunde, ganz zu schweigen von ihren Ehefrauen. Was sollte ich denn tun, wenn sie vor der Tür standen, bevor Byron zurückkam? Schließlich hielt ich es nicht mehr länger aus. Ich rief seine Gäste nacheinander an, teilte ihnen mit, daß Byron eine Lebensmittelvergiftung habe, und sagte das Abendessen ab.

Ich muß wohl im Wohnzimmer eingenickt sein, als ich endlich Byrons Schlüssel in der Eingangstür hörte. Er war dreieinhalb Stunden zu Fuß vom Einkaufszentrum nach Hause gegangen.

»Wo sind meine Gäste?« fragte er mit einem Seitenblick auf die Lebensmittel, die wir schon zubereitet und auf dem Küchentisch bereitgestellt hatten. Ich sah auf die Uhr.

»Ich habe ja nicht gewußt, wann du zurückkommst«, sagte ich verschlafen und rieb mir die Augen. »Ich habe die Einladung abgesagt.«

»Wer hat dir das erlaubt? Es sind meine Gäste! Es war mein Fest!« schrie er wütend.

Aus Angst, ihn zu provozieren, schwieg ich, stand auf und ging ins Bad.

Plötzlich hörte ich das laute Krachen einer Zimmertür, die zu heftig aufgestoßen wurde, das Zerbrechen von Möbeln und das entsetzte Schreien meines Babys. Ich raste ins Kinderzimmer und sah Byron über dem brüllenden, sechs Monate alten Säugling in seiner zusammengestürzten Wiege stehen. Mörderische Wut packte mich. Ich nahm meinen weinenden Sohn auf, ging in unser Schlafzimmer und schloß die Tür hinter mir ab.

Als nächstes hörte ich ein ohrenbetäubendes Krachen aus der Küche. Dann schlug die Vordertür zu und Byron war weg. Mein Kleiner wollte gar nicht aufhören zu weinen. Ich untersuchte ihn sorgfältig, stellte aber erleichtert fest, daß er nicht verletzt war. In der Küche traf ich auf die verschreckte Frau Hsu, die sich entsetzt die Scherben unseres Geschirrs und das überall verstreute Essen ansah. Byron hatte einfach den Tisch mit dem Geschirr und den vorbereiteten Gerichten angehoben und alles auf den Boden fallen lassen.

Frau Hsu war eine gebildete, siebzigjährige Witwe, die ursprünglich aus Peking stammte. Ich hatte die alte Dame liebgewonnen und war zutiefst beschämt, daß sie diese häßliche Szene hatte miterleben müssen.

Schweigend räumten wir auf und säuberten die Küche. Dann aßen wir die Neujahrsnudeln, die langes Leben versprachen.

»In China gibt es viele Männer, die so sind wie Ihr Mann«, sagte Frau Hsu. »Früher mißhandelten Männer ihre Frauen regelmäßig. Jetzt macht er das gleiche mit Ihnen. Je mehr Sie sich damit abfinden, desto heftiger und gewalttätiger wird er. Wenn man nichts zu essen hat, muß man die bittere Pille schlucken. Aber in Ihrem Fall ist es anders, Sie haben einen Beruf.«

Byron blieb eine Woche lang fort. Bei seiner Rückkehr legte er nach dem Abendessen als Friedensangebot seinen Gehaltsscheck auf den Tisch. Ich war gerührt, konnte aber meinen Unwillen nicht abschütteln.

Da ich mich nicht auf eine Auseinandersetzung einlassen wollte, schrieb ich ihm einen Zettel: »Bitte schlaf vorerst oben im Gästezimmer. Ich lasse Deinen Scheck auf dem Tisch. Ich kann es gut verstehen, wenn Du Dein Geld lieber für Dich behalten möchtest.«

Als Byron klar wurde, daß ich mich diesmal nicht um eine Versöhnung bemühen würde, wurde er noch aggressiver. Ich schäme mich, es zu sagen, aber sein Frust äußerte sich immer öfter in körperlicher Gewalt gegen mich oder mein Kind. Ich litt unter Schuldgefühlen und der Erniedrigung, wenn ich wegen eines blauen Auges oder der blauen Flecken im Gesicht meine Kollegen belügen mußte, denn ich wollte nicht über meine persönlichen Probleme sprechen. Ich ertrug seine Schläge, weil ich die Schande einer Scheidung und den damit verbundenen Ehrverlust meiner ganzen Familie nicht ertragen konnte.

Ich arbeitete mehr denn je und übernahm die Nachtdienste, sooft ich konnte. Unser gesellschaftliches Leben schlief ein. Am Wochenende ging er mit früheren Studienkollegen von der Taiwan University und Arbeitskollegen essen, während ich mit meinem Sohn und Frau Hsu Vergnügungsparks und chinesische Restaurants besuchte. Als Frau Hsu wegen ihres Alters kündigte, fand ich mit viel Glück eine neue Kinderfrau für Roger, eine weiße, etwa fünfzigjährige Witwe. 1968 begann Ginger Morris ihre Tätigkeit bei mir und blieb elf Jahre.

Meine Assistenzzeit im Krankenhaus lief im Juni 1968 aus. Inzwischen hatte ich jedoch eine Green Card und konnte mir einen der vielen Jobs im medizinischen Bereich aussuchen. Ich übernahm freiwillig zusätzliche Nacht- und Wochenenddienste, machte Praxisvertretungen und baute mir auf diese Weise schon nach kurzer Zeit eine gutgehende eigene Praxis auf. Allein mein Juli-Einkommen war höher als mein Jahresgehalt im Krankenhaus. Byron und ich führten inzwischen jeder sein eigenes Leben, hatten jedoch weiterhin ein gemeinsames Konto, auf dem sich allmählich ein erheblicher Betrag ansammelte.

Gegen Ende 1968 beschloß Byron, ein chinesisches Restaurant in Costa Mesa zu kaufen. Eines Abends kam er schon früh nach

Hause und legte mir verschiedene Dokumente zur Unterschrift vor. Er war äußerst charmant und liebenswürdig. »Wahrscheinlich weißt du das nicht, aber ich habe wie ein Sklave in verschiedenen chinesischen Restaurants in New York gearbeitet. Jetzt, da ich mir selbst ein Restaurant leisten kann, möchte ich es so führen, wie es sich gehört.« Ich zuckte die Schultern und unterschrieb.

Kaum war sein Restaurant eröffnet, fiel mir auf, daß unser gemeinsames Konto zur Stützung des neugegründeten Unternehmens rasch abnahm. Er stellte einen jungen Mann, Lee Ming, als Geschäftsführer ein. Jeden Tag fuhr er nach der Arbeit direkt zu seinem Restaurant, nahm dort seine Mahlzeiten ein und kam erst nach elf Uhr abends nach Hause. Am Wochenende war er immer besonders beschäftigt und blieb von zehn Uhr morgens bis Mitternacht außer Haus.

Auch ich hatte immer mehr zu tun. Damals hatten private Arztpraxen in Amerika den größten Zulauf: Die Krankenkassengesetzgebung war gerade erweitert worden. Und trotz des allgemeinen, etwas verständnislosen Kopfschüttelns meiner Kollegen erwies sich meine Initiative als äußerst erfolgreich. Fünfzehn Jahre lang zahlte die Regierung reichlich und gern für die Behandlung älterer Menschen außerhalb der öffentlichen Krankenhäuser.

Dagegen erwies es sich als weit schwieriger, ein Restaurant zu führen. Es dauerte nicht lange, bis es zwischen Byron und seinem Personal zu ersten Auseinandersetzungen kam. Eines Abends, an einem Freitag, gingen im Restaurant die Eier aus; Byron holte in aller Eile auf dem Markt zehn Kartons. In seiner Abwesenheit war Lee Ming verantwortlich. Als eine größere Anzahl Kunden hereinkam, konnte er den meisten sofort einen Tisch zuweisen und bat die anderen, sich einen Augenblick zu gedulden. Byron kehrte zurück und sah, daß alle Tische besetzt waren und mehrere Paare im Vorraum warteten. Er ging von Tisch zu Tisch und drängte die Gäste, die noch beim Kaffee oder Nachtisch saßen, sich zu beeilen. Wortlos setzte er sich über Lees lautstarken Protest hinweg, holte aus dem Vorratsraum ein paar zusätzliche Tische und Stühle und ließ die wartenden Gäste Platz nehmen. Es kam zu einem gewaltigen Streit. Lee wußte, daß der Betrieb ohne ihn zusammenbrechen würde; deshalb bot er Byron an, ihm das Restaurant abzukaufen. Die meisten Mitarbeiter hatte Lee von seiner vorherigen Arbeitsstelle mitgebracht; sie standen geschlossen hinter ihm und nahmen aktiv an der Sabotageaktion teil, die Lee gegen Byron inszenierte: Der Koch meldete sich zu kritischen Zeiten, wenn das Restaurant voll war, krank; manche Gerichte waren plötzlich völlig versalzen oder viel zu scharf und damit fast ungenießbar. Bestimmte Tische wurden nicht mehr bedient oder abgeräumt, Geschirr blieb schmutzig in der Spüle stehen.

Im Juni 1969 hinterließ mir Byron eines Tages einen Zettel auf meinem Kopfkissen. Er wollte das Restaurant an einen Mann verkaufen, den er auf einer Party am Abend zuvor kennengelernt hatte. Nun wollte er wissen, was ich davon hielt. Ich schrieb »Ja« auf seinen Zettel und legte ihn auf sein Bett im ersten Stock. Ein wenig traurig dachte ich darüber nach, daß sich unsere Verständigung auf solche Notizen, die eiligst auf die Rückseite von Briefumschlägen gekritzelt wurden, reduzierte. Zu meiner Verwunderung war Byrons Käufer ernsthaft interessiert, und wenig später kam das Geschäft gegen Barzahlung des Kaufpreises tatsächlich zustande; Byron meinte, wir hätten das investierte Kapital durch die steuerlichen Abschreibungen fast in voller Höhe zurückbekommen. Lee und sein Team erklärten sich bereit zu bleiben. Später erfuhr ich, daß sich das Restaurant gut entwickelte und einige Jahre später zu einem sehr viel höheren Preis weiterverkauft wurde.

Unser gemeinsames Konto wies nun zwanzigtausend Dollar auf. Zum ersten Mal besaß ich mehr Geld, als ich auf Anhieb ausgeben konnte. An einem sonnigen Augustnachmittag fuhr ich, nachdem ich sieben Narkosen eingeleitet und überwacht hatte, zu einem Autohändler und kaufte einen nagelneuen weißen Mercedes, den ich auf uns beide registrieren ließ.

Zu Hause legte ich die Papiere, die Byron noch unterschreiben mußte, auf sein Bett. Er unterzeichnete kommentarlos, leistete aber von diesem Zeitpunkt an von seinem Gehalt keinen Beitrag mehr zu unseren Haushaltsausgaben.

Ende 1969 trat er ohne Vorankündigung eine Stelle in Hongkong an und hinterließ lediglich einen Abschiedsbrief auf meinem Kopfkissen, in dem er erklärte, er käme in einem Jahr wieder zurück. Ich las die Nachricht mit Erleichterung, denn von nun an konnte ich mich ganz meinem Sohn und meiner Arbeit widmen.

Am chinesischen Neujahrstag, einem typischen Familienfest, besuchte Byron zusammen mit seinem Vater meine Eltern in Hongkong, doch es war eine alles andere als erfreuliche Begegnung. Sie brachten einen großen Korb Obst mit und trafen fünfzehn Minuten zu früh ein. Niang erklärte, »zu früh zu kommen sei genauso unhöflich, wie zu spät zu kommen, denn in beiden Fällen bereiten die Gäste den Gastgebern Ungelegenheiten«. Niang bestand darauf, nur Englisch zu sprechen, und kritisierte später »den geringen Wortschatz und die grauenhafte Aussprache« der Gäste. Als meine Eltern den Obstkorb aus dem farbig schillernden Transparentpapier auspackten, stellten sie fest, daß viele Früchte schon faulten, woraus Niang schloß, daß der Korb längst das Verfallsdatum überschritten hatte und deshalb wohl ziemlich billig gewesen war.

Nach knapp sieben Monaten kehrte Byron aus Hongkong zurück. Er bekam seine frühere Stelle bei Douglas Aircraft wieder, und wir nahmen unser getrenntes Leben unter einem gemeinsamen Dach erneut auf.

Im Oktober 1970 unternahmen Vater und Niang eine Weltreise und beschlossen, uns zu besuchen. Die vergangenen sechs Jahre über hatte ich ihnen die Wahrheit über meine triste Ehe verschwiegen. In meinen Briefen sprach ich nur von wichtigen Ereignissen, Erfolgen und Ergebnissen und berichtete ausführlich über das kalifornische Wetter. Byron, Roger und ich holten sie vom Flughafen ab. Niang wollte unbedingt im Hotel *Universal City*, etwa achtzig Kilometer südlich unserer kleinen Stadt gelegen, wohnen, das ihrem reichen amerikanischen Freund, Jules Stein, gehörte. Sie kamen mit sechs Koffern; auf der langen Fahrt vom Flughafen zum Hotel bemühte ich mich verzweifelt, ein Gespräch in Gang zu bringen. Niang trug ihr übliches Parfum, das ich schon seit meiner Kindheit kannte. Ich wußte, daß Byron das komplizierte Labyrinth der Schnellstraßen in dieser Gegend nicht gut kannte. Ich versuchte, im schwachen Dämmerlicht des Autos die Straßenkarte zu entziffern, und hatte schreckliche Angst, versehentlich die falsche Richtung anzugeben und einen seiner typischen Wutanfälle auszulösen. Als wir schließlich das Hotel erreichten, stürzte ich in die nächste Toilette und übergab mich.

Zwei Tage später nahm ich mir frei und holte sie ab, denn sie wollten das Wochenende bei uns verbringen. Niang und Vater stritten sich in der Hotelhalle. Er hatte den Empfangschef angewiesen, ihre Sachen zu packen und während ihrer Abwesenheit aufzubewahren. Offenbar hatte er Niang nicht vorher gefragt.

Sie widerrief seine Anordnungen. »Das ist völlig unnötig. Unsere Kleidung muß in einem Schrank hängen und soll nicht im Koffer zerknittern. Laß sie hängen, wo sie ist! Wir bezahlen das Zimmer, solange wir weg sind.«

Vater erwiderte nichts: Es bestand kein Zweifel darüber, wer in dieser Ehe das Sagen hatte. Während der Fahrt sprach niemand ein Wort, und Vater schlief ein. Ich sah ihn im Rückspiegel. Er wirkte eingefallen und niedergeschlagen, seine gebeugten Schultern, der auf die Brust gesunkene Kopf und die gefalteten Hände erinnerten mich an eine andere Zeit in einer anderen Welt. Plötzlich wurde mir klar, daß Vater Ye Ye in seinen letzten Jahren immer ähnlicher wurde.

Ich zeigte ihnen das Krankenhaus, stellte sie meinen Kollegen vor, und wir besichtigten einen Wohnblock, in dem ich eine Wohnung erwerben wollte. Es war meine erste Immobilienanlage, und zu meiner Freude wollte Vater sich daran beteiligen. Niang war gar nicht erfreut darüber und ließ mich keine Minute mehr mit Vater allein.

Ich überließ ihnen mein Schlafzimmer und schlief auf der Couch im Wohnzimmer, während Byron im ersten Stock blieb. Sie müssen wohl trotzdem gemerkt haben, daß unsere Ehe nicht gut lief. Byron zeigte sich jedoch von seiner besten Seite: Er organisierte zu ihren Ehren ein großes Abendessen bei Delaney's, einem eleganten Restaurant, und stellte meinen Eltern seine Arbeitskollegen vor, wobei er völlig vergaß, daß ich seine Mitarbeiter auch nicht kannte.

Vater, Niang und ich fuhren ohne Byron zurück zu ihrem Hotel. Einerseits hätte ich ihnen gern mein Herz über meine katastrophale Ehe ausgeschüttet, andererseits wollte ich auch die Fassade einer Tochter aufrechterhalten, die in allen Bereichen ihres Lebens – wie Karriere, Haushalt, Gesundheit und Geld – erfolgreich war, ein nettes Söhnchen und einen gutaussehenden Ehemann hatte. Diese Unaufrichtigkeit war mir zutiefst zuwider.

Wir plauderten eine ganze Weile über dies und jenes, als Vater ganz unerwartet fragte: »Sag, Adeline, wer hat gestern abend das Essen bei Delaney's bezahlt?«

Seine einfache, ohne jeden Zusammenhang gestellte Frage traf mich völlig überraschend. Hatte Byron unser gemeinsames Konto belastet oder sein eigenes? Ich hatte keine Ahnung.

Vater saß da und wartete auf eine Antwort. Etwas zögernd sagte ich: »Das weiß ich wirklich nicht«, und fügte mit einem gezwungenen Lachen hinzu: »Ist das so wichtig?«

»Manchmal ist es klug, sich um Geldfragen zu kümmern«, erklärte er belehrend. »Deine Karriere fängt gerade erst an. Du bist jung und gesund. Die ganze Welt steht dir offen. Wenn du geschickt bist, wirst du es sicher zu Wohlstand bringen. Aber das wird nicht immer so sein. Eines Tages bist du alt und schwach. Sieh zu, daß du auf diesen Tag gut vorbereitet bist. Du mußt es so einrichten, daß du allein über dein eigenes Geld bestimmst. Traue niemandem. Menschen ändern sich, und auch ihre Gefühle sind nicht beständig.«

Niang nickte zustimmend. Plötzlich fragte Niang: »Ist dein Gatte gesund? Ich meine, hat er vielleicht einen kleinen Dachschaden?«

Ich staunte, denn ich hatte mir diese Frage über Byrons Zurechnungsfähigkeit auch schon gestellt. Da ich jedoch nicht zuviel sagen wollte, antwortete ich mit einer Gegenfrage: »Sind wir nicht alle ein bißchen verrückt? Er denkt wahrscheinlich, ich sei die Verhaltensgestörte in unserer Familie.«

»Du hast uns doch vor zwei Tagen die Wohneinheit gezeigt,

die du eventuell kaufen möchtest«, sagte Vater. »Welcher Name soll denn als rechtmäßiger Eigentümer eingetragen werden?«

»Ich habe beide Namen als Käufer angegeben, Vater«, erwiderte ich wahrheitsgemäß. »So wird das hier in Amerika gemacht. Als wir unser Haus gekauft haben, wurde es auch auf beide Namen eingetragen.«

»Das ist sehr unklug und führt nur zu Schwierigkeiten«, mahnte Vater. »Wenn du Melonen säst, wirst du Melonen ernten, *zhong gua de gua* 種瓜得瓜. Als Byron in Hongkong war, erzählten er und sein Vater, sie hätten in Kowloon eine Immobilie gekauft. Steht dein Name auch in diesem Kaufvertrag?«

Ich war verunsichert und schockiert. »Das glaube ich nicht, Vater. Byron hat mich nie gebeten, irgendwelche Papiere zu unterzeichnen.« Das Gespräch kam einer Diskussion über den Zustand meiner Ehe gefährlich nahe.

»Warum also steht sein Name im Kaufvertrag deiner Wohnung, wenn er nicht einen Pfennig zu ihrem Erwerb beigetragen hat? Sei doch nicht so naiv, Adeline! Glaube nur nicht, du stündest über diesen Geldangelegenheiten, denn das kannst du nicht. Geh zu einem guten Anwalt und schließe den Kauf in deinem Namen und nur in deinem Namen ab. Hörst du?«

Ich hatte einen Kloß im Hals, und meine Augen füllten sich mit Tränen. Sie hatten meine Unaufrichtigkeit mühelos durchschaut. Vaters unerbittliche Anweisungen drückten eigentlich nur seine Besorgnis und seine Liebe aus. Er versuchte, seine Tochter zu beschützen. Ich nickte und schluckte.

Als wir zum Hotel kamen, fügte Niang noch hinzu: »Irgend etwas stimmt mit deinem Gatten nicht. Denk immer daran, was auch passiert, deine Eltern bleiben immer deine Eltern. Hör auf deinen Vater und befolge seinen Rat.« Dies waren die freundlichsten Worte, die ich je von ihr zu hören bekam.

Auf der langen Rückfahrt dachte ich über ihre Ratschläge nach. Obwohl sie mit keinem Wort davon gesprochen hatten, gaben sie mir doch indirekt zu verstehen, daß ich mich scheiden lassen sollte. Ich beschloß, etwas zu unternehmen, und ging sofort zu einem Anwalt. Sie hatten mir ja die Erlaubnis dazu gegeben.

Wenige Tage später wartete ich auf Byron, in der Hand ein von einem Scheidungsanwalt aufgesetztes Dokument. Nach dem Abendessen brachte ich Roger zu Bett, ging ins Wohnzimmer und setzte mich neben Byron auf die Couch. Gemeinsam sahen wir uns einen Boxkampf an. Schließlich faßte ich Mut, überreichte ihm das Schriftstück, erklärte ihm den Inhalt und bat ihn zu unterschreiben.

Mürrisch blickte Byron auf das Papier und starrte dann wieder auf den Boxkampf im Fernsehen. Ich hielt den Atem an. Dann fragte er mich endlich, warum ich die Scheidung wolle und ob es da einen anderen Mann gäbe. Seine traurige Stimme rührte mich, ich begann zu weinen. »Nein, es gibt keinen anderen. Ich glaube, es ist das beste für uns.« Zum ersten Mal sah ich Schmerz in seinen Augen. Um ihn zu lindern, fügte ich hinzu: »Es tut mir wirklich leid. Wir beide haben hoch gespielt, und wir haben verloren.«

Ein paar Wochen später unterschrieb Byron die Papiere. Dann sperrte er sich oben in seinem Zimmer ein und kam nur noch zu den Mahlzeiten herunter, die er jedoch allein einnahm. Jetzt, da ich fest entschlossen war, störte mich sein Verhalten nicht mehr, und ich hoffte nur noch auf eine freundschaftliche Trennung. Zu Weihnachten kaufte ich ihm eine goldene Uhr, verpackte sie in hübsches Papier und legte sie auf sein Kopfkissen. Am nächsten Tag bat mich Ginger, mit ihr hinters Haus zu kommen: Mein schön verpacktes Geschenk lag ungeöffnet und unberührt in der Mülltonne.

Am nächsten Tag wurde Byron von seiner Firma nach Oceanside versetzt. Mein Anwalt schickte ihm die Scheidungspapiere, bevor er 1971 wieder für einige Zeit nach Hongkong ging. Byron bot einen Vergleich an: Er würde das Verfahren akzeptieren und den Scheidungsantrag nicht anfechten, wenn ich ihm den halben Anteil an unserem Haus in Fountain Valley überschrieb und auf jeglichen Anspruch auf Unterhalt oder Kindergeld verzichtete. Ich akzeptierte seinen Vorschlag, ohne zu zögern, und zog in ein anderes Haus. Nach der Scheidung schrieb Byron seinem Sohn kein einziges Mal und sah ihn nie wieder.

19. KAPITEL

Herzen zerfallen zu Asche

Xin Ru Si Hui

心如死灰

1965, als der Vietnamkrieg seinen Höhepunkt erreichte, verlegte Vater seine Emailgeschirrfabrik von Hongkong nach Port Harcourt in Nigeria; dafür bekam er großzügige Subventionen von der nigerianischen Regierung. Er machte seinen Geschäftsführer, Herrn Fong, zum Teilhaber. Es war eine ziemlich große Aktion: Unter anderem mußten zahlreiche Maschinenteile und Hunderte chinesischer Facharbeiter auf die Reise geschickt werden. In Port Harcourt wurden neben den neuen Fabrikgebäuden und Büroräumen eigens Wohnblocks für die Hongkong-Chinesen gebaut.

Im selben Jahr heiratete Gregory ein chinesisches Mädchen, Matilda, deren Eltern mit der großen Schanghaier Auswanderungswelle 1949 nach Süden gezogen waren. Sie waren höchst erfreut, daß ihre Tochter in unsere Familie einheiratete. Damals zählte Vater zum Geldadel Hongkongs, und Gregory, sein ältester Sohn, war offensichtlich sein Erbe.

Vater machte Gregory zum Manager der nigerianischen Fabrik. Kurz nach ihrer Hochzeit zog das junge Paar in einen Bungalow neben der Fabrik in Port Harcourt. Ohne ihre Familie und Freunde, aus ihrer sozialen und kulturellen Umgebung herausgerissen und ohne einen vernünftigen Gemüseladen, erlebten Gregory und Matilda eine harte und einsame Zeit in Afrika. James blieb weiterhin für Vater in Hongkong tätig.

Im Oktober desselben Jahres beantragte die Star Ferry Company eine Anhebung der Tarife für die knapp sieben Minuten lange Fahrt durch den Victoria Harbour mit der Fähre, damals das einzige Transportmittel zwischen Hongkong und Kowloon. Obwohl der Preis sehr bescheiden und seit 1946 nicht gestiegen war, löste die Erhöhung Sitzstreiks, Demonstrationen und Krawalle aus. Ein Toter und zahlreiche Verletzte waren die Folge.

Die gesamte Kronkolonie war erschüttert. Plötzlich fragte sich jeder Einwohner Hongkongs, was wohl geschehen würde, wenn die Kommunisten einmarschierten. Wohin sollte man ohne gültigen ausländischen Reisepaß gehen? Welches Land würde einen Hongkong-Chinesen aufnehmen?

Was unsere Familie betraf, hatte Vater bereits 1955 die britische Staatsbürgerschaft erhalten; Niang war durch ihre Abstammung Französin. Lydia lebte in Tientsin und war, wie Vater es sah, »durch ihre eigene Entscheidung an die Kommunisten verlorengegangen«. Susan und ich waren damals noch nicht einundzwanzig und hatten durch Vaters Einbürgerung ebenfalls Anspruch auf die britische Staatsangehörigkeit. Meine drei Brüder blieben jedoch Chinesen, ein Umstand, der ihnen großes Kopfzerbrechen bereitete.

In Port Harcourt erwartete Matilda ihr erstes Kind, und Gregory deutete Vater in einem Brief an, daß er mit seiner Familie nach Kanada zurückkehren wolle: Sie hätten dort beide studiert und könnten versuchen, kanadische Staatsbürger zu werden. Außerdem wäre es für ihr Baby besser, gleich dort geboren zu werden. In ihrer Abwesenheit könnte doch James vorübergehend die Geschäfte in Nigeria übernehmen.

Ein paar Tage später überlegte Gregory es sich dann doch anders. Zerrissen zwischen seinem unglücklichen Leben in Nigeria, seiner Angst vor der Staatenlosigkeit und seiner Sorge, James könne ihm das Erbe streitig machen, schrieb er einen zweiten Brief, er wolle nun doch in Nigeria bleiben. Zu spät! Vater teilte ihm mit, er habe beschlossen, James an seine Stelle zu setzen.

Weiter hieß es in seinem Brief: »Die Fongs haben mich darauf aufmerksam gemacht, daß du Firmengeld verschleuderst.« Gregory und Matilda wurden beschuldigt, zusätzlich Geld für Nahrungsmittel und Getränke entnommen und gelegentlich nach dem Essen ein Mittagsschläfchen gehalten zu haben, um der unerträglichen Nachmittagshitze in Westafrika zu entgehen. Zum Schluß seines Schreibens verlangte Vater eine vernünftige Erklärung für diese extravagante Verschwendung.

Kein Wort des Dankes für alles, was Gregory erreicht hatte, lediglich ein Prozeß ohne Geschworene, Entlassung und Verbannung aus Vaters Unternehmen. Gregory tat, was ihm aufgetragen wurde, doch die Ungerechtigkeit nagte an ihm, und seine ganze Enttäuschung richtete sich gegen seinen glücklosen Bruder James.

Im April 1966 führte ein Machtkampf der Gewerkschaften mit der Industrie in Hongkong zu Ausschreitungen zwischen Streikenden und Streikbrechern. Es war wenige Monate vor der Kulturrevolution, die ganz China erschütterte. Das Chaos auf dem Festland griff schließlich auch auf Hongkong und Portugiesisch-Macao über. Linksgerichtete Kreise inszenierten Ausschreitungen und Krawalle gegen die Polizei. Überall tauchten antikoloniale Plakate auf, auf der Straße plärrten Lautsprecher prokommunistische Propaganda. Ausländer wurden öffentlich beleidigt und mit Steinen beworfen. Man fand sogar Bomben auf Straßen und Plätzen. In Macao eröffneten die portugiesischen Truppen das Feuer und töteten acht Menschen.

Unter den Bewohnern Hongkongs brach Panik aus, als mehr über die Aktivitäten der Roten Garden und ihre Terrorherrschaft auf dem Festland bekannt wurde. Man war überzeugt, daß China sich anschickte, Hongkong wieder zu übernehmen und die Briten zu vertreiben. Jeder wollte so rasch wie möglich verkaufen, niemand war bereit zu kaufen. Immobilien wurden zu Spottpreisen verschleudert. Auf die Börse setzte ein Ansturm ein, der die Preise ins Bodenlose stürzen ließ.

Tausende der reichsten Bewohner verließen Hongkong, auch meine Eltern flohen. Sie gingen nach Monte Carlo und kauften eine Wohnung mit Blick auf die Bucht. Vater wollte die weitere Entwicklung erst einmal abwarten. Er transferierte den größten Teil seines flüssigen Vermögens auf Schweizer Banken, behielt jedoch seine Immobilienanlagen in Hongkong. Anfang 1967 kehrten sie zurück, nachdem das überraschende Angebot des portugiesischen Gouverneurs, Macao aufzugeben, von China radikal abgelehnt worden war. Aus dieser Geste war klar erkennbar, daß sowohl Hongkong als auch Macao vorerst noch westlich verwaltete Kolonien bleiben würden. Die Preise blieben dennoch im Keller und erholten sich erst gegen Ende 1968 wieder.

1964, gegen Ende meines Aufenthalts in Hongkong, begann James eine ernsthafte Beziehung mit Louise Lam. Er war vor allem bei Müttern mit heiratsfähigen Töchtern ein gern gesehener Junggeselle, denn er sah gut aus, stammte aus einer angesehenen Familie und hatte in Cambridge studiert. Von Anfang an hatte ich den Eindruck, daß Louise für James etwas Besonderes war, denn in diesem Fall spielte Niang die Kupplerin.

Louises Mutter Beverly war mit Niang befreundet; wegen Niangs dominantem Verhalten war es eine etwas ungleiche Freundschaft. Beverly war ausgesprochen schön und auf Gesellschaften immer gern gesehen, jedoch in ihrem Wesen völlig unscheinbar. Sie hatte fünf Töchter, einen schwierigen Ehemann und fühlte sich ständig überfordert. Sobald ihre älteste Tochter Louise alt genug war, übertrug Beverly ihr alle Pflichten. Während sie selbst mit ihren Freundinnen Bridge spielte, sorgte Louise für ihre jüngeren Schwestern, packte ihnen Schulbrote ein, schlichtete Streit und überwachte die Hausaufgaben.

Niang unterstützte die Romanze, denn James würde so eine Frau aus einer Familie bekommen, die weder so arm war, daß die Familie Yen das Gesicht verlieren würde, noch so reich, daß sie Niangs Macht und Vorherrschaft gefährdete.

James ging einmal pro Woche mit Louise aus, nicht öfter. Er war immer galant und höflich, wurde aber nie intim mit ihr. Einmal erzählte Gregory nicht ohne Schadenfreude, er habe Louise am Abend zuvor in einem bekannten Nachtclub mit einem gutaussehenden jungen Mann tanzen sehen; James zuckte nur die Achseln. Gregory warf ihm Gleichgültigkeit vor, doch mir war klar, daß er nur vorsichtig versuchte, jeder Verpflichtung auszuweichen, bis entsprechende Anweisungen von oben kamen. Wenn unsere Eltern etwas gegen diese Verbindung einzuwenden gehabt hätten, wäre Louise im Handumdrehen verabschiedet worden.

Niang überredete James und Louise 1966 zu einer einfachen Hochzeit in Amerika, weit weg von Vaters zahlreichen Freunden und Geschäftspartnern, die sich bei ähnlichen Anlässen fast zugrunde gerichtet hatten. »So eine Hochzeit ist viel persönlicher und romantischer«, meinte Niang. Sie heirateten in Maryland im Haus von Louises Onkel; James bekam Anweisungen, auch seine Geschwister nicht zu informieren oder einzuladen.

Vor der Hochzeit befahl Vater James, eine seiner Neubauwohnungen in Happy Valley zu kaufen, und zwar zum vollen Preis, ungeachtet der unsicheren politischen Lage und der totalen Flaute auf dem Immobilienmarkt. Zwei Jahre lang, seit er Louise wunschgemäß geheiratet hatte, sparte James jeden Penny seines kläglichen Gehalts, um sich eine kleine Rücklage zu schaffen; und nun mußte er seine gesamten Ersparnisse für eine von Vaters Spekulationsimmobilien hergeben, die in diesen schlechten Zeiten unverkäuflich waren. Grollend fügte sich James. Als Louise einwandte, daß die Sympathisanten der Roten Garden fast vor ihrer Tür stünden und sein ganzes Vermögen mit einem Schlag konfiszieren könnten, warf James die Hände hoch und meinte: »Da kann man nichts machen, *suan le*!« Von den vierundzwanzig Wohnungen, die Vater in diesem Jahr bauen ließ, wurde keine einzige verkauft.

Als Gregory und Matilda nach Kanada gingen, wurde James Vaters rechte Hand. Die ersten zehn Jahre seiner Ehe arbeitete er in Port Harcourt in Nigeria, und Louise blieb mit ihren drei Kindern in Hongkong. James durfte nur zweimal im Jahr seine Familie besuchen: einmal für sechs Wochen zwischen Weihnachten und dem chinesischen Neujahr und ein zweites Mal für acht Wochen im Sommer, um Vater zu vertreten, der in dieser Zeit mit Niang nach Monte Carlo flog, um der feuchten Hitze Hongkongs zu entfliehen.

Kurz nach James' und Louises Hochzeit kam es zu einem heftigen Streit zwischen Beverly und Niang. Da ihre Tochter nun endlich unter der Haube war, wurde Beverly zusehends selbstbewußter und erklärte, daß sie nicht länger gewillt sei, Niangs Dienstmädchen zu spielen. Innerhalb kürzester Zeit zerbrach ihre Freundschaft, und aus einem gelegentlichen Kopfnicken bei gesellschaftlichen Anlässen wurde bald gegenseitige Mißachtung.

Nach Gregorys Entlassung wurde James Generaldirektor der nigerianischen Filiale. Gregory erhielt sechzigtausend US-Dollar Abfindung, damit er sich in Kanada niederlassen konnte; er und Matilda kauften ein Haus in Vancouver und bekamen zwei Kinder. Matilda absolvierte eine Ausbildung zur Apothekerin, und Gregory fand eine feste Anstellung als Umweltingenieur bei der kanadischen Regierung. Er träumte jedoch noch immer davon, wieder in seinem Fach zu arbeiten, in dem irrigen Glauben, Vater würde ihn eines Tages nach Hongkong zurückholen.

Ab und zu beklagte er sich über die »ungerechtfertigte Machtergreifung« von James oder »Sabotage« durch Niang. Seine Bitten um Geschäftsdarlehen wurden regelmäßig abgelehnt. Obwohl Vater eine Schwäche für seinen ältesten Sohn hatte und sich immer auf Gregorys Briefe und Besuche freute, war er doch überzeugt, daß Gregory ein unfähiger Weichling war. Niang nannte ihn wirrköpfig, *hu tu*, faul und verschwenderisch. Im Laufe der Jahre zerrann Gregorys Traum vom Aufbau eines eigenen Imperiums. Er wurde immer sparsamer, setzte seine ganzen Hoffnungen auf seine beiden Kinder, und sein eigener Ehrgeiz beschränkte sich auf das Warten auf sein Erbe.

Nach dem Medizinstudium hatten Edgar und ich jahrelang keinen Kontakt mehr. Edgars Fach war Chirurgie; doch für Asiaten war es in Großbritannien fast unmöglich, eine Assistenzstelle zu bekommen. Nach seiner Zulassung als Arzt war Edgar 1969 ursprünglich nach Kanada gegangen, um seine Facharztausbildung abzuschließen. Aber gutbezahlte Arbeitsplätze waren rar, und es gab kaum Perspektiven für ihn. Also beschloß er, zu mir nach Kalifornien zu kommen.

Im Oktober 1970, als sich Vater und Niang gerade bei mir in Fountain Valley aufhielten, traf plötzlich ein überraschend höflicher Brief von Edgar ein. Ich solle ihm behilflich sein, am California Hospital, an dem ich arbeitete, eine Anstellung zu bekommen.

Meine erste Reaktion war Freude und Genugtuung. Ich hungerte so sehr nach Zuneigung von seiten meiner Familie, daß mir selbst diese Form der Zuwendung recht war. Ich zeigte Vater Edgars Brief.

»Ich frage dich«, sagte er, »bist du mit deiner Stellung im Krankenhaus zufrieden? Kommst du gut mit den Kollegen aus und hast du dort eine Zukunft?«

»Ja, meine Arbeit gefällt mir, und ich könnte mir vorstellen, mein ganzes Leben lang dort zu arbeiten.«

»Adeline, dann rate ich dir allen Ernstes, diesen Brief nicht zu beantworten«, fuhr er fort. »Wir wissen alle, was Edgar von dir hält. Ich weiß, daß das nicht gut für dich wäre. Du hast dir eine phantastische Karriere erarbeitet – mach weiter so. Amerika ist ein großes Land; es besteht keinerlei Notwendigkeit, daß Edgar ausgerechnet in deine Gegend kommt. Ihm steht ganz Amerika offen, um sich eine eigene Existenz zu schaffen.«

Ich blickte hinüber zu Niang. Sie nickte. »Hör immer auf deinen Vater, Adeline. Er kennt euch alle wie die Linien seiner Hand.«

Ich befolgte Vaters Rat und ließ Edgars Brief unbeantwortet. Er legte mein Schweigen als absichtliche Beleidigung aus und hat mir nie verziehen.

Edgar absolvierte seine Fortbildung in St. Louis, Missouri, und heiratete ein amerikanisches Mädchen deutscher Abstammung, das zwanzig Jahre jünger war als er. Auf der Suche nach dem idealen Ort für eine eigene Praxis zog er von einer kalifornischen Stadt in die andere; eine Zeitlang ließen sie sich in einer Kleinstadt im San Joaquin Valley nieder. Die meisten Einwohner waren hier geboren und aufgewachsen, und schon bald hatten sie das Gefühl, die Enge und Engstirnigkeit in dieser Umgebung nicht länger ertragen zu können. Edgar verkaufte seine Praxis und zog nach Hongkong, seine Frau blieb in Amerika und ging wieder aufs College. Sie führten eine kinderlose und ziemlich unglückliche Ehe.

In Hongkong nahm Edgar eine Stelle an einem privaten Missionskrankenhaus an. Obwohl er sich redlich bemühte und gewissenhaft arbeitete, fehlte ihm das notwendige Talent und das Auftreten, um ein bekannter Chirurg zu werden. Er sprach zwar fließend Englisch und Mandarin, doch Kanton-Chinesisch, die Sprache, die in Hongkong wichtig war, beherrschte er nicht. Hinter seinem Rücken flüsterten die Schwestern, daß Edgar ein typischer Arzt vom chinesischen Festland sei, *dai luk yee san* 大陸医生. Außerdem erwies es sich als äußerst schwierig, Zutritt zu den nahezu geschlossenen Ärztekreisen zu finden, da die meisten Kollegen an der Hongkong University studiert hatten und seitdem gute Beziehungen zueinander pflegten. Ärzte von anderen Universitäten oder aus dem Ausland wurden als unerwünschte Konkurrenz betrachtet.

Zwei Jahre später kehrte er wieder in die USA zurück und kaufte eine Praxis in einer anderen Kleinstadt des San Joaquin Valley. Seine junge Frau machte ihren Collegeabschluß und ließ sich scheiden; 1986 heiratete Edgar seine Arzthelferin, eine geschiedene Weiße mit zwei Söhnen. Sie bekamen noch drei Töchter, und man hatte den Eindruck, daß sie eine harmonische Ehe führten.

1964 schloß Susan in Amerika ihre Collegeausbildung ab und kehrte nach Hongkong zurück. Sie arbeitete als Lehrerin an der Maryknoll-Klosterschule und wohnte zu Hause bei den Eltern. Es dauerte nicht lange, bis ihr dringend nahegelegt wurde zu heiraten. Susan war sehr schön und hatte scharenweise Verehrer. Niang wollte alles wissen: wo sie hinging, wem sie schrieb, mit wem sie telephonierte. Drei Monate lang ging Susan mit einem Zahnarzt aus, und Niang fragte fast täglich, ob er schon um ihre Hand angehalten habe. Susan ärgerte sich über diese ständige Einmischung und schwieg. Darüber geriet Niang in Wut und beschloß, es selbst herauszufinden.

Als der Zahnarzt das nächste Mal anrief, fing Niang das Gespräch ab. Sie erinnerte ihn daran, daß er nun schon seit drei Monaten mit Susan ausging, und fragte ihn geradeheraus, welche Absichten er verfolge. Als er meinte, er sei sich noch nicht sicher, erwiderte Niang hochmütig, daß Susan viele Verehrer habe und nun nicht »noch mehr Zeit mit ihm verschwenden« könne, bis er sich endlich entschieden habe. Kurz, er solle erst wieder anrufen, wenn er wisse, was er wolle – und legte auf. Der Zahnarzt rief nie wieder an.

Susan, die das Gespräch mitgehört hatte, wurde blaß. Mutter und Tochter hatten einen fürchterlichen Streit. Susan packte ihre Sachen und drohte auszuziehen, Niang legte sich ins Bett, und Vater eilte von einer zur anderen und bemühte sich, beide zu beschwichtigen. Zwei Wochen später wachte Susan eines Nachts auf und hörte ihren Vater schlaflos im Wohnzimmer auf und ab gehen. Als sie am nächsten Morgen zum ersten Mal seine tiefen Sorgenfalten wahrnahm, gab sie ihren Widerstand auf und entschuldigte sich bei Niang.

Die Annäherung war jedoch nur von kurzer Dauer. Beide wußten, daß es nur eine Frage der Zeit war, bis ein neuer Konflikt ausbrechen würde. Bald darauf stellte Gregory Susan Tony Liang, einen Absolventen des Massachusetts Institute of Technology, vor. Sein Vater war ein bekannter Geschäftsmann aus Schanghai, der es auch in Hongkong zu Reichtum gebracht hatte. Sie beschlossen zu heiraten.

Auf Niangs Drängen fand die kleine private Hochzeit in Honolulu statt. Weder Vater noch Niang wohnten der Zeremonie bei, wir anderen wurden nicht einmal informiert. Susan erhielt weder eine Mitgift noch irgendwelchen Schmuck. Als sie Mrs. Tony Liang wurde, brachte sie genau zwei Koffer alter Kleider mit in die Ehe. Tonys Mutter, eine freundliche, altmodische Dame, war sehr verwundert, als sie Susans spärliche Habseligkeiten betrachtete. Sie legte die Arme um Susan und fragte voller Mitgefühl: »Bist du sicher, daß du Mrs. Joseph Yens richtige Tochter und nicht eine Stieftochter bist?« Mit diesen Worten nahm die alte Mrs. Liang ihre Ringe, Armreifen und ihre Halskette ab und schenkte sie Susan.

Tony erbte sowohl die Geschäfte als auch den Geschäftssinn seines Vaters. Die jungen Liangs gehörten zu Hongkongs High-Society: Susans Name und Photos waren häufig in der *South China Morning Post* und im *Hongkong Standard* zu sehen. Niang wurde in der Öffentlichkeit ständig von ihrer Tochter übertrumpft.

Niang hatte immer mehr an ihrer Tochter auszusetzen. Ihr

Schmuck sei zu protzig, ihre Gewänder zu offenherzig, ihr Make-up vulgär, ihr Geschmack grauenhaft. Susan sei eine selbstsüchtige Angeberin, die es ihrer Mutter gegenüber an Respekt fehlen lasse. Zum Muttertag kaufte ihr Susan eine Schachtel Pralinen; die Schachtel war zu klein und die Pralinen zu billig.

Susan begann, sich vor den Begegnungen mit Niang zu fürchten. Sie war glücklich in ihrer Ehe, und ihre Schwiegereltern waren stolz auf sie. Ihre Besuche zu Hause wurden immer seltener und beschränkten sich schließlich auf die obligaten Abendessen. Seit Edgar und ich in Amerika, Gregory in Kanada und James in Nigeria lebten, hatte Niang nur noch Susan als Sündenbock.

Eines Tages tauchte Shirley Gam, eine von Susans Schulfreundinnen, zu einem Blitzbesuch in Hongkong auf; sie konnten sich nur am Sonntag treffen. Susan rief Niang an, um sich zu entschuldigen, daß sie am sonntäglichen Abendessen nicht teilnehmen könne. Doch Niang akzeptierte das nicht. Also änderte Susan ihre Pläne und lud Shirley und ihre gemeinsamen Schulfreunde zu einem sonntäglichen Mittagessen ein. Am Abend erschien sie wie immer pünktlich um sieben in den Magnolia Mansions.

Niang war den ganzen Abend über abweisend und beleidigend, nannte Susan undankbar, ungehorsam und unzuverlässig und zählte schließlich jedes kleinste Vergehen seit Susans Kindheit auf. Sie warf ihr Eitelkeit und Oberflächlichkeit vor, weinte über Franklins Tod und sagte, es wäre ihr lieber, wenn es Susan getroffen hätte. Das war mehr, als Susan ertragen konnte. »Franklin war ein sadistisches Scheusal, und ich bin froh, daß er tot ist!« rief sie wütend. »Auch wenn du meine Mutter bist, halte ich dich für böse und rachsüchtig. Du liebst nur dich selbst, ich bin dir völlig gleichgültig. Du hast dich noch nie um mich gekümmert.«

Niang war sprachlos. Wutschnaubend gab sie Susan eine Ohrfeige. »Wie kannst du es wagen, so mit mir zu reden! Ich habe viel Geld für dich ausgegeben, habe dich auf die besten Schulen geschickt, sogar nach Amerika. Ohne mich wärst du nichts, Susan! Und du wagst es, mir so häßliche Dinge zu sagen, mir, der du alles verdankst!« Wieder schlug sie Susan ins Gesicht, diesmal mit ihrer ganzen Kraft.

Ruhig nahm Susan ihr Scheckheft aus der Geldbörse. »Wieviel schulde ich dir?« fragte sie. »Wie hoch die Summe auch sein mag, ich stelle dir dafür einen Scheck aus. Denk daran, ich bin jetzt eine verheiratete Frau, und ich habe selbst eine Tochter. Behandle mich gefälligst wie eine Erwachsene, nicht wie eine Sklavin, die alles dir verdankt.«

»Raus! Raus jetzt! Und komm ja nie zurück! Für mich bist du tot! Tot!« schrie Niang fassungslos.

Vater eilte durch die Eingangstür hinter Susan her. Er wirkte eingefallen und müde. Während sie auf den Aufzug warteten, meinte er traurig: »Du hättest nicht so eine Szene machen dürfen, Susan. Deine Mutter ist nur gekränkt, weil du sie nicht zu Shirleys Mittagessen eingeladen hast. Warum hast du sie nicht gefragt? Sie fühlte sich ausgeschlossen.«

Tränen flossen über Susans geschwollenes Gesicht. »Ach, Vater, das verstehst du nicht. Du bist viel zu gutmütig.« Als sich die Tür des Aufzugs schloß, fügte sie noch hinzu: »Ich rufe dich nächste Woche an, Vater, dann gehen wir zusammen zum Mittagessen.«

Sie trafen sich im großen Saal des eleganten Hongkong Club ganz in der Nähe von Vaters Büro im Swire House, das damals noch Union House hieß. Sie bekamen einen Tisch in einer ruhigen Ecke, abseits der Band, die Beatles-Songs spielte. In niedrigen Sesseln saßen sie einander gegenüber und bestellten Cocktails.

Vater sah schrecklich aus. Mit eingesunkenen Augen blickte er an Susan vorbei ins Leere. Seit einem Schlaganfall war die eine Gesichtshälfte leicht gelähmt, doch fiel diese Beeinträchtigung nur auf, wenn er unter Streß stand. Wenn er blinzelte, schloß sich nur das Auge auf der gesunden Seite, was ihm das Aussehen eines Seeräubers verlieh.

»War es schlimm, Vater?« fragte Susan. »Ist Niang wieder im Bett geblieben?«

Er hatte sie offenbar nicht gehört. Wie ein Roboter griff er in die Innentasche seines Jacketts und nahm ein dünnes Blatt Papier heraus. Susan erkannte Niangs klare Handschrift, die ihrer eigenen so ähnlich war, durch das dünne, rosafarbene Luftpostpapier. Vater setzte seine Brille auf und las eine Liste von Regeln und Bedingungen vor, an die sich Susan zu halten hätte, wenn sie ein Mitglied der Yen-Familie bleiben wollte. Langsam schüttelte sie den Kopf.

Vater nahm die Brille wieder ab. Mit hohler, von seinen Gefühlen fast überwältigter Stimme fragte er, ob sie sich dafür entschied, ihre Eltern nie wiederzusehen und verstoßen zu werden.

»Was bleibt mir anderes übrig, Vater? Sei nicht herzlos!«

Vater legte etwas Geld auf den Tisch, stand auf und ging.

»Daddy! Du hast deinen Saft nicht einmal angerührt und noch nichts gegessen. Hast du keinen Hunger?«

Er blickte starr geradeaus, als er sagte: »Ich werde deiner Mutter deine Nachricht überbringen.« Er blinzelte nervös, ein für ihn typisches, spastisches Zucken, das Susan fast das Herz brach. Als er die Treppe hinuntereilte, vorbei an den Gästen, die auf einen freien Tisch warteten, vorbei an den Pagen in ihren Uniformen und am Türsteher, der eilfertig die Glastür aufriß, spielte die Band den Beatles-Hit »Let It Be«.

So wurde meine Halbschwester Susan 1973 verstoßen.

Die damals im Ausland lebenden vier Kinder erhielten per Luftpost und Einschreiben folgende kurze Mitteilung:

Lieber Gregory, Edgar, James und liebe Adeline,

wir möchten euch darüber in Kenntnis setzen, daß Susan nicht mehr zur Yen-Familie gehört. Ihr dürft nicht mehr mit ihr sprechen, ihr nicht mehr schreiben oder jemals wieder mit ihr Kontakt aufnehmen. Falls ihr diesen Anweisungen zuwiderhandelt, werdet ihr ebenfalls verstoßen.

In Liebe,
Vater und Mutter

Lydia wurde in dem Brief nicht genannt, denn sie war ja bereits 1951 verstoßen worden. James meinte, der Brief müsse wohl von Eltern mit zu Asche zerfallenen Herzen, *xin ru si hui* 心如死灰,

geschrieben worden sein, die keinerlei menschliche Gefühle mehr kannten.

Niemand antwortete, und jeder wurde auf seine Art mit dieser Sache fertig. Gregory und ich besuchten Susan auch weiterhin, wenn wir zu Besuch in Hongkong waren; Edgar wollte jedoch nichts mehr von ihr wissen.

Als James zu seinem jährlichen Sommerurlaub aus Nigeria heimkam, wandte sich Susan trostsuchend an ihn und Louise. Die beiden Frauen waren etwa gleichaltrig und hatten viele gemeinsame Interessen. James geriet in eine wenig beneidenswerte Lage: Einen völligen Bruch mit den Eltern konnte er sich nicht erlauben; andererseits war er der Meinung, daß Susan ungerecht behandelt worden war, gab aber zu, daß er und Louise zumindest so tun mußten, als erfüllten sie Niangs Forderungen: Sie hatte ihm und Louise ausdrücklich verboten, mit Susan zu verkehren. Nach kurzer Zeit wurden alle Kontakte abgebrochen. Selbst als Niang in Monte Carlo weilte, wurden Susans Einladungen abgelehnt und ihre Telephonanrufe und Briefe nicht beantwortet. Wenn sich die beiden Ehepaare bei gesellschaftlichen Anlässen zufällig begegneten, sahen James und Louise einfach weg und taten, als wären Susan und ihr Gatte gar nicht da – in Hongkongs High-Society eine durchaus übliche Verhaltensweise. Sie sprachen nur noch ein einziges Mal mit Susan, als sie neun Jahre später um Aufnahme ihrer jüngsten Tochter in die Maryknoll-Schule ersuchten. Dafür brauchten sie eine Empfehlung von Susan, die Mitglied des Kuratoriums der renommierten Klosterschule war.

Gregory hielt seine Begegnungen mit Susan vor James geheim. Einmal erkannte James seinen Bruder in Susans Mercedes auf der Queens Road Central. Als er Gregory später traf, erkundigte er sich nach Susan, aber Gregory leugnete, bei ihr gewesen zu sein. Zweifellos fürchtete er, daß James ihn bei Niang verraten würde.

»Das hat mich wirklich verletzt«, beklagte sich James entrüstet bei mir. »Gregory hat kein Vertrauen zu mir! Was geht es mich an, ob er Susan trifft oder nicht? Das ist allein seine Sache. Glaubt er wirklich, ich sei so tief gesunken, daß ich hinter seinem

Rücken Geschichten erzähle, um mir Niangs Gunst zu sichern? Hat Gregory wirklich eine so schlechte Meinung von mir?«

Gregory traute James nicht mehr, das stimmte. Hin und wieder machte er mir gegenüber eine Bemerkung: »Susan und ich haben beide das Gefühl, daß sich James verändert hat. Er ist jetzt endgültig Niangs Kreatur.«

Instinktiv stellte ich mich auf die Seite meines Drittältesten Bruders, *San ge* 三哥. »Das glaube ich nicht, Gregory. Er hat ein gutes Herz und ist unserem Großvater Ye Ye sehr ähnlich.«

»Traue ihm lieber nicht zu sehr. Traue *niemandem* zu sehr, dann wirst du auch nicht enttäuscht.«

Ich schüttelte den Kopf und lachte. »Eines Tages, wenn Niang nicht mehr lebt«, sagte ich zu Gregory, »wird der wahre James, nicht durch ein einziges Staubkörnchen befleckt, *yi chun bu ran* 一塵不染, so rein wie das Innere einer Lilie vor dir stehen.«

Wie James waren auch viele seiner Altersgenossen von englischen Universitäten nach Hongkong zurückgekehrt. Ingenieure und Architekten waren besonders gefragt, denn auf jedem verfügbaren Quadratmeter schossen Wolkenkratzer wie Pilze aus dem Boden. Die Bewohner der älteren Häuser auf den Hügeln oberhalb des Hafens waren äußerst ungehalten, als ihr bisher freier Blick auf die Bucht durch höhere Gebäude auf tiefer gelegenen Grundstücken versperrt wurde. Bürotürme entstanden auch auf dem Land, das dem Meer abgerungen wurde. Es gab genügend Arbeitsplätze, besonders für zweisprachige männliche Akademiker von den angesehenen westlichen Universitäten. Allmählich entwickelte sich Hongkong zu einem der größten Handelszentren der Welt mit der höchsten Bevölkerungsdichte in der Geschichte der Menschheit: Auf einem Quadratkilometer lebten damals laut Statistik 165 000 Menschen. Viele unserer englischen Studienkollegen gründeten Unternehmen mit Hunderten, ja Tausenden Arbeitnehmern. Es war erstaunlich, mit welcher Geschwindigkeit sie expandierten. Erzeugnisse, die den Stempel »Made in Hongkong« trugen, wurden in alle Himmelsrichtungen und in den letzten Winkel der Welt exportiert. Man kann sich kaum vorstellen, daß James, der brillante Cambridge-Bauingenieur, in dieser

Welt eine Marionette blieb und blind die Befehle seiner Eltern ausführte.

Niang mischte sich in alles ein. Sie hatte etwas gegen die Klavierstunden der Kinder einzuwenden, verlangte von Louise, mit dem Malen aufzuhören und lieber kochen zu lernen, bemängelte ihre Kleidung und schimpfte sogar, weil sie zuviel Zeit bei ihrer eigenen Mutter verbrachte. Da Louise nicht wagte, Niang offen zu widersprechen, blieb ihr nichts anderes übrig, als sie zu hintergehen, manchmal sogar mit der stillschweigenden Unterstützung der Kinder.

Niang ärgerte sich häufig über Louise und sah sie monatelang nicht an. Bei den sonntäglichen Abendessen ließ sie kein gutes Haar an ihr; James blieb völlig gelassen, während seine Frau systematisch beleidigt wurde. Vater schwieg und enthielt sich jeglicher Meinungsäußerung, es sei denn, es ging um finanzielle Fragen.

Niemals lehnte James Speisen ab, die Niang ihm anbot, gleichgültig, wieviel er bereits gegessen hatte und ob ihm das Gericht schmeckte; damit drückte er seine Unterwürfigkeit aus. Er wurde zur Mülltonne und schluckte alles, was Niang wegwarf. Sie brauchte nur die Reste auf den Tellern seiner Kinder mit einem Blick zu streifen, und James beugte sich hinüber und ließ einen Happen nach dem anderen in seinem Mund verschwinden.

Die eigentlich lebhaften und aufgeweckten Kinder saßen eingeschüchtert und schweigend bei Tisch. Niang haßte laute Kinder, und die Kinder haßten die Besuche bei der Großmutter, weil sie dort nicht so sein durften, wie sie waren.

Als Vater 1976 das erste Mal krank wurde, erlaubte Niang dem damals zweiundvierzigjährigen James, Nigeria zu verlassen und Hongkong zu seinem dauernden Wohnsitz zu machen. Allerdings mußte jede größere Entscheidung von Niang abgesegnet werden, die jeden Erfolg sich selbst zuschrieb, während James alle Fehler und Mißerfolge angelastet wurden.

Bei meinen häufigen Besuchen in Hongkong bekam ich von James und Louise die Geschichten ihres unglücklichen Lebens zu hören. Louise gestand mir im Vertrauen, daß sie Niangs Beleidigungen und ihr ständiges Einmischen unerträglich fand. Gleichzeitig beklagte sich Niang bitter über Louise, und ihre Tiraden endeten unweigerlich mit der Klage, daß sie leider selbst diese Ehe gestiftet hatte.

Im Laufe der Jahre riet ich James immer wieder, mit seiner Familie in die USA zu kommen und sich dort ein eigenes Leben aufzubauen. Mir war völlig klar, daß sie nur glücklich werden konnten, wenn sie sich aus Niangs Umklammerung befreiten. »Kommt doch nach Huntington Beach und wohnt bei uns«, drängte ich sie. »Du bist so intelligent, James, wahrscheinlich der Intelligenteste von uns allen. Du kannst alles erreichen. Wir könnten gemeinsam ein Unternehmen aufbauen und uns ein schönes Leben machen: gleiche Anteile für alle. Es ist nicht schlecht in Amerika. Nichts ist schlimmer, als unter Niangs Fuchtel zu leben. Wer wüßte das nicht besser als du, James!«

»Wir leben hier wie Gefangene«, jammerte Louise. »Ich fühle mich wie in einer Zwangsjacke! Ich kann überhaupt nicht mehr atmen. Können wir nicht fortgehen, James? Ich würde alles tun und überall leben. Viel brauche ich nicht.«

»Ich weiß«, antwortete James, ließ den Kopf hängen und goß sich noch einmal Whisky nach, »aber jetzt noch nicht.«

20. KAPITEL

Schuppen und Muscheln im Bauch

Fu Zhong Lin Jia

腹中鱗甲

In Schanghai arbeitete Tante Baba weiterhin in der Women's Bank. Sie wohnte zusammen mit Miss Jian und zwei Dienstmädchen in dem Haus an der Avenue Joffre. Miss Jian, Franklins Kindermädchen, hatte Angst, entlassen zu werden, und tat alles, um es Tante Baba recht zu machen. Schon bei Sonnenaufgang bohnerte sie die Parkettböden und bürstete die Teppiche. Sie überredete meine Tante, eines der Mädchen zu entlassen, und übernahm selbst die unangenehmsten Aufgaben wie das Reinigen der Toiletten und das Säubern des Ofens und wusch und bügelte die gesamte Kleidung und Bettwäsche meiner Tante. Jeden Abend kehrte Tante Baba in ein blitzsauberes Haus zu einem schmackhaften Mahl zurück, das Miss Jian selbst zubereitet hatte. Wenn es Winter wurde, strickte sie ihr dicke, farbenfrohe Jacken.

Nachdem Vater 1948 seinen Buick verkauft hatte, wurde die Garage zu einem Lager umfunktioniert. In diesen unsicheren Zeiten legte meine Tante Wert darauf, Grundnahrungsmittel in größeren Mengen zur Verfügung zu haben: mehrere Säcke Reis, kannenweise Öl, getrocknetes Gemüse, gesalzenen Fisch, Sojasauce. Außerdem lagerten in der Garage zahlreiche Kartons Seidenbaumwolle und australischer Schafwolle. Jahrzehnte zuvor hatte Ye Ye ein paar Aktien an einer Seidenfabrik in Schanghai erworben; im Laufe der Jahre expandierte diese gutgeführte Gesellschaft, exportierte Seidenbaumwolle und importierte australische Wolle. Die Dividenden wurden nicht in bar ausbezahlt, sondern den

Aktionären in Form von Stoffballen und Wollknäueln ausgehändigt, die von bester Qualität waren, leicht und flauschig, und sich ausgezeichnet für Decken, Kleider und Jacken verwenden ließen. Ende 1951 fiel allerdings der Eigentümer der sogenannten »Drei Antis«- und »Fünf Antis«-Kampagne, *san fan / wu fan* 三反五反, zum Opfer. Seine Fabrik mußte umstrukturiert werden und schüttete keine Dividenden mehr aus. Die Seidenbaumwolle wurde knapp und sehr teuer.

Die Drei-Antis- und die Fünf-Antis-Kampagne, *san fan / wu fan* 三反五反, waren zwei einander überlagernde Bewegungen, die 1951 durch die kommunistische Regierung ins Leben gerufen wurden: Die Drei- Antis-Bewegung richtete sich gegen Verschwendung, Korruption und Bürokratismus und betraf vor allem Mitglieder der Kommunistischen Partei; die Fünf-Antis-Bewegung bezog sich auf entsprechende Mißstände außerhalb der Partei, von denen diese aber immer profitiert hatte: Bestechung, Betrug, Diebstahl, Steuerhinterziehung und Wirtschaftsspionage. Die beiden Gruppen arbeiteten häufig eng zusammen.

Etwa um diese Zeit wurde meine Tante gebeten, in einer Zweigstelle in der Nähe des Cathay-Kinos zu arbeiten, nur zwei Straßenbahnhaltestellen von zu Hause entfernt. Hier kannte sie viele Kunden persönlich, einer war ein Schneider namens Ye. Schneider Ye besaß ein kleines Geschäft neben der Bank und kam oft zu einem Plausch herüber, wenn gerade nicht viel zu tun war. Eines Tages bat er Tante Baba, eine wattierte Jacke, die er gerade fertiggestellt hatte, für einen Kunden in ihrer Straße mitzunehmen. Dieser Kunde war Miss Jian.

Als meine Tante die Jacke sah, wußte sie sofort, daß Miss Jian unehrlich war und Schuppen und Muscheln im Bauch hatte, *fu zhong lin jia* 腹中鱗甲. Wie üblich hatte Schneider Ye die übriggebliebene Seidenbaumwolle und andere Reste zusammen mit der Jacke in eine Papiertüte gelegt. Seidenbaumwolle dieser Qualität war anderswo in Schanghai nicht zu bekommen – Miss Jian hatte sie aus der Garage gestohlen.

An diesem Abend verlangte Tante Baba die Rückgabe der Hausschlüssel und entdeckte, daß die frühere Kinderfrau Wolle und auch Lebensmittel gestohlen hatte. Sie berichtete Vater von dem Diebstahl und bat ihn, Miss Jian zu entlassen, sie könne mit einem so unzuverlässigen Menschen nicht länger unter einem Dach wohnen.

Vaters Antwort war wie ein Schlag ins Gesicht. Miss Jian würde nicht entlassen, niemals! Sie würde auch weiterhin mit meiner Tante in dem Haus leben, ein Gehalt beziehen und zu Neujahr den üblichen Bonus bekommen. Meine Tante solle sich keine Sorgen um die »fehlenden Dinge« machen – die Yen-Familie könne sich einen solchen Verlust schon leisten. Offenbar hatte Vater einen eigenen, nur ihm bekannten Plan.

Tante Baba und Miss Jian sprachen nicht mehr miteinander. Miss Jian verstrickte weiterhin die gestohlene Wolle, verkaufte ungeniert die Pullover und nahm sogar Strickaufträge an. Die ganze Nachbarschaft beneidete sie um ihren reichlichen Vorrat an Importwolle. An den endlosen Abendsitzungen, auf denen die Drei-Antis- und Fünf-Antis-Kampagne diskutiert wurde, blickten viele Augen in ihrer Wohneinheit, *hu kou*, auf Miss Jians fleißig klappernde Stricknadeln, während Parteivertreter über Korruption und Bestechung referierten.

Miss Jian sprach meine Tante nicht mehr mit Miss Yen an, sondern redete von ihr nur noch als »die da oben«. Sie begann auch, ihre eigene Familie einzuladen und sie unten im Wohnzimmer zu bewirten. Die Speisenfolge besprach sie mit dem Dienstmädchen Ah Song. Sie tratschte mit den Nachbarn und flüsterte ihnen zu, daß ihr Arbeitgeber in Hongkong ihr aufgetragen habe, »Tante Baba zu überwachen und über ihr Tun zu berichten«, und dabei deutete sie Geistesgestörtheit, unmoralischen Lebenswandel und Schlimmeres an.

Die Stimmung zu Hause wurde für Tante Baba allmählich unerträglich: Ah Song fing nun auch an, sich Miss Jians Verhaltensweisen zu eigen zu machen. Eines Morgens, als Ah Song besonders unverschämt wurde, warf Tante Baba sie in einem Wutanfall einfach hinaus. Weinend lief das Mädchen zu Miss Jian, aber diese konnte ihr auch nicht helfen.

Tante Baba stellte ein neues Dienstmädchen ein; Ayi arbeitete nur für sie. Sie ließ im zweiten Stock in einem unbenutzten Raum eine Kochgelegenheit einrichten und nahm ihre Mahlzeiten von nun an allein ein. Ah Songs Entlassung schien Miss Jians Arroganz etwas gedämpft zu haben: Die beiden Frauen hielten einen stillschweigenden Waffenstillstand, Miss Jians offene Feindseligkeit machte einer eisigen Höflichkeit Platz. Allerdings schickte sie weiterhin ihre geheimen wöchentlichen Berichte an Vater.

Im Winter 1951 wurde im Rahmen einer routinemäßigen Buchprüfung in Großtantes Women's Bank eine Inventur aller Waren und Güter, die in den riesigen Vorratsräumen der Bank lagerten, vorgenommen. Aus diesem Grund erhielt Tante Baba von der Buchprüfungsstelle der Bank ein Schreiben, das an meine Großmutter Wang Jiexiang gerichtet war, die schon 1943 in Tientsin verstorben war.

Aus verschiedenen Gründen hatte Vater in den vierziger Jahren gelegentlich Güter und Immobilien auf den Mädchennamen seiner verstorbenen Mutter Wang Jiexiang gekauft. Anfänglich war das sicher sinnvoll, denn die Japaner versuchten, an sein Vermögen zu kommen; Vater entdeckte jedoch schon bald, wie vorteilhaft es war, einen »Geist« als Eigentümer von Anlagevermögen eintragen zu lassen – denn ein Geist konnte nicht verklagt, bedroht, erpreßt oder entführt werden –, in den gesetzlosen Tagen der vierziger Jahre ein übliches Vorgehen.

Dritter Onkel, der dritte und jüngste Bruder meiner verstorbenen Mutter, ging als Jugendlicher bei meinem Vater in die Lehre. Vater gab ihm den englischen Namen Frederick und überließ ihm bei seiner Abreise nach Hongkong die Verantwortung für die Geschäfte in Schanghai.

Anfangs – unmittelbar nach der Machtübernahme der Kommunisten – lief alles wie üblich. Im Laufe des Jahres kaufte Onkel Frederick, wahrscheinlich auf Anordnung meines Vaters, der einen Preisanstieg für bestimmte Waren voraussah, Hunderte Kisten weißes Bienenwachs auf den Namen von Wang Jiexiang und lagerte sie in den Räumen der Women's Bank. Der Preis für Bienenwachs fiel jedoch, und da er bei fallenden Preisen nicht verkaufen wollte, beschloß er abzuwarten. Zwei Jahre später hatte sich das politische Klima derart verschlechtert, daß mein Onkel zusammen mit meinem Bruder James nach Hongkong ging und das noch immer unverkaufte Bienenwachs zurückließ.

Zwei Monate nach Eingang des Schreibens von der Buchprüfungsstelle wurde Tante Baba bei ihrer Arbeitseinheit, *dan wei*, vorgeladen. Jeder mußte bei einer *dan wei* registriert sein; die Mehrheit der Arbeiter blieb ein Leben lang in der gleichen *dan wei*, denn es war äußerst schwierig, von einer Arbeitseinheit in eine andere zu wechseln. Sie war erstaunt, daß bei dieser Zusammenkunft auch der Leiter ihrer Wohneinheit, *hu kou,* anwesend war. *Hu kous* wurden ursprünglich im Geiste der Nachbarschaftskomitees, einer Art Wohnungseigentümervereine, gegründet, und die Versammlungen dienten dazu, Mißstände und Probleme zu beheben; 1951 waren sie jedoch bereits zu mächtigen Überwachungsinstrumenten der Regierung geworden. Schließlich wurde auch die Eintragung in eine *hu kou* obligatorisch, und als Nahrungsmittel rationiert wurden, erhielten nur eingetragene Bewohner Essensmarken. Jeder Einwohner von Schanghai wurde ebenso von seiner *dan wei* wie von seiner *hu kou* überwacht. Die beiden Komitees mischten sich in jeden Lebensbereich der Bürger ein, nichts war ihnen zu banal.

Meine Tante wurde gefragt, wer Wang Jiexiang war und wo man sie erreichen könne. Warum war sie nicht registriert? Obwohl man freundlich mit ihr sprach, wurde meiner Tante allein schon durch die dicke Akte klar, daß sie es ernst meinten. Sie berichtete wahrheitsgemäß die wenigen Fakten, die ihr bekannt waren, und wurde beauftragt, eine Woche später mit weiteren Einzelheiten noch einmal vorzusprechen. Eiligst beriet sie sich mit Großtante, die selbst mit diesen Problemen zu kämpfen hatte. Meine Tante wurde an Mr. Ni verwiesen, ebenfalls ein Mitarbeiter der Bank, dessen einzige Aufgabe darin bestand, sich mit Behördenfragen zu befassen. Er war groß, sanft und gutaussehend. Seine Frau und er zählten bald zu den Freunden meiner Tante, in deren Namen Mr. Ni sich zahlreichen Befragungen unterziehen mußte. Sie trafen sich oft, um die Entwicklung des Falls zu besprechen. Miss Jian notierte getreulich, wann Mr. Ni das Haus betrat und wann er es wieder verließ, und erstattete meinen Eltern darüber Bericht. Nach achtundzwanzig Monaten mühseliger Ermittlungen gelang es Mr. Ni schließlich, die Bienenwachsgeschichte zu klären. Alle Ungereimtheiten wurden auf meinen bedauerlicherweise abwesenden Onkel Frederick geschoben, das Bienenwachs wurde beschlagnahmt und meine Tante öffentlich gerügt, aber nicht bestraft. Das war wirklich eine Großtat, denn niemand wollte die Verantwortung übernehmen, und Mr. Ni war wie ein Tischtennisball von einer Abteilung zur anderen geschickt worden. Manchmal fühlte er sich völlig mißverstanden, »ähnlich wie ein Huhn, das mit einer Ente spricht«.

Tante Babas Lieblingsbeschäftigung, das Mah-Jongg-Spiel, wurde als verwerflich erklärt. Anfangs spielte ihre Runde heimlich und »lautlos« im Keller eines Freundes weiter, meist sogar nachts hinter verschlossenen Türen. Um nur ja keinen Lärm zu machen, bedeckten sie jedes Spielbrett mit geräuschdämpfenden Überzügen. Ein Mitglied der Gruppe mußte ständig die Tür bewachen, damit niemand sie überraschen konnte. Trotzdem war das Risiko groß, und ihr Mut hatte Grenzen. Bald gaben sie auf und gingen zu Bridge über, das weiterhin geduldet wurde.

Eine Kampagne folgte der anderen. Die Lage der Women's Bank wurde zunehmend schwieriger. Die Bewegung der Gedankenreform richtete sich gegen Lehrer und Professoren, die Landreformbewegung gegen Grundbesitzer auf dem Lande; dann folgten die Drei-Antis-Kampagne gegen Beamte und Parteimitglieder und die Fünf-Antis-Kampagne gegen die Kapitalistenklasse.

1952 entstanden die ersten Kampfversammlungen gegen meine Großtante, um »ihr zu helfen, ihre frühere Widerspenstigkeit zu verstehen« und »ihr Gelegenheit zu geben, ihre Fehler gutzumachen«. Viele ihrer früheren Angestellten hatten sie denunziert, manche nur, um die eigene Haut zu retten. Es stand von Anfang an fest, daß das Urteil nur »schuldig« lauten konnte. Meine Großtante mußte eine für damalige Verhältnisse unglaublich hohe Geldstrafe bezahlen und wurde gezwungen, alle Funktionen bei der Women's Bank niederzulegen, durfte jedoch weiterhin in ihrem Penthouse im sechzehnten Stock wohnen. Ihre Privilegien wurden eines nach dem anderen gestrichen, sie nahmen ihr den Chauffeur und den Koch und verboten ihr sogar die Benutzung des Aufzugs, um in ihre Penthouse-Wohnung zu kommen. Von nun an stand sie unter Hausarrest und lebte wie eine Einsiedlerin. Das Treppensteigen verursachte ihr große Schmerzen in der Brust; dennoch wurde sie gezwungen, an sämtlichen Versammlungen ihrer *hu kou* und früheren *dan wei* teilzunehmen.

Im Laufe der Jahre gab es noch viele Kampagnen, und alle verliefen nach dem gleichen Schema: Zuerst wurde Propaganda durch Zeitungen, Radio und Anschläge betrieben, um die Zielgruppe bekanntzugeben. Dann folgten Prozessionen mit Trommeln und Gongs, Militärmusik und erhebenden Reden über Lautsprecher. Auf den endlosen Pflichtversammlungen forderte man Verwandte, Freunde, Arbeitskollegen und Nachbarn auf, sich gegenseitig zu bespitzeln. Zum Teil genügte es schon, anonym Namen in einen sogenannten Vorschlagskasten zu werfen.

Tante Baba hatte das Rampenlicht immer gemieden und haßte es, exponiert an der Spitze zu stehen, *chu feng tou* 出鋒頭: Auf diesen Versammlungen saß sie unauffällig in einer Ecke, eine bescheidene, harmlose, ruhige ältliche Jungfer, die der Mehrheit zustimmte und keine eigene Meinung äußerte. Als die Ermittlungen gegen Großtante liefen, sagte Tante Baba nie ein Wort zu ihrer Verteidigung. Sie wußte, daß sie nur so überleben konnte.

1955 kam die Bewegung der ländlichen Genossenschaft, die mit der Denunziation der reichen Bauern begann; kurz danach folgte die Bewegung zur Eliminierung versteckter Konterrevolutionäre. Jedes Gewerbe- und Handelsunternehmen, das sich noch in Privatbesitz befand, wurde verstaatlicht. »Verdiente« Eigentümer erhielten als Entschädigung jährlich sieben Prozent des Nettovermögens ihres Unternehmens über einen Zeitraum von zehn Jahren. Allerdings war es schwierig zu entscheiden, wer ein »verdienter« Besitzer war und wer nicht.

1956 zwang die Hundert-Blumen-Bewegung jeden, Kritik an der Regierung zu üben. Diese Bewegung wurde auch als Kampagne der »Redefreiheit« bezeichnet. Ein Jahr später wurden diejenigen, die am lautesten auf das Regime geschimpft hatten, im

Rahmen der »Kampagne gegen die Rechten« dafür bestraft, daß sie es gewagt hatten, »ihre stinkenden Furze loszulassen«. Betroffen waren vor allem Lehrer, Künstler und Wissenschaftler.

1958 erfolgte der »Große Sprung nach vorn«, als Mao Zedong beschloß, die Stahlproduktion Chinas zu erhöhen und das Land über Nacht zu einer großen Industriemacht zu machen. Die Kampagne war ein Fehlschlag und führte zu wirtschaftlichem Zusammenbruch und großer Hungersnot: Reis, Öl, Tofu und Fleisch mußten rationiert werden, ebenso Kleidung, Strickwolle, Garn, Steppjacken und Wattierungen. Die Überwachung durch die Regierungskader wurde verschärft. Ohne Vorwarnung wurde meiner Tante mitgeteilt, daß alle vermieteten Immobilien meines Vaters in Schanghai beschlagnahmt würden. Sie hatte schon lange damit gerechnet und war fast dankbar, daß die Behörden sie von der Last dieser Verantwortung befreiten.

Tante Baba mußte oft in weit entfernten Zweigstellen der Bank arbeiten: Durch diese Art der Kontrolle wurde Veruntreuung und Unterschlagung verhindert. Dann war der Weg zur Arbeit mit umständlichem Umsteigen von einem überfüllten Bus in den anderen verbunden. Sie mußte ihre Mahlzeiten allein einnehmen und zu *dan wei*-Versammlungen gehen, obwohl sie dort keinen Menschen kannte. Sie bekam Magenschmerzen und erbrach immer öfter Blut. Durch eine »Hintertürbeziehung« – denn die »Vordertür war immer geschlossen« – konnte ein bekannter Chirurg sie an seinem freien Tag untersuchen. Er stellte ein Zwölffingerdarmgeschwür fest, verschrieb sehr wirksame Medikamente und riet ihr, sich aus dem Berufsleben zurückzuziehen.

Sie erholte sich zwar wieder, blieb aber gesundheitlich angeschlagen. Da allgemein Armut und Hunger in der Bevölkerung herrschte, förderte die Regierung den Verkauf von Grabstellen an im Ausland lebende Chinesen. Tante Baba berichtete Vater von ihrer Pensionierung und bat ihn, ihr monatlich vierhundert Yuan für ihren Lebensunterhalt zu überweisen; außerdem riet sie ihm, auf einem buddhistischen Friedhof außerhalb Pekings, wo Wind, Wasser und Erdgeister, *feng shui*, Glück verhießen, ein Grab zu kaufen.

Vater stimmte zu und sandte Ye Yes Asche aus Hongkong, um sie neben Großmutter beisetzen zu lassen. Meine Tante reiste nach Tientsin und traf sämtliche Vorbereitungen für die Umsetzung der Urne. Sie nutzte die Gelegenheit, um meine älteste Schwester Lydia zum ersten Mal seit der Befreiung zu besuchen.

1958 lebte Lydia mit ihrer Familie noch immer in Vaters Haus in der Shandong Road 40. Ihr Mann Samuel lehrte an der Universität Tientsin, sie kümmerte sich zu Hause um die beiden Kinder.

Die zweiundsiebzigjährige Tante Lao Lao lebte ebenfalls bei ihnen. Sie war die Schwester von Niangs verstorbener Mutter und eine nette, einfache unverheiratete Frau, die weder lesen noch schreiben konnte. Allerdings waren ihre Füße nicht eingebunden, und sie sprach Mandarin mit einem starken, fast unverständlichen Schanghaier Akzent.

Tante Baba benötigte nur wenige Tage, um den Leichnam meiner Großmutter in das neue Grab umlagern zu lassen, doch sie hatte genug Zeit, um zu erkennen, daß Lydia eine zutiefst unglückliche Frau war. Meine älteste Schwester nahm es ihrer Familie sehr übel, daß alle Geschwister zum Studium nach England hatten gehen dürfen, während sie im kommunistischen China mit einem ungeliebten Gatten zurückbleiben mußte. Ihren Ärger darüber ließ sie an Samuel aus; ständig beleidigte und beschimpfte sie ihn. Er wehrte sich nicht und verließ bei ihren Schimpftiraden einfach das Haus, während sie ihm »Schildkrötenei«, »ich hasse dich« und »hau ab« nachschrie.

Noch schlimmer behandelte sie Tante Lao Lao, die zusammen mit einem Dienstmädchen die gesamte Hausarbeit erledigte und kaum wagte, ein Wort zu sagen. Sie litt unter Arthritis und Brustschmerzen und hatte schlechte Augen. Wenn Lydia schlecht gelaunt war, schlug sie mit der Hand auf den Tisch und brüllte sie an, so laut sie konnte. Sie schikanierte Tante Lao Lao, wo sie nur konnte, und schlug sie sogar. Samuel unterstützte seine Frau noch mit Bemerkungen wie: »Was sucht eigentlich eine Prosperi in unserer Yen-Familie?« Dabei vergaß er, daß er selbst ebensowenig ein Yen war wie Tante Lao Lao.

Meine Tante versuchte erfolglos, mit Lydia zu reden und sie zur Raison zu bringen. Doch sie war von Neid und Bitterkeit erfüllt und bat meine Tante, in ihrem Namen an Vater zu schreiben und um seine Unterstützung zu bitten. Nach ihrer Rückkehr nach Schanghai schrieb meine Tante diesen Brief, erhielt jedoch keine Antwort.

Die Jahre von 1959 bis 1966 verliefen relativ friedlich für Tante Baba. Die Nahrungsmittelknappheit war nun weniger spürbar, denn ab Mitte 1963 konnte man fast alle Dinge des täglichen Bedarfs wieder kaufen. Die politischen Versammlungen nahmen ab, und sie mußte nun nicht mehr jeden Morgen um einen Platz im Bus kämpfen, sondern konnte gemütlich mit einer Tasse heißem Tee und dem *People's Daily* im Bett bleiben, wie viele ihrer Bekannten, die sich ebenfalls zur Ruhe gesetzt hatten. Sie trafen sich regelmäßig zum Bridge, und manchmal legten sie sogar ihre Rationsmarken zusammen und veranstalteten wieder Abendgesellschaften.

Im Sommer 1966 machten die streitlustigen Roten Garden die Straßen von Schanghai unsicher. Sie änderten Straßennamen – der bekannte Bund wurde in »Revolution Street« umbenannt –, sie schlugen Schaufenster ein, plünderten Häuser und griffen Passanten an. Tante Baba wagte sich nicht mehr auf die Straße. Die üblichen Aufmärsche, Paraden und die Zeitungspropaganda ließen eine weitere politische Säuberungsaktion befürchten. Die Mauern in Tante Babas Straße waren mit Plakaten beklebt, die von »Feinden der Kulturrevolution« sprachen. Auf den *hu kou*-Versammlungen ging es laut und hektisch zu, manchmal dauerten sie den ganzen Tag bis spät in die Nacht. Anfangs sah es so aus, als richte sich die Kampagne vor allem gegen Lehrer und hochrangige Parteimitglieder.

Am 14. September 1966 trommelten fünfundzwanzig Rotgardisten an Tante Babas Tür. Es waren Teenager und ein paar kaum zwanzigjährige Männer; die meisten der Mädchen und Jungen gingen auf die nahe gelegene Mittelschule und kannten meine Tante. Sie zwangen alle, sich auf den Boden zu knien. Miss Jian machte Kotau und erklärte, sie sei Tante Babas Freundin. Sie schlugen ihr zwei Zähne aus und brüllten sie an, sie solle gefälligst ihren wahren Status gestehen. Als sie »Dienstmädchen« flüsterte, grinsten sie höhnisch und nannten sie Lügnerin, schlugen sie aber nicht mehr. Nun wandten sie sich Tante Baba zu. Sie zertrümmerten ihr das Gebiß, rissen sie an ihren Haaren, peitschten sie mit ihren Gürteln aus, traten sie mit Füßen, bis sie zusammenbrach, und schlugen sie auf den gekrümmten Rücken.

Im Garten verbrannten sie alle Bücher, Photoalben und Gemälde, bis nur noch ein Häufchen von einem plötzlichen Regenguß durchnäßte Asche auf dem Rasen zurückblieb. Sie zwangen Tante Baba, den Schlüssel, den sie um den Hals trug, abzunehmen und den Tresor aufzuschließen, und waren wütend, weil sie kein Geld und keinen Schmuck darin fanden, sondern nur Ye Yes Briefe und meine Grundschulzeugnisse. Bevor sie schließlich davonstürmten, zerschlugen sie die Antiquitäten, warfen Möbel um, zerrissen die meiner Tante so teuren Briefe und meine alten Zeugnisse, rissen die Vorhänge herunter, schlitzten Matratzen auf und zerschnitten Kleider und Mäntel. Sie befahlen Miss Jian, innerhalb der nächsten vierundzwanzig Stunden auszuziehen.

»Wo soll ich denn hin?« jammerte sie. »Seit zweiundzwanzig Jahren lebe ich hier. Ich habe schon hier gewohnt, bevor ihr auf die Welt gekommen seid, und habe ein Recht darauf, bis zu meinem Tod ein Zimmer zu bewohnen.«

»Sieh zu, daß du wegkommst! Verschwinde, du blöde alte Kuh! Wo kommst du denn ursprünglich her?«

»Geboren bin ich in Hangzhou.«

»Dann verschwinde nach Hangzhou. Schon morgen! Du gehörst nicht nach Schanghai, und du gehörst erst recht nicht in dieses Haus!«

Als sie weg waren, sprach Miss Jian nach fünfzehn Jahren zum ersten Mal wieder in höflichem Ton mit Tante Baba: Es tue ihr leid, daß sie von diesen Vandalen überfallen worden seien. Sie verband Tante Babas Kopf und bat um einen Koffer. Tante gab ihr einen alten Schrankkoffer – und sie gingen in Freundschaft auseinander.

Eine Woche später wurde Tante Baba gezwungen, in ein kleines Zimmer im Nachbarhaus gleich hinter dem Garten zu ziehen. In ihr altes Haus, das sie nicht mehr betreten durfte, zogen fremde Familien. Sie froren ihr Bankguthaben ein und händigten ihr die Briefe meines Vaters nicht mehr aus. Für ihren Lebensunterhalt erhielt sie von der Regierung nur noch fünfzehn Yuan im Monat. Außerdem mußte sie auf der Brust ein schwarzes Stück Stoff mit der gut lesbaren Aufschrift »sechs schwarze Klassen, *hei liu lei* 黑六類« tragen. Nun gehörte sie zu den verachteten »Schwarzen«, zu denen man damals Kapitalisten, Großgrundbesitzer, Rechtsextreme, reiche Bauern, Konterrevolutionäre und Kriminelle zählte. Die »Schwarzen« wurden zu den niedrigsten Arbeiten herangezogen und mußten immer das Ende der langen Schlangen abwarten, bevor sie ihre Lebensmittelrationen erhielten, und oft gingen sie auch leer aus. Viele warteten auf den Fußböden der Krankenhäuser vergeblich auf medizinische Versorgung.

Alle Schulen wurden geschlossen, Busse und Züge waren mit Rotgardisten überfüllt, die kostenlos durch ganz China reisten. Die Post wurde nicht mehr ausgetragen, private Telephonleitungen abgestellt, buddhistische Tempel und christliche Kirchen zerstört und Bücher verbrannt. Viele Stadtbewohner mußten »zur Reform ihrer Gedanken durch schwere, körperliche Arbeit und um von den Bauern zu lernen« aufs Land ziehen.

Obwohl sie nun als »Schwarze« galt, wurde meine Tante nicht vertrieben. Sie dachte, die ganze Stadt sei verrückt geworden, schob es jedoch auf die Revolution. Sie glaubte, Mao Zedong und Zhou Enlai und die anderen wichtigen Menschen, *da ren*, folgten einem geheimnisvollen Plan zur Befreiung Chinas.

Erst im Winter 1971 besserte sich die Lage. Es gab Gerüchte, daß Lin Biao, der Verteidigungsminister und Mao Zedongs Erbe, im Oktober verstorben sei. Lin war kommunistischer General, dessen Armeen maßgeblich an der Befreiung der Mandschurei, Pekings und Tientsins beteiligt gewesen waren. Er stieg zum zweiten Mann im Staate auf, als hochrangige Mitglieder der Kommunistischen Partei den Säuberungsaktionen der Kulturrevolution zum Opfer fielen. Offiziell hieß es, Lin habe einen Mordanschlag auf Mao verübt, der allerdings fehlgeschlagen sei. Bei einem Versuch, mit Frau und Sohn in einem Flugzeug nach Rußland zu entkommen, sei er jedoch über der Mongolei abgestürzt. Nach Lins Tod wurden die politischen Versammlungen in Tante Babas *hu kou* weit weniger aggressiv, und eines Abends mußten alle Lin Biaos Vorwort in Maos *Kleinem Rotem Buch* herausreißen und vernichten.

Nach Präsident Nixons Anerkennung der Volksrepublik China wurde das Leben deutlich leichter. 1972 war ein niederschlagsreiches Jahr, und es gab genügend Nahrungsmittel. Die politischen Versammlungen wurden immer seltener. Man gab die Bankkonten frei, und Vater konnte seine monatlichen Zahlungen nach Schanghai wiederaufnehmen.

Tante Baba bat Vater, auch Großtante einen monatlichen Unterhalt zu zahlen. Wie alle anderen, war auch sie 1966 von den Rotgardisten aus ihrem Penthouse vertrieben worden. Ihre Anlagen bei der Bank wurden gesperrt und konnten nicht mehr veräußert werden. Von den fünfzehn Yuan, die ihr monatlich von der Regierung zugestanden wurden, konnte sie kaum leben; oft mußte sie frieren und hungern. Als Vater Tante Babas Brief erhielt, schickte er auch Großtante regelmäßig Geld, bis sie drei Jahre später an einer Lungenentzündung starb.

1974 folgte der »Kritik an Lin Biao« die »Anti-Konfuzius-Kampagne«. Konfuzius war der Spitzname, den Madame Mao für Premierminister Zhou Enlai geprägt hatte. Tantes *hu kou* bemühte sich, auf den Versammlungen mehr Begeisterung zu erzeugen. Angeblich war die Anwesenheit Pflicht, aber viele meldeten sich krank oder blieben einfach fern: Die Leute hatten offensichtlich genug von diesen ewigen Kampagnen.

Am 7. April 1976 fanden sich die Massen auf dem Tiananmen-Platz, dem Platz des Himmlischen Friedens, zu einer öffentlichen Trauerkundgebung um Zhou Enlai ein; dies wurde gleichzeitig als Zeichen der Unterstützung für Deng Xiaoping (Mao Zedongs Schützling) und heimliche Kritik an Maos Frau gewertet. Polizei und bewaffnete Soldaten setzten Schlagstöcke ein, um die Massen auseinanderzutreiben. Tausende unbewaffneter Demonstranten wurden niedergeknüppelt, manche erlitten ernsthafte Verletzungen, und einige kamen ins Gefängnis. Dies war der erste Vorfall auf dem Platz des Himmlischen Friedens.

Im Juli 1976 erschütterte ein Erdbeben der Stärke 8 auf der Richter-Skala die Industriestadt Tangshan in der Nähe von Tientsin; mehr als eine Million Menschen kamen ums Leben. Überall in China flüsterten die Menschen, das Erdbeben sei ein böses Omen und weise auf Mao Zedongs Ende hin. Zwei Monate später starb Mao.

Am 8. Oktober 1976 wurde nach dem Abendessen in Tante Babas Straße eine *hu kou*-Versammlung einberufen und die Verhaftung der »Viererbande« bekanntgegeben, wie Mao Zedong seine Frau und ihre Anhänger aus Schanghai, Yao Wenyuan, Zhang Chunqiao und Wang Hongwen, selbst nannte, die sich zusammengeschlossen und zu Anführern der Kulturrevolution erklärt hatten. Sie besaßen absolute Macht, denn bis zu seinem Tode genossen sie Maos volle Unterstützung.

Am nächsten Tag fand eine Parade zum Gedenken an den Sturz von Madame Mao statt; meine Tante meldete sich krank und nahm nicht daran teil. Deng Xiaoping wurde rehabilitiert und 1977 zum stellvertretenden Premierminister ernannt. China öffnete seine Tore wieder der Außenwelt, und das Zeitalter der Reform begann.

21. KAPITEL

Ein vom Himmel geschmiedetes Bündnis

Tian Zuo Zhi He

天作之合

1971, nach meiner Scheidung, nahm meine Karriere einen neuen Aufschwung. Trotz der schrecklichen Prognosen der älteren Ärzte, daß schon in den nächsten fünf Jahren die meisten Privatpraxen schließen müßten, machten die Bestimmungen der Krankenkassengesetzgebung entgegen allen Erwartungen meine Praxis zu einer wahren Goldgrube. Als Anästhesistin berechnete ich meine Honorare nach einer Gebührentabelle, die von der Amerikanischen Gesellschaft für Anästhesiologie festgelegt wurde; schon in den ersten drei Jahren meiner Praxis stiegen diese Gebühren um zwanzig Prozent. Die meisten Patienten bemerkten diesen deutlichen Anstieg jedoch gar nicht, denn sie mußten diese Ausgaben nicht aus eigener Tasche bestreiten: Gesundheitsbezogene Kosten wurden automatisch von den Krankenkassen und anderen Versicherungsgesellschaften übernommen. Es galt als unschicklich, mit dem Arzt über seine Honorare zu sprechen.

Anfang der siebziger Jahre war Rassen- und Frauendiskriminierung noch immer an der Tagesordnung. Der ungezwungene Kameradschaftsgeist im Operationssaal verschwand, sobald der chirurgische Eingriff beendet war. Es bestand zum Beispiel eine stillschweigende »Hackordnung« beim Mittagessen in der Kantine: Am Kopfende des Tisches saßen die weißen, männlichen »Großverdiener« der hochangesehenen Chirurgie; es folgten die Internisten, dann die Allgemeinmediziner und schließlich als letzte in der Rangordnung die am Krankenhaus angestellten Ärzte, wie Radiologen, Pathologen und Anästhesisten – ganz besonders die nichtweißen Ärztinnen wie ich. Wir wurden jedoch nicht nur wegen unserer Hautfarbe verachtet, sondern auch, weil wir keine eigenen Patienten ins Krankenhaus überwiesen und wie Schmarotzer von den durch andere Ärzte »beigebrachten« Patienten lebten. Außerdem waren wir unbeliebt, weil wir als Interne weder für Büroräume noch Pflegepersonal aufkommen mußten und daher niedrige Allgemeinkosten hatten. Ein Arzt wurde von seinen Kollegen um so höher geachtet, je mehr Patienten er überwiesen hatte. Daher richtete sich die Aufmerksamkeit vor allem auf die Ärzte, die dem Krankenhaus Einkünfte verschafften. Vom Vorstand bis zum niedrigsten Sanitäter herrschte diese Einstellung.

Ende der sechziger, Anfang der siebziger Jahre gab es nur wenige weibliche Mediziner. Ich schloß Freundschaft mit Alcenith Crawford, einer geschiedenen Augenärztin, die dreißig Jahre älter war als ich und mich unter ihre Fittiche nahm. Damals, als es selbst für vermögende Frauen nahezu unmöglich war, Medizin zu studieren, hatte Alcenith mit Hilfe von Darlehen und verschiedensten Hilfsarbeiten die medizinische Hochschule absolviert. Außer mir und Alcenith gehörten nur noch zwei weitere Frauen zum Mitarbeiterstab des West-Anaheim-Gemeindekrankenhauses. Sie saßen meist in der Ärztekantine und beklagten sich über ihre Ehemänner. Tatsächlich hatten wir alle vier private Probleme.

Alcenith erklärte es so: »Wir Ärztinnen führen unglückliche Ehen, weil wir uns für die Superstars der Familie halten. Schließlich haben wir die Mühsal der medizinischen Fakultät überstanden und erwarten nun zu Hause unsere Belohnung. Wir mußten uns während des Studiums mit allen möglichen Problemen auseinandersetzen; wenn wir dann endlich das Examen bestanden haben, sind wir nicht mehr bereit, das Heimchen am Herd zu spielen. Nur ganz wenige Männer können sich damit abfinden, denn Männer möchten wichtig sein und die unangefochtene Führungsrolle in der Familie einnehmen. Es gefällt einem Mann nicht, auf seine Frau zu warten, während sie im Operationssaal Leben rettet. Er erwartet, daß sie und die Kinder sich ausschließlich um seine Bedürfnisse kümmern, nicht umgekehrt. Aber wir haben gelernt, in den Krankenhäusern Anweisungen zu erteilen, und sind es gewohnt, daß sie befolgt werden. Zu Hause ist es dann schwierig, sich anzupassen. Außerdem verdienen wir oft mehr als unsere Gatten. Und das verzeiht nur ein großzügiger und außergewöhnlicher Mann.«

Der berufliche Erfolg konnte jedoch das Scheitern meiner Ehe nicht wettmachen. Für mich war Scheidung gleichbedeutend mit profundem, schwerwiegendem Versagen. Den Kollegen gegenüber wahrte ich die Fassade der unabhängigen Ärztin, doch in meinem Innern herrschte schmerzliche Leere. Meine Freundin Alcenith zeigte, daß sie diese Leere meines Lebens erkannt hatte, als sie meinte, ich funktioniere wie eine gut geölte Maschine, der ein Ersatzteil fehle. Sie beschloß, das fehlende Teil zu liefern, und arrangierte ein Rendezvous mit einem Unbekannten für mich. Professor Robert Mah, der amerikanisch-chinesische Freund ihres Sohnes, lehrte an der Universität Los Angeles. Wir sollten uns vor der medizinischen Fakultät treffen.

Es war ein typischer südkalifornischer Frühlingsnachmittag des Jahres 1972. Die Sonne brannte vom Himmel, und der Smog war deutlich spürbar. Obwohl ich die telephonischen Anweisungen des Professors genau befolgte, verfuhr ich mich, und als ich einen Tankwart fragte, wie ich zum Campus käme, erhielt ich zur Antwort: »durch fleißiges Lernen«.

Ich kam mit dreißig Minuten Verspätung endlich an und sah ihn schon von weitem auf den Stufen stehen und suchend die Straße hinunterblicken. Er sah gut aus, war ziemlich groß und hatte dickes, glänzendschwarzes Haar und eine jungenhafte Ausstrahlung. Ich war hingerissen. Er lächelte und sagte: »Ja, hier sind Sie richtig. Ich bin Bob.«

Bob wurde in Kalifornien geboren und war noch nie in China. Seine Eltern, die aus dem Dorf Toishan in der Provinz Guangdong stammten, waren 1906 nach San Francisco ausgewandert. Ohne Bildung oder besondere Fähigkeiten lebten sie mehr schlecht als recht durch Gelegenheitsarbeiten in Restaurants, zuerst in Fresno, später dann in einer kleinen bäuerlichen Gemeinde mit knapp 30 000 Einwohnern im San Joaquin Valley. Sie konvertierten zum Christentum, wurden gläubige Katholiken und hatten acht Kinder – sechs Jungen und zwei Mädchen; Bob war der Jüngste. Als er drei war, starb sein Vater an einem Herzinfarkt und hinterließ eine Witwe mit sehr wenig Geld und vielen hungrigen Mäulern. Sein ältester Bruder war damals gerade erst siebzehn. Es blieb seiner Mutter nichts anderes übrig, als von der Sozialhilfe zu leben.

Als Pearl Harbor angegriffen wurde, mußte der neunjährige Bob in der Schule ein Schildchen tragen, auf dem »Ich bin Chinese« stand, damit er nicht irrtümlich für einen seiner japanischen Schulfreunde gehalten und als »Feind« abgestempelt wurde. Selbst als kleiner Junge wunderte und ärgerte er sich darüber, daß japanische Kinder verspottet, gehaßt und später mit ihren Familien in Lager gebracht wurden. Seine eigene Familie hatte nicht nur mit Rassendiskriminierung, sondern auch mit Armut zu kämpfen. Die Geschwister hielten zusammen wie Pech und Schwefel und halfen der verwitweten Mutter, wo sie nur konnten. Diese ermutigte sie dazu, sich für den Krieg einzusetzen und gute Amerikaner zu sein. Zwei seiner älteren Brüder gingen zur Armee; der neunzehnjährige Ed, der sein Studium an der Stanford University abbrach, um seinem Land zu dienen, kam an die Front nach Deutschland. Er landete in einer Baracke mit neun verwundeten Kameraden und hielt ganz allein einem mörderischen Gegenangriff der Deutschen stand. Dafür wurde er mit einem Orden für Tapferkeit und heldenhaften Kampfeinsatz ausgezeichnet.

Sein Bruder Earl wurde wegen einer verkrüppelten Hand als untauglich abgelehnt. Er besuchte das Fresno State College, um Ingenieur zu werden, und arbeitete gleichzeitig als Metallarbeiter bei Rohr Industries. Sobald sie allein zurechtkamen, verlangte seine Mutter von ihm, dem Sozialamt mitzuteilen, daß sie die Unterstützung nicht länger benötigten. Zur Ergänzung der mageren Einkünfte baute die Mutter im Garten ihres Häuschens in West Fresno chinesisches Gemüse an. Einen Teil der Einnahmen spendete sie der amerikanischen Regierung als ihren Beitrag zum

Kriegsdienst. Gesundheitlich angeschlagen, hatte sie kurz nach Kriegsende einen Schlaganfall, den sie mit einer halbseitigen Lähmung und mit einer Sprachstörung überlebte.

Die älteren Kinder übernahmen nun gemeinsam die Versorgung der kranken Mutter und der beiden jüngsten Brüder: Bobs älteste Schwester blieb zu Hause und kümmerte sich ständig um ihre Mutter; seine zweite Schwester, die gerade die letzten beiden Jahre an der High-School absolvierte, erbot sich, die Hausarbeit und das Kochen zu übernehmen. Neben seinen Studien am College und seiner anstrengenden Arbeit als Ingenieur fand der älteste Bruder Earl auch noch Zeit, sich um ihn zu kümmern, korrigierte seine Hausaufgaben, strich ihm seine Pausenbrote und weckte ihn jeden Morgen rechtzeitig, so daß er den Schulbus nicht versäumte. Alle Geschwister legten ihre Löhne und Gehälter zusammen, um die Haushaltsausgaben und die Kosten für Bobs College zu bestreiten. Mit ihrer Hilfe machte Bob sein Diplom in Mikrobiologie und wurde Professor an der Universität. Ich verglich ihre Liebe und gegenseitige Unterstützung mit den Zwistigkeiten, dem Neid und der Eifersucht in meiner eigenen Familie. Während Bob von seiner Familie in jeder Weise unterstützt wurde, damit er seine ehrgeizigen Ziele erreichen konnte, hatte ich bei dem, was ich erreicht hatte, immer das Gefühl, es trotz meiner Familie geschafft zu haben. Während er Liebe im Überfluß genoß, verzehrte ich mich nach ein wenig Zuwendung.

Als mich Bob in seine Wohnung zum Essen einlud, stellte ich fest, daß er zwei Tage lang mit den Vorbereitungen zugebracht hatte: Er mußte dazu das frische Gemüse säubern und schneiden, das Schweine- und Hühnerfleisch von Fett befreien und in zwei Schalen marinieren. Lange hatte er über die richtigen Weine für die verschiedenen Gerichte nachgedacht. Als wir gemeinsam das mit so viel Liebe zubereitete Essen genossen, wagte ich zu hoffen, daß wir füreinander bestimmt waren. Waren mir die Götter nun endlich wohlgesonnen? War dies das vom Himmel geschmiedete Bündnis, *tian zuo zhi he* 天作之合, wie es die Tang-Dichter priesen?

Nach dem herrlichen Essen schilderte ich Bob meine Kindheit. Plötzlich öffnete sich eine Schleuse, und ich konnte die Tränen nicht mehr zurückhalten. Er hielt meine Hand, während ich meinem Schmerz und meiner Sehnsucht freien Lauf ließ. Ich war die geächtete Außenseiterin, die so gern akzeptiert werden wollte, das häßliche Entlein, das sich danach sehnte, als wunderbarer Schwan zurückzukehren, die verachtete und ungewollte chinesische Tochter, besessen vom Streben nach der Anerkennung ihrer Eltern. Eines Tages würden sie mich liebhaben, ich mußte mir nur Mühe geben.

Da ich soviel wie möglich arbeitete und fast jede Nacht den Notdienst übernahm, konnte ich nur meine seltenen freien Abende mit Bob verbringen. Oft ertönte in den unpassendsten Augenblicken mein Piepser und rief mich in den Operationssaal; manchmal dauerten die Operationen bis spät in die Nacht, aber ich konnte nach Hause kommen, wann ich wollte – es stand immer ein warmes Essen auf dem Tisch, und Bob wartete auf mich. Ich hatte in meinem ganzen Leben noch nie einen Mann kennengelernt, der so aufmerksam und liebevoll war und von dem ich mich so umsorgt fühlte. Er war nicht nur nett und freundlich zu mir, sondern auch zu meinem Sohn und ging mit ihm zum Basketball und zu den Elternsprechstunden seiner Schule, wenn ich Notdienst hatte. Am schönsten war aber, daß er die Stabilität in mein Leben brachte, nach der ich mich so lange gesehnt hatte. Bob zeigte seine Liebe nicht durch Worte, sondern durch jede seiner Gesten. Gegen Ende des Jahres hatte er Geburtstag. Auf meine Glückwunschkarte schrieb ich: »Der Tag, an dem du geboren wurdest, war der glücklichste Tag meines Lebens. Deine Liebe ist wie ein Schild, der mich vor den härtesten Schlägen des Lebens schützt. Bei dir fühle ich mich völlig sicher. Danke, daß du immer für mich da bist.«

In nervöser Unruhe schrieb ich meinen Eltern und bat sie um die Erlaubnis, Bob heiraten zu dürfen. Zusammen mit der jährlichen Weihnachtskarte erhielt ich als Antwort eine kurze Notiz: »Ich bin froh, daß du vor deiner Hochzeit noch Zeit gefunden hast, uns zu schreiben«, erwiderte Vater und erinnerte mich daran, daß ich diese Aufmerksamkeit beim letzten Mal unterlassen hatte. »Bob scheint ein netter Mann mit einem ordentlichen Beruf zu sein. Warum ist er in seinem Alter noch ledig? Hat er homosexuelle Neigungen? Achte darauf, daß deine Immobilien auf deinen Namen eingetragen werden.«

Bald danach heirateten wir; unsere Tochter Ann kam zwei Jahre später zur Welt. Endlich war ich zu Hause. Ich brauchte lange, bis ich sicher war, daß mir dieses Glück niemand mehr streitig machen konnte.

Wir zogen in ein neues Haus direkt am Strand von Huntington Beach. Hinter der Haustür begann eine gewundene Treppe, die über ein Atrium mit Bambus, Palmen, Philodendren und Bromelien führte. Das große Haus war geräumig und hell, es gefiel uns auf Anhieb.

22. KAPITEL

Auf allen Seiten von feindlichen Kräften belagert

Si Mian Chu Ge

四面楚歌

In den sechziger und zu Beginn der siebziger Jahre warfen Vaters Geschäfte riesige Gewinne ab. Er ließ in Hongkong mehrere Häuserblocks und Eigenheime errichten, die er gewinnbringend verkaufte. Sein Industriekomplex in Cha Wan, der auf Grundstükken stand, die er 1966 während der Aufstände in Hongkong zu Niedrigstpreisen erstanden hatte, war komplett vermietet. Er besaß zwei Tonnen Gold, die sicher in den Gewölben einer Schweizer Bank lagen.

Im Sommer 1976 flogen Vater und Niang wie üblich nach Monte Carlo, um der Hitze zu entgehen. Trotz der Ermutigungen seiner Lehrerin nahm er immer seltener an den Französischstunden teil; er weigerte sich, ihr französische Sätze nachzusprechen. Der Unterricht verkümmerte zu langen, teuren Sitzungen, an denen nur Niang und die Lehrerin teilnahmen, während Vater abwesend in sein Französischbuch für Anfänger, Teil I, blickte.

Auch bei gesellschaftlichen Anlässen hielt er sich zunehmend zurück. Auf dem jährlichen Rotkreuzball unter der Schirmherrschaft von Prinzessin Gracia Patricia lehnte er es ab zu tanzen. Zu Hause las er stundenlang das *Wall Street Journal* und die *International Herald Tribune* oder tat jedenfalls so. Meistens nickte er dabei ein.

Einmal zerkratzte er eine Seite seines Mercedes auf einer der gewundenen Straßen Monacos. Als Niang sich erkundigte, wie diese Kratzer entstanden waren, behauptete er, die Felswand sei vorher nicht dagewesen. Während sie noch über seine Verwirrung schimpfte und zeterte, stellte sie plötzlich fest, daß er mitten in ihren zornigen Tiraden eingedöst war.

Nach seiner Rückkehr nach Hongkong färbte er sich die Haare nicht mehr. Er konnte kaum noch seinen Namen schreiben und übte stundenlang hinter verschlossenen Türen; seine Hand wollte einfach nicht mehr aufhören zu zittern. Nach seinem Tod fand ich einen Stoß Tagebücher versteckt unter ein paar Handtüchern. Alle Seiten waren ordentlich mit seiner Unterschrift vollgeschrieben. Als ich so dastand und immer wieder seinen Namen las, konnte ich seine Fassungslosigkeit und Beschämung nachempfinden.

Er stand immer früher auf. An den Tagen, an denen er zum Golfspielen ging, ließ er seinen Chauffeur schon um vier Uhr morgens vorfahren, damit er ihn zum Club nach Stanley brachte. Wenn sie dort ankamen, war es noch stockdunkel. Meist dösten sie dann im Auto und warteten, bis schließlich um sechs Uhr die Tore geöffnet wurden.

Anfang 1977 erhielt ich einen Brief von Niang. Ein prominenter Arzt in Hongkong hatte Vater geraten, sich an der Stanford University untersuchen zu lassen. Ich lud sie ein, bei uns in unserem neuen Haus zu wohnen. Obwohl ich mir große Sorgen um Vater machte, freute ich mich doch, daß sie mich um Unterstützung gebeten hatten.

So fuhren Bob und ich – wir hatten uns beide einen Tag freigenommen – mit einer Mischung aus Furcht und Erwartung zum Flughafen. Ich weinte, als ich Vater so zerbrechlich und schwach mit weißem Haar in der Ankunftshalle stehen sah. Sein Blick war ausdruckslos, vielleicht ein bißchen ängstlich. Wir begrüßten uns förmlich mit einem Händedruck.

Bob hatte meine Eltern drei Jahre zuvor bei einem kurzen Besuch in Monte Carlo kennengelernt und war entsetzt über die drastischen Veränderungen. Obwohl tadellos in einen malvenfarbenen Kaschmirmantel gekleidet und trotz der Perlen und Diamanten sah Niang weit älter aus als sechsundfünfzig. Unsere Haushälterin Ginger öffnete die Tür. Vor dem hohen Bambus im luftigen Atrium standen unsere beiden Kinder, Roger und Ann, die neugierig herbeiliefen, um ihre Großeltern zu begrüßen.

Vater trat über die Schwelle, blieb stehen und mußte vor Überraschung Luft holen. Er war beeindruckt von dem phantastischen Blick durch die helle, pflanzenbegrünte Eingangshalle hindurch auf den Hafen. Sein stolzer Blick war offenbar zuviel für Niang. »Geh hinein und setz dich, Joseph«, sagte sie gereizt. »Wo starrst du denn hin? Es ist doch *nur* Adelines Haus.«

Bob und ich flogen mit ihnen nach San Francisco. Wir mieteten ein Auto und bezogen ein Zimmer im *Holiday Inn*, bevor wir zur Privatklinik fuhren. Sie untersuchten Vater gründlich und machten auch eine Gehirntomographie. Dann wurden wir vier in Professor Hanburys Büro gebeten, wo Vater einer persönlichen Beurteilung unterzogen wurde. Er konnte alle Fragen beantworten, bis Professor Hanbury ihn bat, hundert minus sieben auszurechnen.

Es entstand eine kurze Pause.

Schließlich antwortete Vater zu meiner Erleichterung: »Dreiundneunzig.«

»Bitte weiter. Wieviel ergibt dreiundneunzig minus sieben?«

Vater überlegte und überlegte. Er begann zu schwitzen. Sein Gesicht wurde rot. Die Antwort wollte ihm nicht einfallen. In seiner Verzweiflung rief er schießlich: »Warum ist alles so schwierig? Solche Aufgaben waren früher ganz einfach zu lösen. Jetzt kann ich es nicht mehr. Warum, Doktor, warum?«

Er hatte Angst, und ich wünschte mir von ganzem Herzen, ich könnte ihn beruhigen. Niang stand mit finsterem Gesicht neben mir. Tröstend versuchte ich, ihr meinen Arm um die Schulter zu legen. Doch sie machte mit einem leichten Stirnrunzeln einen Schritt zur Seite.

»Ich fürchte, das gehört einfach zum Alterungsprozeß«, erwiderte der Professor. »Doch lassen wir die Rechnerei. Wie viele Kinder haben Sie, Herr Yen?«

Wieder zögerte Vater. Zweimal setzte er zu einer Antwort an, ließ es aber dann. Tränen rannen mir übers Gesicht. Ich konnte es nicht länger ertragen.

Bob griff nach meiner Hand und führte mich hinaus; er trocknete meine Tränen mit einem Taschentuch. »Weine nicht. Die Frage nach der Zahl der Kinder ist üblich. Dein armer Vater weiß wahrscheinlich gar nicht, wie der gegenwärtige Stand der Familie ist. Gehören verstoßene Töchter dazu oder nicht? Außerdem könnten diejenigen, die gestern noch enterbt wurden, morgen wieder in seiner Gunst stehen.«

Vater mußte noch weitere Untersuchungen über sich ergehen lassen und blieb einige Tage dort; Professor Hanbury wollte uns seine endgültige Diagnose schriftlich mitteilen. Wir warteten vor dem Büro des Krankenhauses, um Vaters Entlassungspapiere abzuholen. Da Vater britischer Staatsangehöriger aus Hongkong war und keine amerikanische Krankenversicherung hatte, wurden wir gebeten, die Rechnung sofort zu bezahlen. Als Niang die Auflistung der Abrechnung erhielt, sah ich, wie sie über die Höhe des Betrags erschrak. Sie war mit amerikanischen Krankenhausgebühren nicht vertraut. Sanft nahm ich ihr die Blätter aus der Hand und stellte einen Scheck über den Gesamtbetrag aus. Ich versprach ihr, daß Bob und ich Vaters medizinische Ausgaben in Amerika übernehmen würden.

Während wir auf unseren Flug nach Los Angeles warteten, nahmen wir am Flughafen einen kleinen Imbiß ein. Niang wollte noch ein paar Postkarten aussuchen. Seit dem Abschluß der Untersuchung war Vater erleichtert, fast fröhlich. Um ihn von seiner Krankheit abzulenken, stellte ich ihm ein paar Fragen, zum Beispiel über die glücklichste Zeit seines Lebens.

Er dachte eine Weile nach. »Als ich als junger Mann in Tientsin lebte«, antwortete er, »und ihr alle noch klein wart. Ich hatte gerade meine eigene Firma gegründet, und alles lief gut. Ich exportierte Walnüsse und fuhr über die Felder, um die Qualität der Nüsse zu prüfen. Oft fuhr ich ganz früh los, und bevor ich mich versah, war es wieder dunkel und Zeit, zum Abendessen nach Hause zu fahren. Ich war ausgehungert und bemerkte erst dann, daß ich den ganzen Tag nichts gegessen hatte. Das war eine sehr glückliche Zeit für mich.«

»Erzählen Sie mir etwas über Adeline«, bat Bob. »Wie war sie als kleines Mädchen?«

»Sie war ein Bücherwurm, der ausgezeichnet lernte«, erwiderte Vater lächelnd. »Ich war es gewöhnt, daß sie immer Klassenbeste war. Als sie einmal nur die Zweitbeste wurde, schimpfte ich mit ihr.« Er warf sich stolz in die Brust, während mir Tränen in den Augen standen. »Einmal hat sie sogar einen Geschichtenwettbewerb gewonnen, an dem Kinder aus allen englischsprechenden Schulen der ganzen Welt teilnehmen konnten ...«

Seine Stimme wurde leiser. Ein Ausdruck von Unbehagen ging über sein Gesicht. Er blickte an uns vorbei ins Leere. Bob und ich drehten uns um und bemerkten, daß Niang direkt hinter mir stand. Wir waren so ins Gespräch vertieft, daß wir sie nicht gehört hatten.

»Na«, sagte sie bissig, »worüber unterhaltet ihr euch?«

Wir wußten nicht, was wir sagen sollten, wollten sie aber auch nicht verärgern. »Joseph!« rief sie nervös. »Hat es dir die Sprache verschlagen?«

Vater erwiderte nichts, wirkte aber plötzlich sehr eingefallen. Während wir im Flugzeug unsere Plätze einnahmen, ging mir durch den Kopf, daß sein Schweigen im Laufe der Jahre zu einem Schutzschild geworden war.

Wieder zu Hause in Huntington Beach, erholte sich Vater so weit, daß wir vorschlugen, James könne doch für ein paar Tage zu uns kommen.

Kurz nach James' Ankunft traf Professor Hanburys Schreiben endlich ein. Niang war schon von dem Arzt in Hongkong vorgewarnt worden, und die Bestätigung ihrer schlimmsten Befürchtungen war fast wie eine Erleichterung. Vater litt an einer Gehirnatrophie, ausgelöst durch die Alzheimer-Krankheit; die Tomographie zeigte, daß sein Gehirn bereits auf zwei Drittel der normalen Größe geschrumpft war. Es war eine hoffnungslose Diagnose, die eine stetige, irreversible Abnahme seiner geistigen Fähigkeiten bis hin zum bloßen Dahinvegetieren prognostizierte; ansonsten war er gesund und würde nicht unter körperlichen Schmerzen leiden. Abgesehen von stützenden Maßnahmen gab es keine Therapie.

Der Mund wurde mir trocken, während ich über James' Schulter den Brief las. Ich blickte auf Niang, die neben James saß, und fragte mich, ob sie wohl die tragische Bedeutung einer solchen Krankheit erfaßte. Plötzlich stand sie auf und ging in ihr Zimmer, dabei murmelte sie, sie sei am Ende ihrer Kräfte und müsse sich ausruhen. James und ich blieben allein zurück.

Wir unterhielten uns den ganzen Nachmittag über die verschiedensten Dinge, wobei uns allmählich die Auswirkungen von Vaters zunehmender Senilität und damit Niangs letztendliche Kontrolle seines Imperiums bewußt wurde. Ich riet ihm wieder einmal, seinen eigenen Weg im Leben zu gehen. »Ich kann sie doch jetzt nicht allein lassen«, meinte er, »nicht jetzt, wo sie von allen Seiten von feindlichen Kräften belagert sind, *si mian chu ge* 四面楚歌. Es ist doch sonst niemand da.« Widerstrebend stimmte ich ihm zu. »Außerdem wird die alte Dame allmählich sanfter«, gestand er. »Gestern sagte sie etwas Seltsames. ›Dein Vater hat so viele Kinder‹, meinte sie, ›aber wenn es ernst wird, können wir nur auf dich und Adeline zählen.‹ Eigentlich liegt viel Wahres in dieser Feststellung, findest du nicht?«

»Du bist der einzige, der mit Niang zurechtkommt!« erklärte ich bewundernd. »Jeder andere wäre schon längst fortgegangen.«

Meine persönliche Beziehung zu Niang wurde nach diesem Besuch deutlich besser. Sie bat mich sogar, ihnen beim Kauf eines Hauses in unserer Nähe behilflich zu sein, damit sie künftig den Sommer hier statt in Monte Carlo verbringen könnten. Vielleicht hatte sie unsere Geste, Vaters Krankenhausrechnung von insgesamt fünfzigtausend US-Dollar zu bezahlen, doch berührt. Als Ärztin war mir die Belastung, die Vaters Krankheit für sie bedeutete, sehr wohl bewußt, und ich empfand aufrichtiges Mitgefühl für sie.

Als Folge unserer gegenseitigen Annäherung schloß sie Edgar nun völlig aus. Im Laufe des Jahres veranstaltete sie in Hongkong eine große Gala zu Vaters siebzigstem Geburtstag. Gregory und Matilda kamen mit ihren beiden Kindern aus Kanada; Bob und ich nahmen ebenfalls mit Roger und Ann teil, und James, Louise und ihre Nachkommenschaft waren auch da. Neben den engsten Angehörigen lud Niang auch weitere Gäste ein, allerdings nur ein knappes Dutzend.

Nur Edgar wurde nicht eingeladen und erfuhr erst Jahre später von dieser Geburtstagsfeier.

23. KAPITEL

Nichts als Tee und Reis

Cu Cha Dan Fan

粗茶淡飯

Nach Mao Zedongs Tod 1976 wurde Deng Xiaoping stellvertretender Vorsitzender und leitete eine Reihe liberaler Reformen ein, zu denen auch die Öffnung Chinas für den Tourismus gehörte. 1979 baten uns amerikanische Freunde, sie auf einer Rundreise nach Hongkong, Hangzhou, Schanghai und Peking zu begleiten.

Im Dezember 1979 machten wir uns auf die Reise, die noch drei Jahre zuvor undenkbar gewesen wäre. Ich war überwältigt bei dem Gedanken, meine Tante Baba wiederzusehen, als ich ihr von unserem bevorstehenden Besuch schrieb. Unser sporadischer Schriftverkehr, über den Niang nur die Nase rümpfte, war durch die chinesische Regierung seit Beginn der Kulturrevolution 1966 unterbunden worden. Tante antwortete unverzüglich – allein der Anblick ihrer Handschrift erfüllte mich mit Sehnsucht. Sie lebe seit 1966 in derselben Straße, in einem Zimmer im Nachbarhaus, dort solle ich mich nach ihr erkundigen; sie freue sich schon sehr auf unser Wiedersehen.

In Hongkong war unsere Reisegruppe kaum zehn Minuten Taxifahrt von Magnolia Mansions entfernt im *Hilton* untergebracht. Vom Flughafen in Kowloon nahmen wir nicht die zeitraubende Fähre, sondern fuhren durch den neugebauten Tunnel unter dem Hafen nach Hongkong. Ich war seit 1978 nicht mehr in Hongkong gewesen und staunte über die unglaubliche Entwicklung der Kronkolonie, als die atemberaubende Skyline der Insel vor uns auftauchte.

Niang hatte uns geschrieben, daß Vater das Wasser nicht mehr halten konnte; als wir sie besuchten, brachten wir deshalb mehrere Kisten Windeln für Erwachsene aus Kalifornien mit. James und Louise waren bereits eingetroffen. Vaters Zustand hatte sich sichtlich verschlechtert: Er begrüßte uns zwar mit einem schwachen Lächeln, sagte jedoch während des Essens kein Wort und schien auch der Konversation bei Tisch nicht folgen zu können.

Nach dem Abendessen zogen wir uns ins Wohnzimmer zurück, während Vater von seiner Nachtschwester zu Bett gebracht wurde. Unter uns konnten wir die Lichter von Hongkong und die strahlende Beleuchtung von Kowloon bewundern. Vater hatte sich oft an dem phantastischen Anblick erfreut.

Niang bot James eine Zigarre an und nahm sich selbst eine Zigarette – das war das abendliche Ritual, wenn James mit ihr zu Abend aß. Mir gegenüber hatte James immer behauptet, er hasse diese Zigarren, doch das hielt ihn nie davon ab, sie anzunehmen und zu rauchen.

Während sie rauchte, schimpfte sie ununterbrochen auf Tante Baba. Sie ermahnte uns, nichts zu glauben, was uns die Tante auch erzählen würde, denn sie, Niang, zahle schließlich ihren monatlichen Unterhalt und »gebe ihr alles, was sie verlange«. Dann ließ sie sich über Lydia aus, warnte uns, daß meine Schwester uns wahrscheinlich um Hilfe bitten würde, um ihre Kinder aus China herauszuholen. »Tut das nur nicht!« befahl sie uns. »Wenn euer Vater nur selbst reden könnte, würde er euch sagen, daß die ganze Familie Sung vergiftet ist. Ihr müßt wissen, daß Samuel und Lydia euren Vater erpreßt haben, als sie 1950 nach Tientsin zurückkehrten. Sie sind immer freundlich, aber hinter eurem Rükken intrigieren sie gegen euch. Wenn ihr erst einem Familienmitglied geholfen habt, verlangen die anderen auch Geschenke und Zuwendungen, und schließlich stehen alle vor eurer Haustür. Sie stellen euer ganzes Leben auf den Kopf, aber Dankbarkeit kennen sie nicht.«

Und zu mir gewandt, fuhr sie fort: »Adeline, laß dir das gesagt sein: Das Leben hat dich verwöhnt. Warum solltest du dich mit Leuten wie Lydia und Samuel abgeben? Ich warne dich. Wenn du dich mit Schlangen einläßt, werden sie dich beißen. Sage Lydia, daß dein Vater und ich dir verboten haben, auch nur einen Finger für sie zu krümmen. Laß sie in ihrem Elend verkommen! Sie haben es nicht besser verdient!« Niangs Stimme war immer schriller geworden.

Wir gingen, sobald wir konnten, ohne unhöflich zu erscheinen. James und Louise brachten uns zurück zum *Hilton*.

»Die alte Dame ist rachsüchtig«, bemerkte James im Auto. »Tante Baba muß sie früher einmal gekränkt haben. Niang haßt sie, und daran wird sich auch nichts ändern.«

»Glaubst du, ich soll Lydia helfen, wenn sie mich darum bittet?«

»Hast du ihr geschrieben, daß du nach China kommst?«

»Nein. Eigentlich möchte ich nur Tante Baba besuchen.«

»Dann laß die Dinge, wie sie sind. *Suan le!*«

Unsere Reisegruppe bestand aus vierzig Personen. Von Hongkong aus reisten wir am Weihnachtstag 1979 mit dem Zug nach Hangzhou und wurden in dem dreiunddreißig Stockwerke hohen *Baiyun*-Hotel, »Weiße Wolke«, untergebracht. Es war zwar erst zwei Jahre alt, doch die Zimmer und Möbel waren bereits abgewohnt und abgenutzt. Trinkgelder waren nicht gestattet, und das Personal wirkte mürrisch und wenig liebenswürdig. Das Frühstück wurde pünktlich um sieben Uhr fünfundvierzig serviert. Vierzig gebratene Eier lagen auf vierzig Tellern, die auf vier runden Tischen standen, jeweils zehn pro Tisch. Die meisten Mitglieder unserer Gruppe schliefen noch, und ihre Eier wurden kalt. Blecherne Teekannen wurden scheppernd auf die Tische gestellt; außerdem gab es noch achtzig Scheiben Toast, zwanzig pro Tisch. Schlag neun Uhr war das Frühstück beendet. Eier, Toast und Tee wurden blitzschnell von Kellnerinnen abgeräumt. Dies war unsere Einführung in das Leben im kommunistischen China.

Zwei Tage später flogen wir nach Schanghai. Während uns der Bus vom Flughafen Hongqiao ins *Jinjiang*-Hotel brachte, war ich richtig aufgeregt. Wir fuhren vorbei an eindrucksvollen Villen aus roten Ziegeln im britischen Kolonialstil, umgeben von hohen Mauern, hinter denen wir Gärten und saftiggrünen Rasen sehen konnten. Der Bus bog um eine Ecke, und ich befand mich plötzlich in der vertrauten Avenue Joffre – ein Wiedersehen mit der breiten, schnurgeraden und ewig langen Allee. Ich streckte den Kopf vor, um die Straßenschilder in der neuen, abgekürzten chinesischen Schrift zu entziffern. Die Avenue Joffre hieß jetzt Huai Hai Road. Der Bus bog nach Osten ab und drängte sich wie ein gigantischer Wal in einem Schwarm winziger Fische durch Hunderte von Fahrrädern. Jetzt fuhren wir die Huai Hai Zhong Road, die frühere Central Road, entlang; einige Gebäude erkannte ich noch. Es war fünf Uhr, und unter dem ständigen Gebimmel der Fahrradglocken und dem Sausen der Reifen hasteten unzählige Arbeiter, alle in den gleichen dunkelblauen Mao-Jacken, von der Arbeit nach Hause.

Plötzlich standen sie vor mir! Unser Bus näherte sich dem Zentrum der früheren französischen Gesandtschaft, und aus dem Stadtbild tauchte etwas auf, das stärker auf mich wirkte als alles andere auf der Welt: zwei bescheidene Säulen, die die Einfahrt zu meinem früheren Zuhause, *lao jia,* bewachten. Ich erblickte die eindrucksvollen grauen Villen, solide und unverändert wie ein Gemälde aus der Vergangenheit. Aus vielen Fenstern ragten Bambusstangen, an denen Unterwäsche, Bettlaken, Decken, Mao-Jacken und Hosen lustig im Wind flatterten.

Gleich darauf passierte der Bus die wichtigsten Orte meiner Kindheit. Ich konnte einen flüchtigen Blick auf den Do-Yuen-Garten und das Cathay-Kino werfen; die unzähligen Geschäfte dazwischen und auf der anderen Seite der Straße waren nicht mehr mit den phantasievollen, zweisprachigen Plakaten beklebt. Auch die Neonlampen, die blau, rot, gelb, grün, violett und weiß geleuchtet hatten, waren verschwunden, ebenso die Friseursalons, Boutiquen, Buch- und Kaffeeläden und kleinen Bäckereien.

Nun priesen farblose und windschiefe Geschäfte ihre Waren in den neuen, graubraunen, vereinfachten Schriftzeichen an; nichts Anstößiges wurde angeboten. Dreißig Jahre waren vergangen: In dieser Zeit hatte Schanghai seine Fröhlichkeit und seinen Glanz verloren, doch wenigstens gab es jetzt keine Bettler mehr in der Stadt und keine in Zeitungspapier gewickelten Säuglinge, die niemand wollte, nur weil sie als Mädchen auf die Welt gekommen waren.

Unser Bus wandte sich östlich des Cathay-Kinos nach Norden und hielt keine hundert Meter von meiner alten Sheng-Xin-Grundschule vor dem Hotel. Bob und ich brachten unser Gepäck aufs Zimmer und fuhren sofort mit dem Taxi zu Tante Baba.

Es war ein bitterkalter Dezembertag. Der Horizont der Stadt war in eine Dunstglocke gleichförmig gelber Luftverschmutzung gehüllt. Bob bat mich, den Fahrer einen kleinen Umweg über den Bund, die frühere Wall Street Chinas, fahren zu lassen. Es machte mir Spaß, nach dreißig Jahren wieder meine Muttersprache, den Schanghaier Dialekt, zu hören und zu sprechen; mir schien, als hätte ich die Stadt nie verlassen. Fünfzehn Minuten später fuhren wir die weite Schleife des Huangpu entlang, am Huangpu-Park – der einst zu Berühmtheit gelangt war, weil der Zutritt für Hunde und Chinesen verboten war – und an den majestätischen Bürotürmen vorbei, die die Briten in den dreißiger Jahren errichtet hatten. Die Fassaden waren unverändert, obwohl aus den oberen Fenstern dieser hohen Gebäude ebenso stillos wäschebehangene Bambusstangen herausragten.

Unser Taxi bog am *Peace*-Hotel mit seinem außergewöhnlichen dreieckigen Turm, der in der untergehenden Sonne glänzte, nach links in die belebte Nanjing Lu, die frühere Nanking Road, ein. Hier drängten sich unglaublich viele Fußgänger und Radfahrer. Wir kamen an Kaufhäusern, Photoläden, Restaurants und Marktplätzen vorbei. An der Nanking Road 480 stand noch immer das imposante Gebäude der Women's Bank meiner Großmutter, die inzwischen Bank of Commerce and Industry hieß. Als wir unser Ziel erreichten, war es bereits dunkel: Tante Baba lebte in Haus Nr. 21. Die früher einmal stattlichen Häuser dieser Straße waren inzwischen schäbig und baufällig. Die Wege waren schlecht beleuchtet, und wir mußten uns vorsichtig an das Gebäude herantasten. Die Haustür stand halb offen, so daß jeder hereinkommen konnte.

Der Gestank traf uns wie ein Schlag, als wir das Haus betraten. So etwas hatten wir noch nicht erlebt. Der Schmutz und

Schweiß der Menschen, die hier seit dreißig Jahren lebten, war in alle Ritzen gekrochen. Es war der Geruch verfaulter Nahrungsmittel, ungewaschener Körper, schmutziger Wäsche und völlig verwahrloster Sanitäranlagen. Obwohl überall im Eingang und auf der Treppe Müll und Unrat herumlagen, lehnten ein paar saubere, geölte und abgeschlossene Fahrräder an den schmutzigen Wänden.

Meine Brust war wie zugeschnürt, als ich die Treppe hinaufstieg und »Tante Baba! Tante Baba!« rief. Plötzlich stand sie da, eine winzige Gestalt, die sich gegen das Licht der offenen Eingangstür abhob. Wie klein sie war! Ich umarmte sie innig und fühlte ihren knochigen Körper in der dicken Mao-Jacke. Sie wog sicher nicht mehr als vierzig Kilo.

Sie führte uns in ihr Zimmer und ließ uns auf dem Bett Platz nehmen. Lange schaute sie uns an, ein Blick voller zärtlichem Stolz.

»Deine Handschrift hat sich kaum verändert, seit du als kleines Mädchen 1948 fortgegangen bist! Es ist nicht die Schrift einer Ärztin mit englischem und amerikanischem Examen. Du schreibst noch immer wie ein Grundschulkind!« rief sie mit zitternder Stimme.

Ihr Zimmer war kalt und schmutzig. Außer einem Bett, einem Holztisch und einem kleinen Stuhl mit harter Lehne gab es keine Möbel. Ihre irdischen Besitztümer hatten in einer großen Holztruhe und ein paar nebeneinander aufgereihten Kartons Platz. Auf dem kleinen Ölofen kochte ein großer Topf Nudelsuppe. In der Mitte des Zimmers hing an ein paar Drähten eine einzige, nackte Glühbirne, und unter dem Bett stand ein emailliertes Nachtgeschirr.

Sie betrachtete es als unglaubliches Glück, seit dreizehn Jahren ein Zimmer ganz allein bewohnen zu dürfen. Auf der anderen Seite des Flurs mußte sich der Hausbesitzer ein Zimmer mit seiner Frau und seinen beiden Söhnen teilen. Das gesamte Haus beherbergte jetzt neun Familien.

Sie servierte uns frisch gekochte Nudeln mit eingelegtem Gemüse. Als sie im Zimmer hin und her ging, beobachtete ich sie genau, wie ich es als Kind schon gern getan hatte. Ihr schütteres

Haar war nun grauweiß und sorgfältig zu einem ordentlichen Knoten zusammengesteckt. Ihre großen Augen wirkten eingesunken, wodurch die ebenfalls fast grauen Augenbrauen noch deutlicher hervortraten.

Ich nahm ihre schmale Hand. Wir erzählten uns die Erlebnisse und Ereignisse aus unserem Leben und versuchten, die dreißig Jahre, die uns trennten, zu überbrücken. Ihre Stimme wurde zu einem Flüstern, sie hatte die Angst vor Denunzianten und Informanten in der kurzen Zeit noch nicht abgelegt. »Es ist unvorstellbar, daß wir einander gegenübersitzen und über alles und jedes reden können. Das wäre noch vor drei Jahren während der Kulturrevolution sehr gefährlich gewesen.«

Wir redeten bis spät in die Nacht. Sie erzählte die Geschichte unserer Familie und bat mich, diese Erinnerungen aufzuschreiben, bevor die Zeit alles auslöschen konnte. »Seit Niang im Haus war, hatte unsere ganze Familie zu leiden. Sie hat deinen Vater in ihren Bann gezogen wie der teuflische Fuchs aus unserer alten Legende. Neben ihrer Jugend und Schönheit faszinierte ihn wahrscheinlich ihre fremdländische Abstammung. Du weißt ja, daß er in der französischen Gesandtschaft in einer Zeit aufwuchs, die in der Geschichte Chinas einmalig war. Wir sind alle Opfer der Geschichte.«

Bevor wir gingen, sagte Tante Baba, sie habe ein Geschenk für uns. Sie kramte ziemlich lange in ihrer alten Truhe herum und wickelte schließlich aus dem Futter ihres Wintermantels einen sorgfältig gefalteten Umschlag aus. Als sie ihn aufmachte, sah ich, daß es ein alter amerikanischer Hundertdollarschein war, den sie wohl über die letzten dreißig Jahre aufbewahrt hatte. Lange schwiegen wir, Worte hätten den Zauber dieses Augenblicks jenseits von Freude und Sorge zu rasch zerstört.

Am nächsten Tag nahm ich Tante Baba mit zum Hotel, wo sie zum ersten Mal seit Jahren wieder einmal ein Bad nehmen konnte. Unser Reiseführer, ein Parteimitglied, blickte sie voller Verachtung an. Damals herrschte in China eine inoffizielle Politik, nach der das Volk in vier Klassen unterteilt und jede Klasse entsprechend behandelt wurde.

Zur ersten Klasse gehörten weiße Touristen, besonders die reichen Nordamerikaner. Die zweite Klasse waren Chinesen in Übersee, die des Chinesischen noch mächtig waren; zu dieser Gruppe gehörte ich. Wir wurden wie zurückgekehrte Helden behandelt, die für den wirtschaftlichen Aufbau in China Finanzhilfe leisten konnten. Drittklassig waren in Amerika geborene Chinesen, *hua qiao*, deren Eltern vor 1949 ausgewandert waren und die auch nicht mehr Chinesisch sprachen – dazu zählte Bob. Für diese Klasse war eine Mischung aus milder Verachtung und offener Ehrerbietung angemessen, die im wesentlichen durch Vermögen und beruflichen Erfolg ausbalanciert wurde. Allgemein ging man davon aus, daß jeder Chinese aus Amerika wahrscheinlich reich war und gute Beziehungen hatte. Zur vierten Klasse gehörten die Millionen einheimischer Chinesen wie Tante Baba: Sie waren an ihrer Kleidung und ihrem Auftreten leicht zu erkennen.

Als ich meine Tante einlud, mit uns im Restaurant im elften Stock des *Jinjiang*-Hotels zu Mittag zu essen, wurde unser Reiseführer wütend; er beschimpfte sie, weil sie ihren Platz nicht kenne und meine Gastfreundschaft mißbrauche. Bob und ich machten keinen Hehl aus unserem Ärger. Mit Unterstützung der anderen Mitglieder unserer Reisegruppe wurde Tante Baba schließlich bedient, man teilte ihr jedoch mit, daß sie das Restaurant nicht noch einmal betreten dürfe.

Wir blieben fünf Tage in Schanghai. Ich holte sie jeden Tag zu einem heißen Bad in unserem Hotelzimmer ab. Leider blieb nicht genug Zeit, uns alles zu erzählen, was es zu berichten gab.

Ich bot ihr an, für sie eine Wohnung in Schanghai zu kaufen – in der Nähe unseres Hotels wurde gerade ein Wohnkomplex errichtet. Sie lehnte jedoch ab, denn sie wollte lieber in ihrer Gegend bleiben. »Seit 1943 lebe ich nun in derselben Straße«, erklärte sie. »Hier bin ich zu Hause. Ich möchte nur gern in unser altes Haus Nr. 15 zurückkehren. Wenn du es für mich zurückbekommst, könnte ich glücklich sterben.« Zwei Jahre später konnten Bob und ich das Haus für sie erwerben, und sie wohnte dort bis zu ihrem Tod.

Ich fragte sie, ob sie bedaure, in Schanghai geblieben zu sein. Die Antwort war ein klares Nein: »Es war schlimm hier. All die Kampagnen und Kampfversammlungen, die ungezügelte Brutalität der Kulturrevolution, die Armut, der Kummer und die Angst. Aber ehrlich gesagt, dieses ganze Elend zusammen war leichter zu ertragen, als weiter mit deiner Niang unter einem Dach zu leben. Ich bin zufrieden, auch wenn ich nichts als Tee und Reis, *cu cha dan fan* 粗茶淡飯, habe.«

Und sie fuhr fort: »Ich stelle mir das Leben oft wie ein Zeitkonto vor: Jeder von uns erhält eine bestimmte Anzahl von Jahren wie einen festen Betrag auf der Bank. Wenn vierundzwanzig Stunden vergangen sind, habe ich einen weiteren Tag verbracht. In *People's Daily* habe ich gelesen, daß die durchschnittliche Lebenserwartung für eine chinesische Frau zweiundsiebzig Jahre beträgt. Ich bin schon vierundsiebzig, also habe ich mein Zeitkonto schon überzogen und lebe jetzt praktisch von einem Bonus. Jeder Tag ist bereits ein Geschenk. Worüber soll ich mich also beklagen?«

Unsere Blicke trafen sich. In ihren Augen stand trotziger Mut. Dann erklärte sie: »In meinen Augen war das neunzehnte Jahrhundert ein britisches Jahrhundert. Das zwanzigste Jahrhundert ist ein amerikanisches. Ich sehe voraus, daß das einundzwanzigste ein chinesisches sein wird. Das Pendel der Geschichte wird von der Asche des Ying, die von der Kulturrevolution übrigblieb, zum Yang der Auferstehung des Phönix hinüberschwingen.« Ihre Stimme klang energisch und fest und stand im Widerspruch zu ihrer körperlichen Zerbrechlichkeit.

24. KAPITEL

Trinkst du Wasser, so denk an die Quelle

Yin Shui Si Yuan

飲水思源

Unsere Reisegruppe flog an Silvester nach Peking. Wir erreichten die Stadt an einem sonnigen, aber kalten Nachmittag. Vom Dach des neuen Terminals blickte das gigantische Bild des Großen Vorsitzenden Mao auf uns herab, daneben standen zwei riesige, scharlachrote Schriftzeichen: Peking, »Nördliche Hauptstadt« 北京. Über Lautsprecher verkündete eine weibliche Stimme in melodischem Mandarin: »Willkommen in Peking!«

Als wir endlich dem Einwanderungsbüro entkommen waren, eilte eine kleine, untersetzte Chinesin mittleren Alters auf uns zu. Ihr schwarzes Haar war schlecht gefärbt, sie trug einen braunen Mantel mit Kunstfellkragen. »*Wu mei!*« rief sie »*Wu mei* 五妹, Fünftjüngste Schwester! Bist du es wirklich?«

Seit den längst vergangenen Tagen meiner Kindheit in Schanghai hatte mich niemand mehr *Wu mei* genannt. Jetzt stand sie vor mir und grinste von einem Ohr zum anderen. Ihre Haltung – die leicht schrägen und ungleichen Schultern, das rundlich flache, einseitig schiefe Gesicht, die halbgelähmte linke Hand, die sie mit den ineinander verschränkten Fingern der rechten Hand festhielt – ließ etwas aus ferner Vergangenheit in mir anklingen. Unwillkürlich sprach ich Chinesisch, die Sprache meiner Kindheit. »Älteste Schwester, *Jie jie* 姊姊«, erwiderte ich respektvoll. »Ich bin es!«

Obwohl ich niemanden erwartet hatte, waren meine Schwester Lydia und ihre ganze Familie von Tientsin angereist, um uns am Flughafen zu empfangen. Tante Baba hatte sie aus Schanghai angerufen und ihr unsere Reiseroute mitgeteilt. Vor einunddreißig Jahren hatte ich sie und ihren Gatten zuletzt gesehen, aber ihre Kinder waren mir völlig unbekannt.

Als wir nebeneinander standen, zeigte sich, daß ich um vier oder fünf Zentimeter größer war als Lydia. Aufgeregt winkte sie ihre Familie heran. Samuel war nun schon über sechzig, trug einen Mao-Anzug und darüber einen glänzenden, dunkelblauen Vinylmantel und eine Arbeiterkappe. Hinter ihm standen ein schlanker junger Mann, ihr siebenundzwanzigjähriger Sohn Taiwai, und ihre kleingewachsene dreißigjährige Tochter Tailing.

Unsere Reisegruppe hatte Zimmer im *Friendship*-Hotel reserviert, das in den fünfziger Jahren von den Sowjets gebaut worden war. Das typische russische Lebensgefühl kam in seiner Architektur und der ordentlichen, geradlinigen Gartenanlage zum Ausdruck. Das Ganze erinnerte mich an Photos vom Winterpalast der Zaren. Lydia und ihre Familie hatten im selben Hotel Zimmer; ihr Taxi folgte unserem Reisebus, und wir trafen gleichzeitig ein. Als ich sah, wie grob die Pagen Samuel zur Seite drängten, während sie die trödelnden Reisenden unserer Gruppe höflich an der Warteschlange vorbei zur Rezeption geleiteten, knirschte ich mit den Zähnen.

Nach dem Abendessen begaben wir uns wie vereinbart in ihre Suite. Ihre Tochter Tailing fühlte sich nicht wohl und hatte sich bereits zurückgezogen. Wir fünf setzten uns jedoch zusammen und unterhielten uns fast die ganze Nacht.

Voller Bedauern gestand Lydia: »Es tut weh, wenn ich daran denke, wie sehr du als Kind vernachlässigt wurdest. Es war zum Teil auch meine Schuld, denn als die Älteste hätte ich mit gutem Beispiel vorangehen müssen. Das habe ich aber nie getan. Da du das jüngste und somit unbedeutendste Stiefkind warst, wurdest du oft von uns allen schikaniert. Als Entschuldigung kann ich nur sagen, daß ich eben selbst noch ein Kind war. Außerdem förderte Niang nicht gerade gegenseitige Unterstützung und Kameradschaft, weil sie fürchtete, wir könnten uns gegen sie zusammentun.

Als du klein warst, ließen dich unsere Eltern deutlich spüren, daß du unerwünscht und entbehrlich warst. Manchmal sagte Niang sogar laut und unverblümt, du seist abscheulich.

Als Vater und Niang 1948 nach Tientsin kamen, durfte ich dich nicht in der St.-Joseph-Schule besuchen oder in den Ferien zu mir holen. Niang duldete keinerlei Ungehorsam, und die Nonnen bekamen die Anweisung, regelmäßig Berichte zu schicken. Damals ging es mir selbst so schlecht, daß ich nicht an dich dachte. Das war falsch, und ich bitte dich um Verzeihung.«

Lydia gab Samuel die Schuld für die Dummheit, 1950 mit der ganzen Familie nach China zurückgekehrt zu sein, und für ihr eigenes Unglück, als sei er allein verantwortlich. Er war schuld, daß die Rotgardisten ihr den Kopf geschoren, sie in eine Toilette gesperrt und ihre Kinder in ländliche Gemeinden verschleppt hatten. Die ganze Zeit über saß Samuel mit einem erstarrten Lächeln neben Lydia. Es war heiß im Zimmer, und obwohl ihm Schweißperlen auf der Stirn standen, regte sich nicht ein Muskel in seinem Gesicht.

»Im Laufe der Jahre habe ich immer wieder unseren Eltern geschrieben und sie um Unterstützung gebeten. Sie haben nicht einmal geantwortet. Niang ist eine kranke, von Haß zerfressene Frau. Ich kenne sie. Am liebsten schmiedet sie Intrigen, und je mehr wir darunter leiden, um so mehr freut sie sich.

Du bist die einzige, die den Mut hat, zu tun, was sie für richtig hält, und Niang die Stirn zu bieten. Gregory und Edgar denken nur an sich und sind ausgesprochen geizig. Susan und ich liegen altersmäßig zu weit auseinander. James ist ein ehrlicher Mann, aber er war immer ein Opportunist und ein Feigling.«

Dann kam Lydia endlich zu ihrem Anliegen. Sie wolle nichts für sich oder für Samuel. Tailing war so gut wie unter der Haube, denn sie hatte in Tientsin einen sehr netten Freund und wollte China nicht verlassen. Außerdem würden Samuel und sie allmählich alt und brauchten daher ihre Tochter zu ihrer Pflege. Es ging ihr um Taiwai: »Meine beiden Kinder sind verschieden wie Tag und Nacht. Meine Tochter ist selbstsüchtig und schwierig, mein Sohn dagegen ist von Natur aus freundlich und loyal. Außerdem ist er ein begabter Musiker und hat schon zahlreiche Klavierwettbewerbe gewonnen. Er studiert bei Liu Shikun, dem berühmten Gewinner des Tschaikowsky-Wettbewerbs in Moskau. Ich bitte dich, ihm eine Chance zu geben, damit er an einer amerikanischen Universität studieren kann.«

Jetzt drehte sich Lydia zu ihrem Sohn um. »Taiwai möchte euch selbst ein paar Worte sagen.«

Taiwai sprach Mandarin. »Fünfte Tante, ich kenne dich nicht, und du kennst mich nicht. Es ist sehr freundlich, daß du dir Zeit für uns nimmst. Aus den Berichten meiner Mutter weiß ich, daß du lange kämpfen mußtest, um zu erreichen, was du heute erreicht hast. Vielleicht verspürst du in deinem Herzen den Wunsch, mir eine helfende Hand zu reichen.«

Er erzählte uns, daß er seine Ausbildung wegen der Umwälzungen der Kulturrevolution zehn Jahre lang hatte unterbrechen müssen. Er war in eine Gemeinde der Shanxi-Provinz geschickt worden, wo er unter primitivsten Verhältnissen und bei karger Ernährung wie ein normaler Arbeiter auf einem Bauernhof helfen mußte, anstatt zur Schule zu gehen. Das wäre alles erträglich gewesen, wenn es auch nur einen leisen Hoffnungsschimmer für seine Zukunft gegeben hätte. Doch das war ein unerfüllbarer Traum im damaligen China.

»Wenn ich daran denke, wie mein Leben wohl in zehn oder zwanzig Jahren aussehen wird, bin ich manchmal sehr verzweifelt. Ich sehe mich in einem abgelegenen Dorf Klavier spielen, gleichgültige Schulkinder in Musik unterrichten oder Begleitmusik zu einem Theaterstück spielen, das von Bauern laienhaft aufgeführt wird. Ich komme nur knapp mit meinen spärlichen Einkünften zurecht, die nicht einmal ausreichen, um Körper und Geist zusammenzuhalten. Daneben schreibe ich immer wieder Briefe an deine Tante Baba, in denen ich sie um Lebensmittelpakete bitte.

Mein Vater hat reiche Verwandte in Taiwan, und die Eltern meiner Mutter leben in Hongkong. Doch niemand ist bereit, mir zu helfen. Es ist sinnlos und erniedrigend, ihnen weiter zu schreiben.

An wen sonst kann ich mich noch wenden? Du bist meine letzte Hoffnung. Bitte hilf mir, nach Amerika zu kommen, und ich werde dir mein Leben lang dankbar sein.«

Ich hatte großes Mitgefühl mit diesem jungen Mann, der zufällig mein Neffe war, und brachte es nicht über mich, ihm seine Bitte abzuschlagen. Lydia wischte sich mit einem großen, altmodischen Taschentuch eine Träne aus dem Augenwinkel und fügte hinzu: »Es ist wirklich eine große Bitte. Denn wenn du Taiwai hilfst, wirst du dir für immer Niangs Zorn zuziehen. Du könntest auch selbst verstoßen werden, wenn sie herausfinden, daß du uns hilfst. Aber wie du dich auch entscheidest, ich bin froh, daß wir am heutigen Abend miteinander reden konnten. Was auch geschieht, ich werde dich immer lieb haben. Trinkst du Wasser, so denk an die Quelle, *yin shui si yuan* 飲水思源.«

Zahlreiche Gedanken gingen mir durch den Kopf. Es erschien mir nicht gerecht, daß ich so viel bekommen hatte, während sie mit dieser gelähmten Hand gestraft war. Wollte mir das Schicksal durch diese Begegnung eine Prüfung auferlegen? Wenn die Lage umgekehrt wäre und man mich im kommunistischen China zurückgelassen hätte, wäre ich sicher für jede Hilfe meiner Schwester dankbar gewesen.

Ich hatte den Eindruck, daß mir gar nichts anderes übrigblieb, und versprach, für Taiwai zu tun, was mir möglich war. Außerdem konnte ich unsere Geschwister ebenfalls um einen Beitrag für ihn bitten: Seine Ausbildung im Westen konnte der Anlaß sein, uns alle endlich wieder zusammenzuführen.

Als ich nach Amerika zurückkehrte, schrieb ich Taiwai an der University of Southern California ein. Ich unterschrieb die Bürgschaft für seinen Unterhalt, und schon wenige Monate später traf er in Amerika ein. Die nächsten vierzehn Monate behandelten wir ihn wie einen zweiten Sohn.

Im zweiten Jahr wechselte er zur University of Indiana, und dort riet ihm Leonard Bernstein, seine musikalische Laufbahn in Deutschland fortzusetzen. Ein Jahr später ging er nach Stuttgart und erreichte die langersehnte finanzielle Unabhängigkeit mit einer Anstellung als Begleitpianist an einem Balletttheater. Natürlich blieben wir weiterhin in Verbindung mit ihm.

1983 verbrachte Professor John Leland, ein enger Freund und Kollege von Bob, ein Sabbatjahr an der University of Tientsin; wir machten ihn mit Samuel und Lydia bekannt. Er und seine Frau wurden gute Freunde der Familie Sung, und wir freuten uns sehr, als wir erfuhren, daß er für ihre Tochter Tailing ein Stipendium an der University of North Carolina erwirkt hatte, nachdem ihre Verlobung gelöst worden war. Lydia und Samuel waren so dankbar, daß sie uns als besonderes Geschenk einen Teppich schickten.

Drei Jahre später, 1986, ging Lydia nach Deutschland zu ihrem Sohn; ich schickte ihr ein Flugticket, so daß sie auch ihre Tochter in New York und uns in Kalifornien besuchen konnte. In den zehn Tagen, die sie bei uns zu Hause verbrachte, unterhielten wir uns viele Stunden lang über die Jahre, in denen wir getrennt waren. Ich vertraute ihr an, daß ich James geraten hatte, Hongkong noch vor 1997 zu verlassen, was Niang bestimmt nicht gut aufnehmen würde, erzählte von Niangs trostlosem Leben und zeigte ihr Bilder von unserem senilen Vater, der eingefallen und geistesabwesend in einem Sanatorium lag.

Mit Tränen in den Augen flehte sie mich an, ein gutes Wort für sie einzulegen: Sie wollte Vater noch einmal sehen und Niang Gesellschaft leisten. Schließlich rief ich Niang an. Nach langem Hin und Her ließ sich unsere Stiefmutter endlich erweichen und erlaubte ihr, sie zu besuchen. Ich kaufte Lydia sofort ein Ticket nach Hongkong. Dort begegneten sich Lydia und Niang nach so vielen Jahren wieder, und Niang verzieh mir endlich, daß ich Lydias Familie geholfen hatte.

1982 war Vater in Zimmer 525 der Privatstation des Hongkong-Sanatoriums untergebracht worden – er sollte diesen Raum bis zu seinem Tod sechs Jahre später nicht mehr verlassen.

Niang engagierte drei Pflegeschwestern für den Tag und zwei für die Nacht; ein Physiotherapeut kam täglich für eine Stunde. Von ihren beiden Dienstmädchen ließ sie seine Lieblingsgerichte kochen, die der Chauffeur ins Sanatorium bringen mußte.

Susan war bestürzt, als sie von Vaters Einweisung ins Sanatorium erfuhr, und besuchte ihn in seinem Zimmer. Doch es war schon zu spät, Vater erkannte sie nicht mehr. Seine Pflegeschwestern erzählten Niang von Susans Besuch, die sich furchtbar aufregte und James befahl, Susan mit rechtlichen Schritten zu drohen, sollte seine Halbschwester Vater noch einmal besuchen.

Niang entwickelte ihre eigene tägliche Routine. Jeden Morgen verbrachte sie zwei Stunden in Vaters Büro im Swire House, wo James und Mr. Lu, Vaters treuer Finanzberater, ihr berichteten, wie die Abwicklung und der Verkauf der verschiedenen Unternehmen lief. Jeden Nachmittag von vier bis sechs Uhr besuchte sie Vater im Sanatorium. Ihre Abende verbrachte sie zu Hause, sie ging nicht mehr aus und erhielt auch nie Besuch. Jeden Sonntag kamen James, Louise und ihre drei Kinder widerstrebend, aber pünktlich zum Abendessen.

Sie wurde Kettenraucherin, saß viele Stunden lang auf ihrem Louis-seize-Sofa, einer ausgezeichneten Imitation, und blickte auf den Hafen, bis dicker Rauch das ganze Zimmer erfüllte. Nachts konnte sie oft trotz großer Mengen Schlaftabletten nicht schlafen. Sie stellte eine Nachtschwester ein, die ihr Gesellschaft leisten und mit ihr bis in die frühen Morgenstunden plaudern mußte.

Ich gestand James, daß ich es kaum ertragen konnte, Vater so dahinvegetieren zu sehen, und für Niang war diese Situation sicher noch schwerer zu verkraften.

»Nimm es dir nicht so zu Herzen«, meinte James. »Das meiste davon ist nur Show. In Hongkong bleibt nichts geheim: Gregory und Edgar stellten entsetzt fest, daß sie inzwischen Vaters gesamtes Barvermögen auf ihr eigenes Konto transferiert hat. Falls sie ihn auch nur ansatzweise vernachlässigt, setzt sie sich einer gerichtlichen Klage aus. Unsere zwei älteren Brüder haben die Rechtmäßigkeit ihrer Finanzgeschäfte bereits angezweifelt. Haben sie dir nichts von ihrer Unzufriedenheit erzählt?«

»Doch. Gregory rief gestern an und fragte, ob ich mich an einer Klage gegen Niang beteiligen würde. Er macht sich Sorgen, daß sie nach Vaters Tod wieder heiratet. Ich habe abgelehnt, denn ich glaube, daß Niang jetzt vor allem seelischen Beistand benötigt.«

Wenn das Thema »1997« zur Sprache kam, konnte sich Niang nie entscheiden, ob sie bleiben oder Hongkong verlassen sollte. »Es wird sich nichts ändern. Hongkong hat einen zu großen Wert für die chinesischen Kommunisten«, meinte sie. »Es wäre finanzieller Selbstmord für das ganze Land. Es ist viel wahrscheinlicher, daß sich das Wirtschaftswunder nach 1997 auf ganz China ausbreitet.«

Einmal sagte sie mir: »Dein Vater und ich sind eigentlich Weltbürger. Sollte sich die Lage verschlechtern, können wir jederzeit in ein anderes Land fliegen. Ich möchte, daß du in Huntington Beach in der Nähe eures Hauses ein Haus für uns suchst, falls wir Hongkong verlassen müssen.«

1984 wurde nach jahrelangen Verhandlungen zwischen Briten und Chinesen eine gemeinsame Erklärung unterzeichnet: Am 1. Juli 1997 sollte ganz Hongkong, einschließlich der Insel Hongkong, der Halbinsel Kowloon und der New Territories, an China zurückgegeben werden. Den Bürgern von Hongkong wurde allerdings zugesagt, daß sie weitere fünfzig Jahre lang die gleichen Rechte wie vorher genießen würden. In diesen fünfzig Jahren, von 1997 bis 2047, sollten Hongkong und China zwar zu einem Land gehören, aber zwei verschiedene Regierungsformen haben.

Nach dieser Ankündigung fielen die Immobilienpreise in Hongkong in den Keller. James betrachtete die Zukunft der Kronkolonie sehr pessimistisch. Seine Freunde hatten ihre Auswanderung längst vorbereitet: Viele waren bereits amerikanische, britische, australische oder kanadische Staatsangehörige. Die meisten blieben so lange im Land ihrer Wahl, bis sie ihren Paß bekamen, und kehrten dann nach Hongkong zurück. Manchmal blieben nur die Ehefrau und die Kinder im Ausland, während der Gatte ein Reisender zwischen zwei Welten, *tai hong ren*, wurde.

25. KAPITEL

Durchtrenne diese Verwandtschaft mit einer scharfen Klinge

Yi Dao Liang Duan

一刀倆斷

Im Mai 1988 rief James an und sagte, daß es schlecht um Vater bestellt sei und daß er wohl nur noch vierundzwanzig Stunden zu leben habe. Ich rief Lydia in Tientsin an, denn ich wußte, daß sie sonst niemand verständigen würde. »An mich denkt nie jemand«, jammerte sie am Telephon. »Ich bin völlig unbedeutend. Wahrscheinlich komme ich auch nicht in Vaters Testament vor.« Da erst fiel mir wieder ein, daß Vater Lydia verstoßen hatte, als sie und ihr Gatte ihn erpreßten. Ihre Befürchtungen waren daher nicht unbegründet. »Mach dir keine Sorgen, Lydia«, sagte ich. »Ich teile meinen Anteil mit dir.« Wenige Stunden später starb Vater.

In Hongkong holte mich James am Flughafen ab und brachte mich in das *New Asia*, ein kleines Hotel in der Nähe seiner Wohnung. Niang hatte dort für uns alle Zimmer reserviert. Ich war allein gekommen, denn Bob hatte berufliche Verpflichtungen. Wir waren alle sehr überrascht, daß Lydia bereits aus Tientsin eingetroffen und von Niang gebeten worden war, bei ihr in Magnolia Mansions zu wohnen.

James brachte uns in die Leichenhalle des Friedhofs in North Point. Dort trafen wir Niang, Lydia und Louise. In einem großen, nüchtern weiß gekachelten Raum, in dem es nach Desinfektionsmitteln roch, lag Vaters Leichnam aufgebahrt auf einem schwarzen Diwan unter einem weißen, mit einem großen gelben Kreuz bestickten Seidentuch. Er sah eingefallen, klein und welk aus: Die Alzheimer-Krankheit hatte, Gehirnzelle um Gehirnzelle, über zwölf Jahre lang ihren Preis gefordert, bis er kein Mensch mehr war.

Ein katholischer Pfarrer sagte ein paar Worte: »Asche zu Asche, Staub zu Staub.« Vater war für immer von uns gegangen, wir »Kinder« waren nun plötzlich die ältere Generation.

Wir gingen an zahlreichen Räumen vorüber, in denen andere Familien um ihre Verstorbenen trauerten. Kahlköpfige buddhistische Mönche in wallenden Gewändern standen im Aufzug Schulter an Schulter neben katholischen Pfarrern in ihren schwarzen Talaren. Überall sah man Blumenarrangements, und der kalte Hauch des Todes hing in der Luft.

Außer den Angehörigen waren nur die Pflegeschwestern und Mr. Lu, Vaters langjähriger treuer Mitarbeiter, zugegen. Susan war zwar von Gregory und mir über Vaters Ableben in Kenntnis gesetzt worden, aber Niang hatte sie nicht eingeladen und ihren Namen in der Todesanzeige bewußt nicht genannt. Kein einziger Freund kam. Wir folgten dem Leichenwagen zum katholischen Friedhof. Vaters Sarg wurde von bezahlten Sargträgern die steilen Stufen bis zu dem ausgehobenen Grab auf der Vorderseite des Hügels hinuntergetragen.

In diesen wenigen Tagen, in denen Vergangenheit und Gegenwart verschmolzen, bekam die Zeit eine völlig andere Dimension. Gemeinsam saßen wir in der Kanzlei Johnson, Stokes & Masters, um der Testamentseröffnung beizuwohnen. Vierzig Jahre waren vergangen, seit wir alle das letzte Mal in Schanghai beisammen waren. Ich saß aufrecht auf meinem Stuhl, zog meinen schwarzen Rock keusch über die Knie und dachte, daß Kellnerinnen jeden Augenblick das Abendessen servieren würden. Am Kopfende des Tisches saßen Niang und der junge Anwalt, der sich in gedämpftem Ton und mit bedeutsamem Blick mit ihr besprach.

Lydia saß düster dreinblickend links neben mir. Ihren gesunden rechten Arm hatte sie liebevoll um mich gelegt. Gregorys Augen waren noch immer rot und verquollen. Auf James' Stirn und Augenbrauen standen feine Schweißtröpfchen, und er rieb sich nervös die Hände. Seine Frau Louise sah in ihrem einfachen schwarzen Kleid sehr elegant aus. Edgars Gesichtszüge waren wie immer finster und mürrisch, was durch die kummervollen Augen noch unterstrichen wurde.

Als der junge Anwalt die erste Seite des Testaments vorgelesen hatte und dann erklärte, zu Vaters Nachlaß gehöre kein Barvermögen, ging ein vernehmliches Keuchen durch unsere Reihen. Jeder hielt den Atem an und blickte auf Niang. Sie ließ ihren Blick gelassen von einem zum anderen wandern. Ihre Züge drückten Triumph und Verachtung aus, als sie mit kalter, klarer Stimme erklärte, daß der Letzte Wille völlig belanglos sei, da Vater ohne einen Penny Geld gestorben war.

Obwohl wir wußten, daß sie Vaters Barbestände auf ihr eigenes, privates Konto übertragen hatte, verschlug es uns die Sprache, als sich nun herausstellte, daß sie offenbar auch alle anderen Werte an sich gebracht hatte: die beiden Tonnen Goldbarren in der Schweiz, die Wertpapiere und Aktien, die Wohnungen in Monte Carlo und Hongkong, das Industriegebäude in Cha Wan, das vermietete Büro im Swire House, das Grundstück in Florida ... Vater starb völlig mittellos und war schon seit einiger Zeit bettelarm gewesen.

Viele Jahre zuvor hatte Vater Gregory einmal zu einem berühmten Wahrsager in Hongkong mitgenommen, der wegen der Genauigkeit seiner Voraussagen »Eiserner Abakus« genannt wurde. Am wichtigsten war Vater damals die Frage: »Wird Gregory, mein ältester Sohn, einmal ein wohlhabender Mann sein?«

Die Antwort war unverbindlich. »Wohlstand ist relativ«, wurde Vater erklärt. »Für den Rikschafahrer sind hundert Hongkong-Dollar ein sehr großer Betrag. Für Sie ist es nichts. Ihr ältester Sohn wird ein angenehmes Leben führen.«

Das genügte Vater jedoch nicht. »Ich möchte wissen, ob mein Sohn wohlhabender sein wird als ich?«

»Eiserner Abakus« stellte einige Berechnungen an und rief: »Ja! Ja, Mr. Yen! Ihr Sohn wird um ein Vielfaches reicher sein als Sie. Dessen bin ich mir ganz sicher.«

Vater schien sehr zufrieden zu sein. Als die Jahre vergingen und Gregory noch immer nicht Karriere gemacht hatte, schüttelte Vater den Kopf und murmelte, daß der »Eiserne Abakus« offenbar seinen Ruf zu unrecht genoß. Wie die Hörner des Kaninchens und die Haare der Schildkröte besaß der Wahrsager zwar den Ruhm, aber nicht die Zukunft, *tu jiao gui mao, you ming wu shi* 兎角龜毛、有名無實.

Als wir nacheinander die Kanzlei Johnson, Stokes & Masters verließen, stieß ich Gregory an und murmelte: »Der Eiserne Abakus hat wieder einmal ins Schwarze getroffen!«

Und Gregory flüsterte: »Ich habe dem alten Herrn immer gesagt, er muß mir Zeit lassen.«

An diesem Abend wünschte Niang, früh zu Bett zu gehen. Lydia rief mich an und sagte, Niangs Chauffeur würde sie an unserem Hotel absetzen. Sie wolle die Nacht bei mir verbringen.

Nach dem Abendessen gingen wir in mein Zimmer. Wir zogen unsere Nachthemden an und legten uns in die beiden Einzelbetten.

Im Schein der Nachttischlampe auf dem kleinen Tisch zwischen unseren Betten konnte ich ihre entschlossene Hartnäckigkeit und gespannte Aufmerksamkeit erkennen. In einem wilden Wortschwall ergoß sich die Bitterkeit ihres Lebens über mich.

Es begann mit dem Vorwurf, ich habe ihrer Tochter Tailing nicht geholfen. Ich sei geizig und hätte Tailing den gleichen Betrag wie Taiwai gewähren müssen. »Außerdem hast du Taiwai nur unterstützt, weil er jung ist und gut aussieht«, fügte sie zornig hinzu.

»Was meinst du denn damit?« fragte ich wütend.

»Zieh deine eigenen Schlüsse!«

Ich war völlig fassungslos. Diese unerhörten Anschuldigungen kamen völlig unerwartet und standen in krassem Gegensatz zu ihren früheren Gefühlsergüssen voller Liebe und Dankbarkeit. Es kam zu einem heftigen Wortgefecht. Ich wurde von dieser eigenartigen, unglücklichen Frau in einen Strudel der Gefühle gerissen. Jede meiner Antworten brachte sie nur noch mehr in Rage.

»Was ist bloß los? Was habe ich dir getan? Was wirfst du mir vor?« fragte ich am Boden zerstört.

»Du benimmst dich wie eine Königin und behandelst mich wie eine Dienstmagd.« Und so ging es pausenlos weiter.

Schließlich hatte ich genug. Es war drei Uhr morgens. Ich war erschöpft und müde.

»Wenn du das alles ernst meinst, dann ist es besser, wir setzen dem ein Ende. Ich habe getan, was ich konnte, um dir, deinem Sohn und deiner Tochter zu helfen. Aber offensichtlich bist du mir böse. Wahrscheinlich weißt du selbst am besten, warum. Die Lösung ist einfach: Wir durchtrennen diese Verwandtschaft mit einer scharfen Klinge, *yi dao liang duan* 一刀倆斷!«

Plötzlich drehte mir Lydia den Rücken zu, zog die Bettdecke über den Kopf und weinte. Ich sah ihre zuckenden Schultern, und als zu den Tränen hörbares Schluchzen kam, wurde mir klar, daß sie heute nacht nur zu mir gekommen war, um mit mir ein für allemal zu brechen.

Zwei Tage später flog ich völlig ausgelaugt und voller böser Vorahnungen zurück nach Los Angeles.

26. KAPITEL

Erzeuge keine Wellen, wo kein Wind weht

Wu Feng Qi Lang

無風起浪

Trotz meines Streits mit Lydia blieb ihr Sohn Taiwai ständig mit uns in Verbindung. Im März 1989 erhielten wir eine Einladung zu Tailings Hochzeit in St. Paul, Minnesota. Bob empfahl mir, nicht hinzufahren. »Nicht nach den häßlichen Dingen, die dir Lydia in Hongkong an den Kopf geworfen hat.«

Dann rief Taiwai aus Stuttgart an. Er bat mich inständig, doch zu kommen. »Meine Eltern sind allein deswegen den weiten Weg von Tientsin angereist. Wenn du auch kommst, wird es ein richtiges Familientreffen.«

Er wollte nach der Hochzeit noch einen Monat in Amerika bleiben und uns in Kalifornien besuchen. Wir freuten uns sehr auf seinen Besuch. »Mutter macht sich Sorgen, daß du noch immer verärgert bist. Ich habe ihr aber gesagt, daß du ihr das bestimmt nicht nachträgst. Komm doch zur Hochzeit, mir zuliebe! Ich weiß, daß es Tailing und meinen Vater sehr freuen würde. Außerdem bin ich sicher, daß sich alles klären läßt, wenn du Mutter gegenüberstehst.«

Wir flogen eine Nacht vor der Hochzeitsfeier nach St. Paul. Am nächsten Tag begrüßten uns Lydia, Samuel und Taiwai sehr herzlich in der Kirche – als hätte der Streit nie stattgefunden. Ich sei die einzige der Familie, die sich die Mühe gemacht hätte zu kommen, erklärte Lydia, dadurch würde ich sie sehr ehren. Sie würde sich immer an diese Liebenswürdigkeit erinnern.

Seit unserer kurzen Begegnung am Pekinger Flughafen vor neun

Jahren sahen wir Tailing an diesem feierlichen Tag zum ersten Mal – und hätten sie fast nicht wiedererkannt. Als wir ihr einen hohen Scheck als Hochzeitsgeschenk überreichten, gab sie ihn achtlos ihrem weißen Bräutigam Alan und meinte, er solle ihn »irgendwo hinlegen«. Ihr feindseliger Ton war uns völlig unbegreiflich.

Nach der Feier brachten wir Lydia und Samuel in unserem Mietwagen zu dem vorbereiteten Empfang. Unser Streit in Hongkong kam zur Sprache. »Ihr seid heute abend beide unsere Gäste«, meinte Lydia. »Dann erkläre ich dir alles.« Ich fragte, ob uns Tailing böse sei. »Wenn du es schon wissen willst«, erwiderte sie nach einer langen Pause. »Sie ist unzufrieden, weil sie meint, daß du ihr die gleiche Hilfe hättest gewähren müssen wie Taiwai.« Ich erinnerte sie daran, daß Bobs Freund, Professor Leland, ihr ein Vollstipendium beschafft hatte und es ihr an nichts fehlte. »Das ist keinesfalls das gleiche«, antwortete Lydia schroff. »Tailing glaubt, daß es deine Pflicht als Tante ist, ihr genauso viel Geld zukommen zu lassen wie Taiwai. Sie fühlt sich ungerecht behandelt.« Dann war die Fahrt zu Ende.

Taiwai kam mit einem breiten Lächeln und Champagnergläsern auf uns zu. Er schwärmte von seiner Arbeit als Pianist an der Münchner Oper und dankte uns, daß wir ihm und seiner ganzen Familie »diesen wichtigen Teil seines Glücks ... Hoffnung genannt« geschenkt hatten. Er erklärte uns, wie er das Abendessen arrangiert hatte, damit uns seine »Mutter alles über Hongkong erklären könne«.

»Wir wären nicht gekommen, wenn du nicht darauf bestanden hättest«, sagte ich. »Sag doch einmal ehrlich: Ist deine Mutter über unsere Anwesenheit wirklich froh?«

»Natürlich!« rief Taiwai. »Ich sage dir im Vertrauen, daß Niang Mutter befohlen hat, dich nicht zu Tailings Hochzeit einzuladen, aber Mutter hat sich ihr widersetzt.«

Als ich das hörte, wurde ich hellhörig. Es war noch gar nicht so lange her, daß ich von Niang streng zurechtgewiesen wurde, weil ich Taiwai geholfen hatte, China zu verlassen. Seit über dreißig Jahren herrschte zwischen den beiden Frauen nur Feindseligkeit. Jetzt hatten sie sich versöhnt. Warum also sollte Niang Lydia empfehlen, mich nicht zu Tailings Hochzeit einzuladen?

Ein Gong verkündete, daß das Mittagessen serviert war. Bob und ich saßen an Samuels und Lydias Tisch. Es wurden verschiedene Tischreden gehalten und Trinksprüche ausgebracht, und Taiwai spielte Klavier. Ich konnte kaum zuhören. Taiwais Worte gingen mir durch den Kopf. Zwischen den Reden trat Stille ein. Ich beugte mich an Bob vorbei zu Lydia und flüsterte: »Ist es wahr, daß Niang dir geraten hat, mich nicht zu Tailings Hochzeit einzuladen?«

Lange sagte Lydia nichts – ich glaubte schon, sie hätte mich nicht gehört. Wie gelähmt saß sie da. Schließlich sagte sie mit rauher, dünner Stimme: »Ja. Taiwai muß es dir erzählt haben. Ich erkläre dir alles beim Abendessen.«

Nach dem Mittagessen gab Alans Mutter, die allein lebte, ganz in der Nähe einen Empfang. Wir halfen ihr beim Vorbereiten der Erfrischungen und unterhielten uns unbeschwert, als Lydia uns plötzlich beiseite nahm. Samuel fühle sich nicht wohl. Könnten wir sie nicht zu Alans Wohnung fahren? Wir würden uns später zum Abendessen wieder treffen. Sie hatte im »besten chinesischen Restaurant von St. Paul« Tische reserviert und würde uns um halb sieben anrufen, um uns den Weg zu beschreiben.

Um halb sieben Uhr läutete das Telephon in unserem Hotelzimmer; Bob hob ab. Es war Taiwai. Bob war fassungslos. »Aber warum?« fragte er. Er legte den Hörer zur Seite und wandte sich an mich. »Taiwai sagt, das Abendessen sei abgesagt. Einen Grund kann er mir auch nicht nennen.«

Ich setzte mich aufs Bett und hob den Nebenapparat ab, denn ich rechnete mit einem längeren Gespräch. Doch das Gegenteil war der Fall.

Ich hörte die gekünstelte Stimme meines Neffen, der die Nachricht höflich wiederholte. Ich fragte ihn nach dem Grund. Nach einer langen Pause erwiderte er in Mandarin: »Es hat etwas mit eurer Kindheit zu tun. Es ist so kompliziert, daß ich es überhaupt nicht verstehe. Auf jeden Fall ist das Abendessen abgesagt.«

»Kann ich deine Mutter sprechen?« fragte ich.

Wieder Stille. Schließlich: »Sie kann jetzt nicht ans Telephon kommen. Außerdem möchte sie nicht mit dir sprechen.«

»Und dein Vater?«

»Mein Vater!« rief er ungläubig aus, als sei sein Vater der letzte, den ich um Rat fragen könnte. »Er weiß gar nichts! Er kann nichts dazu sagen. Außerdem möchte auch mein Vater nicht mit dir sprechen.«

»Und du«, fragte ich, »hast du auch nichts zu sagen?«

»Ich habe nicht das Recht, dir etwas zu sagen.« Seine Stimme klang noch gezierter. »Ich muß dir leider mitteilen, daß ich dich nicht in Kalifornien besuchen werde.«

»Ich nehme an, dies ist ein Abschied.« Ich war verwirrt und verletzt. Mein Neffe sagte nichts mehr, und ich legte langsam den Hörer auf.

So verließen Bob und ich St. Paul nach Tailings Hochzeit; auch später kam nie ein aufklärender Brief oder Anruf von den Sungs. Allerdings zeigte unser Kontoauszug, daß der Scheck, den wir Tailing als Hochzeitsgeschenk übergeben hatten, am Montag nach ihrer Hochzeit eingelöst worden war.

Als ich mit James telephonierte, meinte er, es sei klüger, mit Niang nicht über die Einladung zu Tailings Hochzeit zu sprechen. »Erzeuge keine Wellen, wo kein Wind weht, *wu feng qi lang* 無風起浪. Wie sagen die Briten? Schlafende Hunde soll man nicht wecken.«

27. KAPITEL

Von Zinnober wird man rot, von Tinte schwarz

Jin Zhu Zhe Chi, Jin Mo Zhe Hei

近朱者赤、近墨者黑

In Kanton gibt es das Sprichwort: »Wenn China niest, bekommt Hongkong Lungenentzündung.« Auf dem Festland fanden folgenschwere Ereignisse statt. Als Tailing im April 1989 heiratete, begannen in Peking die Studentendemonstrationen für Menschenrechte, Gerechtigkeit, Demokratie und die Bekämpfung von Korruption und Vetternwirtschaft. Durch die westliche Presse ermutigt, marschierten fünfzigtausend Studenten am 4. Mai zum Tiananmen-Platz, dem Platz des Himmlischen Friedens. Der Rest ist Geschichte.

Plötzlich wurde den Einwohnern von Hongkong klar, daß es bis 1997 nur noch acht Jahre waren. Aus Solidarität mit den Pekinger Studenten gingen am 20. Mai vierzigtausend Menschen trotz des Taifuns Brenda bei strömendem Regen und peitschendem Wind auf die Straße; am nächsten Tag waren es schon fünfhunderttausend Demonstranten. Am 28. Mai schließlich strömten über eine Million Menschen ins Stadtzentrum und forderten mehr Demokratie. In der Nacht des 3. Juni eröffnete die 27. Gruppe der Armee unter Präsident Yang Shangkun das Feuer auf dem Tiananmen-Platz und verhaftete die Studentenführer. Die Aktienkurse an der Hongkonger Börse fielen am nächsten Tag um 581 Punkte. Am 7. Juni wurde ein Sympathiestreik ausgerufen. Die Menschen marschierten in Schwarzweiß, um der Toten in den westlichen und östlichen Farben zu gedenken. Auf der Nathan Road kam es zu Auseinandersetzungen, als die Polizei die Demonstranten mit Tränengas auseinandertrieb. Voller Angst vor dem kommunistischen China forderten die Einwohner Hongkongs für die Zeit nach 1997 eine Aufenthaltserlaubnis für Großbritannien.

James und Louise besaßen noch immer keinen ausländischen Paß. Niang wollte, daß sie auch nach 1997 bei ihr in Hongkong blieben; natürlich konnte sie mit ihrem französischen Paß und ihrer Wohnung in Monte Carlo sich jederzeit absetzen, wenn sie es für richtig hielt. James wußte, daß Niang mit ihnen auswandern wollte, falls sie sich dazu entschlossen. Dieses Thema anzuschneiden, ohne sie zum Mitkommen einzuladen, hieß ihren Unmut herauszufordern und die Enterbung zu riskieren. Heimlich traf James erste Vorbereitungen für die Auswanderung der ganzen Familie nach Kanada, denn dort bestanden erhebliche Steuervorteile für ihn. Die notwendigen Papiere zu besorgen überließ er seinen Anwälten und kaufte im Frühsommer 1989 ein Haus in Toronto.

Als ich Niang im Juli anrief, erklärte ihre Hausdame Ah Fong, daß Niang im Sanatorium sei. Wie schrecklich, so kurz nach Vaters Tod nun selbst krank zu werden, fügte sie hinzu.

Ich rief sie im Sanatorium an. »Ja, hallo, Adeline!« Sie klang kühl und höflich. »Wie nett von dir, mich anzurufen! Woher hast du denn die Nummer?«

Da saß ich nun in achttausend Kilometer Entfernung aufrecht auf meinem Stuhl und strich meinen Rock glatt. »Ah Fong hat sie mir gegeben, als ich dich zu Hause erreichen wollte. Wie geht es dir? Was ist passiert? Möchtest du, daß ich zu dir komme?«

Mit ziemlich eisiger Stimme erklärte sie, daß sie Blut in ihrem Stuhl festgestellt und sich einer Darmspiegelung unterzogen hatte. »Es geht mir gut, und in ein paar Tagen kann ich wieder nach Hause gehen. Du brauchst also nicht zu kommen. Ich kann recht gut allein für mich sorgen.«

»Ist James bei dir?«

»Nein, James und Louise verbringen ihren Urlaub in Toronto.«

Ihre Symptome machten mir Sorgen. Wahrscheinlich würde sie in Kürze die schreckliche Wahrheit erfahren, vielleicht in einem Krankenzimmer, in unmittelbarer Nähe des Zimmers 525, in dem Vater sieben Jahre lang dahingesiecht war. Diese Vorstellung machte mich traurig. Ich flehte sie an, mich um sie kümmern zu dürfen, doch sie blieb hart: Es gehe ihr ausgezeichnet. Außerdem habe sie keine Zeit, mich zu »unterhalten«.

»Mich unterhalten?! Nichts liegt mir ferner! Ich wollte dir nur beistehen.«

»Ich brauche keinen Beistand. Warum läßt du mich nicht in Ruhe? Wie oft habe ich dir schon gesagt, daß ich dich schon anrufe, wenn ich wirklich Hilfe brauche. Wenn es dir recht ist, lege ich jetzt auf. Ich möchte mich ausruhen.«

Ich nahm an, daß James nichts von Niangs Krankheit wußte, sonst wäre er wohl nicht nach Kanada geflogen.

Als ich ihn anrief, klang er überrascht. »Woher weißt du denn, daß ich in Kanada bin?« fragte er nervös. »Wer hat dir meine Nummer gegeben?«

»Das weiß ich nicht mehr«, flachste ich, »war es der CIA, das FBI oder waren es doch die kanadischen Mounties?«

»Nun sag schon, wer es war!« drängte er verärgert.

»Beruhige dich! Eigentlich habe ich von Niang erfahren, daß du in Kanada bist, und deine Nummer habe ich von Ah Fong.«

Er war hörbar erleichtert. Ich teilte ihm mit, daß Niang im Sanatorium sei und ihre Symptome auf Dickdarmkrebs schließen ließen. Offenbar wußte er nichts davon. »Ich habe ihr angeboten, nach Hongkong zu fliegen und mich um sie zu kümmern, aber das wollte sie nicht. Ich weiß nicht, warum sie mir gegenüber so abweisend war. Habe ich sie vielleicht verletzt?«

»Wahrscheinlich hat es mit ihrer Krankheit zu tun«, meinte James. »Ich glaube nicht, daß sie es persönlich meint. Am besten, ich fahre selbst nach Hause und kümmere mich um alles. Wenn sie dir gesagt hat, daß du nicht nach Hongkong kommen sollst, dann ist es besser, du respektierst ihren Wunsch. Ich rufe dich auf jeden Fall an, wenn die Ergebnisse der Biopsie vorliegen.«

Aber James rief nicht an. Ich wartete ungefähr eine Woche, dann rief ich ihn schließlich in Hongkong an. Meine Diagnose hatte sich als richtig erwiesen. Niang hatte Dickdarmkrebs und mußte operiert werden. James bot ihr an, die Operation in Kalifornien vornehmen zu lassen, doch sie lehnte ab.

»Dann komme ich zu euch, damit ich bei der Operation dabei sein kann.«

James zögerte. Dann sagte er ruhig, aber entschieden: »Sie möchte nicht, daß du jetzt kommst.«

Für einen Augenblick verschlug es mir die Sprache. Auf der anderen Seite der Leitung hörte ich James »Hallo, Hallo!« rufen, und dann in Kanton-Chinesisch: »*Wei? Wei?* Bist du noch da?«

Ich biß die Zähne zusammen. »Warum?«

Er umging die Frage. »Ich dachte, wir seien getrennt worden«, rief er, als könne mich seine laute Stimme beruhigen. »Ich lege jetzt auf, die Verbindung ist sehr schlecht. Niang möchte, daß Dr. Lim die Operation durchführt. Er hat in Harvard studiert. Sie hat mich gebeten, dir eine Kopie des Biopsieberichts und die Telephonnummer von Dr. Lim in Hongkong zu schicken. Niang möchte, daß du ihn anrufst und mit ihm über die Operation sprichst.«

»Was ist los, James?«

»Die arme alte Dame ist krank. Tu einfach, was sie will.«

»In Ordnung. Aber was ist wirklich los, James? Warum will sie nicht, daß ich zu ihr komme?«

»Ich schicke dir ein Fax«, erwiderte er, ließ meine Frage unbeantwortet und legte auf.

Nach ein paar Tagen erhielt ich den Biopsiebericht. Der Inhalt war niederschmetternd. Ihr Arzt hatte die befallenen Stellen des Darms entfernt, dabei aber zwei große Tumore in der Leber festgestellt. Niang weigerte sich, diese operieren oder chemisch behandeln zu lassen. Ihre Schwester, Tante Reine, war ein paar Jahre zuvor ebenfalls an Leberkrebs gestorben, trotz massiver Chemotherapie und Bestrahlung, und sie hatte schrecklich gelitten. Erfolglos bemühte ich mich, Niang zu einer zweiten Operation in Amerika zu überreden. Wenn ich anrief, sagte die Pflegeschwester immer, sie schlafe gerade und dürfe nicht gestört werden. Einmal rief mich James sogar an, um mich davon abzuhalten, sie weiterhin in »ihrer Ruhe zu stören«.

Wenige Tage nach ihrer großen Operation rief Niang jedoch an, um die ganze Familie zu einem Weihnachtsbesuch nach Hongkong einzuladen. Sie klang freundlich und entschuldigte sich, daß sie nicht geschrieben oder angerufen hatte, als sie im Krankenhaus lag. Sie wolle ihre Krankheit jetzt vergessen und wieder ein normales Leben führen.

Bob und ich nahmen unsere beiden Kinder mit und verbrachten zusammen mit Niang frohe Weihnachten in Hongkong. Sie wirkte überhaupt nicht krank und nahm an den weihnachtlichen Festlichkeiten teil, verteilte Geschenke und unterschrieb ihre Weihnachtskarten mit »Herzlichst, Mutter«. Wir verabschiedeten uns in aller Freundschaft.

In den folgenden acht Monaten rief sie mich ziemlich oft an, um ihr Vorhaben, noch vor 1997 nach Amerika zu emigrieren, mit mir zu besprechen. Edgar hatte ihr eine Green Card besorgt, und sie hatte sich in San Francisco auf dem Nob Hill eine Wohnung gekauft. Ich sehnte mich nach einem herzlichen Gespräch mit ihr und stellte mir eine Versöhnung am Krankenbett vor, bei der über alles gesprochen werden könnte, so daß sie friedlich und von ihrer ganzen Familie umgeben einschlafen würde. Ich bat sie inständig, zu uns zu kommen und eine Weile in Huntington Beach zu bleiben, aber sie lehnte immer wieder ab.

Als ich dann Ende August wieder einmal anrief, erklärte Ah Fong, daß sie im Krankenhaus sei. Sie habe gerade zu einer Nachuntersuchung fahren wollen, als sie sich plötzlich sehr schwach gefühlt habe und nicht mehr gehen konnte. Sie wurde ins Baptist Hospital in Kowloon eingewiesen. Als ich sie dort anrief, gestand sie, daß sie sich sehr krank fühle, und dann, zu meinem grenzenlosen Erstaunen, fügte sie ganz leise hinzu: »Es wäre schön, wenn du kommen und mich nach Amerika holen könntest.«

Ich traute meinen Ohren nicht. Wie oft hatte ich ihr angeboten, nach Hongkong zu kommen. Und nun lag sie im Krankenhaus und flehte mich an, sie nach Amerika zu holen. Ich nahm mich zusammen und fragte, ob Dr. Lim sie für reisefähig hielt. Es sei ihr gleichgültig, was die Ärzte sagten, war die Antwort; sie wolle nur, daß ich sie herausholte und die Ärzte in Amerika sie wieder gesund machten. »Weiß James, daß du im Krankenhaus bist?«

»Nein.« Sie wurde drängender. »Kommst du nun, um mich zu retten, oder nicht?« Ich versprach zu kommen und bat sie, sich bis dahin auszuruhen. Ihre Antwort klang verbittert. »Wozu soll ich denn hier liegen und mich ausruhen, nichts als ausruhen, obwohl ich überhaupt nicht mehr schlafen kann? Ich kann schon seit Vaters Tod nicht mehr schlafen.«

»Haben dir denn die Ärzte keine Schlafmittel verschrieben?«

»Ach, Adeline, ich bin so müde. Tu einfach nur, worum ich dich gebeten habe. Du mußt alles vorbereiten. Komm her und nimm mich mit nach Amerika«, erwiderte sie ärgerlich.

Ich telephonierte mit ihrem Arzt im Baptist Hospital, der mir erklärte, daß Niang Flüssigkeit im Unterleib habe; seiner Meinung nach würde sie die nächsten vier Wochen nicht mehr überstehen. Von Gehen könne überhaupt keine Rede sein – eine Reise nach Amerika würde sie nur auf einer Tragbahre überstehen. Zu ihrer Schlaflosigkeit sagte er: »Sie hat so viele Jahre lang sehr starke Schlaftabletten genommen, daß diese keinerlei Wirkung mehr zeigen. Ehrlich gesagt ist die Dosis, die sie einnimmt, schon bedenklich hoch. Aber vielleicht kann ich ihr etwas Morphium geben, damit sie sich etwas besser fühlt.«

Ich rief James in Boston an, der gerade seine Tochter am Tufts College einschreiben ließ. Ich berichtete ihm von Niangs unerwartetem Wunsch. Sollte ich ihr gehorchen oder auf Dr. Lim hören, der meinte, daß sie bereits im Sterben lag? James bat mich zu warten, bis er wieder in Hongkong sei und mit Niang gesprochen habe. Er wollte gleich am nächsten Tag aufbrechen.

Zwei Tage später traf James in Hongkong ein. Mit gedämpfter, völlig übermüdeter Stimme teilte er mir mit, daß ihn Niang nicht mehr erkannt habe. Ob es denn noch Sinn hätte, wenn ich käme, um sie nach Kalifornien zu holen, fragte ich. »Schau! Sie liegt im Sterben und kann nicht einmal mehr das Bett verlassen. Dr. Lim meint, sie hat nur noch wenige Tage zu leben. Du kannst dich schon darauf einstellen, daß du zu ihrer Beerdigung und zur

Testamentseröffnung herüberfliegen mußt. Ich treffe jetzt die entsprechenden Vorbereitungen.«

Obwohl sie schon im Koma lag, schickte sich Niang an, ihre letzte Trumpfkarte auszuspielen. Von ihren eigenen beiden Kindern war eines gestorben, und das andere hatte sie enterbt. Doch es blieben ihr noch fünf Stiefkinder, mit denen sie ihr letztes großes Spiel treiben konnte. Sie hatte uns immer in dem Glauben gelassen, daß sie in ihrem Tresor eines der größten Vermögen der Welt besaß. Früher einmal, vielleicht Anfang der siebziger Jahre, als Vater sich noch selbst um die Geschäfte kümmerte, zählte die Familie Yen zu den reichsten Familien Hongkongs. Doch Ende der achtziger Jahre war Vaters Vermögen deutlich geschrumpft. Nur James hatte Zugang zu den Unterlagen; er hatte uns verraten, daß sich das Vermögen in Wirklichkeit auf etwa dreißig Millionen Dollar belief.

An dem Geld hatte ich kein Interesse, denn Bob und ich hatten sichere, gutbezahlte Positionen mit ausreichenden Renten. Mein Interesse entsprang einem fundamentalen Bedürfnis: der Sehnsucht nach Anerkennung, dem Streben nach dem mir zustehenden Platz in der Familie, einem Urschrei nach Zugehörigkeit – Bedürfnisse, die mir als Kind unerfüllt geblieben waren. Ich hatte den tiefen Wunsch nach gerechter und gleicher Behandlung für uns alle und konnte es nicht ertragen, daß ich oder ein anderer ausgeschlossen oder diskriminiert wurde. Und obwohl ich wußte, daß Niang weder ein guter noch ein großzügiger Mensch war, lechzte ich nach ihrer Liebe, wie ich auch um Vaters Segen gekämpft hatte. In dieser Hinsicht waren sich Vater und Niang sehr ähnlich.

Niang setzte auf die Achtung und den Gehorsam, den Kinder nach konfuzianischer Tradition ihren Eltern entgegenzubringen hatten, um ihren alles durchdringenden Einfluß geltend zu machen. Die Vergrößerung der Familie galt als die wichtigste Kraft, die alle Chinesen an ihre Wurzeln band. Abgesehen von Susan, die sich allein durch ihre Willenskraft unabhängig gemacht hatte, blieben wir alle ein Leben lang emotional an Niang gebunden.

Ich rief Gregory in Vancouver an. Wir sprachen über Niangs

bevorstehendes Ableben. Er war besorgt, daß er, wenn überhaupt, nicht sehr viel erben würde, denn Niang konnte ihn nie leiden.

»Denkst du, sie hat überhaupt einen von uns geliebt?«

»Natürlich nicht! Aber mich, den ältesten Sohn, mochte sie am wenigsten, denn ich bedrohte schließlich ihre Position in der Familienhierarchie.« Dann überraschte er mich: »Hilfst du mir, Adeline, falls James der Alleinerbe ist und sonst niemand etwas bekommt? Ich habe mit diesem Erbteil gerechnet.«

Ich antwortete so ehrlich wie möglich. »Du weißt, daß es mir sehr schwerfallen würde, gegen James vorzugehen; andererseits glaube ich nicht, daß sie so ungerecht sein kann. Im übrigen finde ich, daß James ein größeres Erbteil verdient hat. Schließlich hat er Niang dreißig Jahre lang ertragen.«

Das ließ Gregory unbeeindruckt. »Es hat ihn ja niemand gezwungen. Offenbar rechnete er sich bessere Erfolgschancen mit Niang aus, als sein Glück allein auf sich gestellt zu versuchen. Man kann nie wissen, wie sich jemand verhält, wenn es um Geld geht. Von Zinnober wird man rot, von Tinte schwarz, *jing zhu zhi chi, jing mo zhi hei* 近朱者赤、近墨者黑. James hat sich in den letzten Jahren sehr verändert.«

Es verging noch eine Woche. Am Sonntag, dem 9. September, hinterließ James eine Nachricht auf unserem Anrufbeantworter: »Die alte Dame ist vor eineinhalb Stunden, um vier Uhr am Sonntagmorgen, von uns gegangen.«

28. KAPITEL

Freunde bei Wein und Fleisch

Jiu Rou Peng You

酒肉朋友

Niangs Beerdigung fand am 17. September 1990 statt. Bevor Bob und ich nach Hongkong flogen, besprach ich mit James die Vorbereitungen für ihre Beisetzung. Im Laufe unseres Gesprächs erzählte ich ihm von Gregorys Befürchtungen.

Niang hatte über Jahre hinweg so übertriebene Mengen Schlaftabletten genommen, daß Gregory und seine Frau Matilda, die Apothekerin war, um ihren Verstand fürchteten: Sie waren besorgt, daß sie unter dem Einfluß der Medikamente vielleicht Vaters ursprüngliches Testament geändert haben könnte. Konnte es sein, daß sie außer Susan noch Gregory oder einen anderen von uns aus ihrem Testament ausgeschlossen hatte?

James erklärte, er sei nie zu Rate gezogen worden und habe daher nicht die leiseste Ahnung, was in Niangs Testament stehe. Plötzlich fragte er, ob ich mich an Franklins früheres Kindermädchen, Miss Jian, erinnerte. Sie wurde 1966 von der Roten Garde aus Vaters Haus verbannt; danach lebte sie zwölf Jahre in tiefster Armut als verachtete Tante und alte Jungfer bei der Familie ihres Bruders in Hangzhou. Das Glück war ihr nie hold: Sie bekam Hautkrebs, der sich auf Knochen und Leber ausbreitete. Eines Tages, im Jahre 1978, erhielt James ganz unerwartet einen Brief von Miss Jian. Er war an Vater gerichtet, der jedoch zu dieser Zeit bereits senil war. Offenbar lag Miss Jian im Sterben. Der Schmerz zerfraß ihren Körper, und sie hatte kein Geld für Lebensmittel und Medikamente. Sie flehte um einen kleinen Betrag, um ihr die letzten Tage zu erleichtern. James schrieb gerade die Banküberweisung, als Niang in sein Büro kam. »Tu das ja nicht!« befahl sie. »Miss Jian ist niemandem mehr nützlich!«

»Als ich ihren Befehl hörte, sträubten sich mir die Haare«, erzählte James. »Von Niang darf niemand Gerechtigkeit oder Fairneß erwarten. Ich sage dir, sie war unbarmherzig! Jeder von uns hätte jederzeit ohne einen Grund von ihr enterbt werden können.«

Die Totenwache wurde in derselben Leichenhalle in North Point gehalten, wo auch Vaters Beerdigung zwei Jahre zuvor stattgefunden hatte. Niang lag auf einem schmalen Bett in einem der Räume. Trotz des dicken Make-ups, das der Leichenbestatter aufgetragen hatte, war ihr Gesicht fleckig. Sie trug ein schwarzes Kleid, ihre Arme lagen steif am Körper. Die schwarzgefärbten Haare waren glatt nach hinten gekämmt und ließen die deutlich vorstehende Stirn erkennen, die sie immer sorgfältig verborgen hatte.

Niangs Dienstmädchen Ah Fong und Ah Gum aus Kanton waren auch anwesend; sie trugen weiße Tuniken und flatternde schwarze Hosen. Über dreißig Jahre lang hatten sie Vater und Niang treu gedient. Der Chauffeur tauchte ebenfalls kurz auf. Außerdem kamen zwei der Pflegeschwestern, die Niang als Gesellschaft für ihre schlaflosen Nächte eingestellt hatte.

Susan und ihr Mann Tony betraten als letzte die Leichenhalle. Unsere jüngste Schwester sah in ihrem schwarzen Anzug großartig aus. Ihre Haare hatte sie zu einer modern gewellten Mähne zurückgekämmt. Sie erklärte, daß sie am Abend in einer katholischen Kapelle eine Messe für Niang lesen lassen würde.

Wir saßen auf harten Eisenstühlen in einem eiskalten, antiseptischen Raum und warteten auf Trauergäste. Ich hatte Photographien gesehen und zahlreiche Geschichten über verschwenderische Mittagessen, Dinners, Tanzveranstaltungen und Empfänge gehört. »Das einzig Unangenehme am Leben in Hongkong ist der ständige Reigen der Partys«, hatte Niang einmal zu mir gesagt. Ich erwartete noch immer, daß plötzlich Niangs Freunde durch die Tür kämen. Doch es kam niemand, um ihr die letzte Ehre zu erweisen und Abschied zu nehmen.

Ich dachte zurück an meine traurige Kindheit und Niangs Ungerechtigkeit gegen jeden in ihrer Umgebung. Ich erinnerte mich an mein Hochgefühl, als ich ihrer Herrschaft und Unterdrückung schließlich entrinnen konnte. Und doch war es mir noch immer wichtig zu wissen, ob sie mich geliebt hatte oder nicht.

Ich wachte aus meiner Träumerei auf und sah, wie Mr. Lu, Vaters treuer Finanzbuchhalter, aufstand und sich neben Bob setzte. »Ich denke nicht, daß noch andere Trauergäste kommen«, flüsterte er. »Sie hatte keine wirklichen Freunde, nur Freunde bei Wein und Fleisch, *jiu rou peng you* 酒肉朋友. Wie ihr wißt, war sie eine ungewöhnliche Person. Ihr lag nur an wenigen Menschen. Allein schon, wie sie Susan aus ihrem Leben und ihrem Letzten Willen ausgeschlossen hat. Susan war ihre einzige Tochter, ihr eigen Fleisch und Blut, *gu rou.*«

Unwillkürlich begann mein rechtes Augenlid zu zucken, als ich Mr. Lu anstarrte und versuchte, mir einen Reim auf seine Worte zu machen. »Was wollen Sie uns damit sagen, Mr. Lu? Warum rücken Sie nicht einfach mit der Sprache heraus, anstatt in Rätseln zu sprechen?«

Mr. Lu wandte sich an Bob, obwohl seine Worte mir galten. »Niemand versucht hier etwas anzudeuten«, jammerte er. »Ihre Niang wollte nicht, daß sie es erfährt, aber vielleicht bekommt sie nichts, wenn morgen das Testament eröffnet wird.«

»Das glaube ich Ihnen nicht«, rief ich. »Noch vor drei Wochen bat sie mich, sie zu mir nach Amerika zu holen! Sie muß mir doch *irgendwelche* Gefühle entgegengebracht haben, wenn sie in meinem Haus sterben wollte.«

Mr. Lu schüttelte den Kopf und wich meinem Blick aus. »Ihre Bitte könnte auch tiefer liegende Gründe gehabt haben, nämlich deine Geschwister gegen dich aufzubringen. Sie besaß eine Green Card und war offiziell in den Vereinigten Staaten ansässig. Die US-Regierung hätte Erbschaftsteuer auf ihr Vermögen erhoben, wenn sie in Amerika gestorben wäre. Man hätte dir vorgeworfen, sie zum Sterben extra nach Amerika geholt zu haben.«

Mich schauderte, ich konnte kaum atmen. Ich war gerade erst sechs, es war das chinesische Neujahrsfest. In neuer, leuchtendbunter Kleidung versammelten wir Kinder uns zum traditionellen Mittagessen mit klebrigen, süßen Reiskuchen, während das festliche Knattern der Knallkörper von der Straße hereindrang. Eines nach dem anderen erhielten meine Geschwister ihre *ya sui qian*, traditionelle, in rotes Papier eingewickelte Päckchen mit den goldenen Schriftzeichen für »Glückliches und erfolgreiches Neues Jahr«; in den kleinen Päckchen war immer Geld. Alle erhielten ein Päckchen, nur ich nicht. Ich war das einzige Kind, das ausgelassen wurde – als Strafe dafür, daß ich sie daran hatte hindern wollen, weiter auf die winzige Susan einzuschlagen.

»Warten Sie«, mischte sich Bob entschlossen ein, »wissen Sie das genau? Haben Sie Niangs Testament gelesen? Hat James es gelesen?«

»Nein. Niemand von uns hat den Letzten Willen wirklich in Ruhe lesen können«, erklärte Mr. Lu, »aber wir kennen die wichtigsten Punkte. Glauben Sie mir, ich hätte nichts gesagt, aber ich halte es für sinnlos, daß Adeline morgen nachmittag zur Testamentseröffnung geht und unnötig verletzt wird.«

Den Rest des Nachmittags und den ganzen Abend verbrachte ich in einem Zustand der Benommenheit. Wir nahmen alle an der von Susan arrangierten katholischen Messe teil. Ich konnte es kaum erwarten, ins Hotel zurückzukehren und die ganze Wahrheit aus James herauszulocken. Ich rief ihn an, sobald wir zurückkamen. Sein Dienstmädchen teilte mir mit, daß Louise zu Bett gegangen und James bei seinen Brüdern im *New Asia*-Hotel sei. Bob und ich fuhren mit dem Aufzug hinunter zu Gregorys Zimmer.

Schon von weitem hörten wir fröhliches Lachen. Meine drei Brüder, meine Schwester Lydia und Mr. Lu trugen noch immer die schwarze Trauerkleidung. Auf dem Tischchen standen eine halbleere Whiskyflasche und ein paar Gläser. Die Party war in vollem Gange. Niangs Stiefkinder befanden sich in Hochstimmung, feierten ihr Glück. Offensichtlich war ihnen Niangs Letzter Wille schon eine ganze Weile bekannt.

Als wir hereinkamen, trat betretene Stille ein. Ich schaute hinüber zu James. Sein Gesicht war vom Whisky gerötet, und das Grinsen über den letzten Witz stand ihm noch im Gesicht. »Entschuldigt, wenn ich eure Party störe«, wandte ich mich direkt an ihn, »aber kann ich dich kurz allein sprechen?«

Das Lächeln verschwand aus seinem Gesicht. »Eigentlich wollte ich gerade Mr. Lu nach Hause fahren. Es ist schon ziemlich spät«, meinte er.

»Bob und ich fahren mit, wenn es dir recht ist.«

»Also, dann kommt«, murmelte James.

Auf der Fahrt durch den Hafentunnel zu Mr. Lus Wohnung in Kowloon hielt Bob auf dem Rücksitz meine Hand, wir sprachen kein Wort. Es war fast elf Uhr und nur wenig Verkehr. Während Mr. Lu vor lauter Nervosität nicht zu reden aufhörte, kehrten meine Gedanken zurück zu einem längst vergessenen Vorfall.

Es war ein glühendheißer Sommertag in Schanghai, der Höhepunkt einer Hitzewelle. Gerade war ich mit den Hausaufgaben fertig und lag auf dem Bett, um in Ruhe mein letztes Zeugnis noch einmal zu lesen. Vater und Niang waren für ein paar Tage verreist. Der gesamte Haushalt dämmerte entspannt, faul und sorglos dahin. Alle genossen ihre Abwesenheit.

Das Dienstmädchen kam herein und sagte, ich solle zu meinen Brüdern ins Eßzimmer kommen; sie hätten etwas Besonderes für mich. Als sie mir versicherte, daß James auch dabei sei, sprang ich auf. Daß mich meine großen Brüder rufen ließen, fand ich aufregend und rätselhaft. Ich rannte hinunter. Auf dem Eßzimmertisch stand ein großer Krug Orangensaft mit vier Gläsern. Drei waren bereits leer.

Edgar grinste von einem Ohr zum anderen, als er sagte: »Es ist heute so heiß, und du hast so gute Noten in deinem letzten Zeugnis, daß wir dachten, du mußt mit einem Glas Orangensaft belohnt werden, weil Vater doch nicht da ist, um dich zu loben.«

»Warum denn?« fragte ich zweifelnd. »Ihr seid doch sonst nicht so nett zu mir.«

»Trink!« befahl Edgar mit einem Schubs.

»Ich möchte nicht. Warum soll ich den Saft trinken? Warum trinkt ihr ihn nicht selbst?«

»Hast du gesehen, daß sogar Eis drin ist?« Edgar hielt das Glas hoch und ließ die Eiswürfel verführerisch klimpern. »Es kühlt so angenehm.«

Sehnsüchtig blickte ich auf den Saft, bevor ich mich zu Gregory umdrehte. »Darf ich ihn trinken, Großer Bruder, *Da ge* 大哥?«

»Natürlich. Wir haben ihn selbst aus dieser Flasche Orangenkonzentrat hier gemacht, siehst du? Nur für dich, um zu feiern, daß du wieder die besten Noten in der Schule geschafft hast.« Sie lachten albern.

Es war heiß und feucht im Zimmer. Das Eis schwamm verführerisch im Orangensaft.

Ich nahm das Glas und schaute fragend auf James, denn ich wußte, daß er mich nie enttäuschen würde. »Darf ich ihn trinken, Drittältester Bruder, *San ge* 三哥?«

»Ja«, erwiderte James. »Das ist deine Belohnung für die guten Leistungen in der Schule.«

Beruhigt nahm ich einen großen Schluck – und spuckte ihn sofort wieder aus. Meine drei Brüder hatten das Konzentrat mit ihrem Urin vermischt und mich dazu gebracht, den »Saft« zu trinken. Als ich in Tränen ausbrach, weinte ich nicht wegen Edgars Boshaftigkeit oder Gregorys Hinterlist, sondern über James' Verrat.

Als Mr. Lu ausstieg, rückte ich auf den Vordersitz. James wendete, und wir fuhren zurück zum Hotel. Es war deutlich zu sehen, daß er sehr angespannt war. Er hatte es zwar mehrmals abgestritten, aber er mußte ja gewußt haben, was Mr. Lu mir heute gesagt hatte. Schlimmer noch, er mußte mit Niang unter einer Decke gesteckt haben, um mich absichtlich im Dunkeln zu lassen.

James zahlte die zehn Dollar Maut und fuhr durch den Tunnel. Ich war froh über die Dunkelheit, als er in halsbrecherischem Tempo über die Insel fuhr.

Es begann zu regnen. James schaltete die Scheibenwischer ein. »Mr. Lu hat mir gesagt, daß ich aus Niangs Testament ausgeschlossen wurde. Er sagte, ich würde nichts bekommen«, begann ich.

James schwieg, fuhr um eine Kurve und bog in die Wong Nai Chong Gap Road ein. Diesmal stritt er nichts ab und verstellte sich auch nicht. Nach einer weiteren Biegung standen wir vor dem Hotel. Auf der ganzen Fahrt hatte er nicht gesprochen.

»Sag doch etwas!« bat ich ihn. »Sagt Mr. Lu die Wahrheit?«

Er stellte den Motor nicht ab und blickte starr geradeaus, als sei er von dem Hin und Her des Schweibenwischers hypnotisiert. »Ja«, sagte er.

»Und Vater, wie war das mit Vater? War ich aus seinem Testament auch ausgeschlossen?« Tränen flossen mir übers Gesicht. Ich dachte an meinen weißhaarigen Vater, der stumm und bewegungslos Jahr um Jahr in Zimmer 525 des Sanatoriums gelegen hatte. Hatte er mich auch verstoßen?

»Ich habe dir schon gesagt, daß ich Vaters Testament nie gelesen habe«, fauchte James wütend. »Wie soll ich wissen, was Vater wollte? Außerdem ist Vaters Letzter Wille völlig unwichtig, total nutzlos, denn sein ganzes Vermögen lautete auf Niangs Namen.«

»Aber warum schloß Niang mich aus? Womit habe ich sie beleidigt?«

»Schau«, sagte James ziemlich barsch. »Ich weiß doch auch nicht alles. Niang hatte einen sehr schlechten Eindruck von dir, als sie 1987 bei dir war. Sie behauptete, du wolltest Vater in einer Wohnung in Kowloon unterbringen. Und du hättest auch nie Dankbarkeit für das Medizinstudium gezeigt, das sie dir in England ermöglichte.«

»Vater in eine Wohnung in Kowloon abschieben? Das ist doch lächerlich, absolut lachhaft! Wieso sollte ich das denn wollen? Und du glaubst, das sei der Grund?«

»Ich weiß nicht mehr, wem oder was ich glauben soll. Ich wiederhole nur, was Niang gesagt hat. Ich hasse solche Auseinandersetzungen. Es fällt mir zwar schwer, es zuzugeben, aber ich komme eigentlich ganz gut zurecht, und das Leben ist kurz. Ich möchte keinen Streit, der sich ewig vor Gerichten hinzieht. Mir ist es wichtig, die Jahre, die mir noch bleiben, in Frieden zu genießen. Und vergiß nicht«, fügte er hinzu, »ich bin der Testamentsvollstrecker. Wenn du einen Prozeß anstrengst, wird es ein Streit zwischen dir und mir. Wenn du vor Gericht ziehst, bin ich dein Gegner.«

Was er sagte, ging mir durch Mark und Bein. Ich hörte gerade eine sorgfältig vorbereitete Rede, nicht die spontane Antwort eines besorgten Bruders.

Bob, der schweigend auf dem Rücksitz gesessen hatte, beugte sich vor und legte mir die Hand auf die Schulter. »Merkst du eigentlich gar nicht, daß du ihr das Herz brichst? Sie fühlt sich jetzt völlig alleingelassen, betrogen und verletzt.«

»Rede nicht so geschwollen daher!« fauchte James wütend. »Sie ist doch nur hinter dem Geld her, oder? Geld kann ich ihr geben. Sag mir, wieviel du willst!«

Ich schaute auf meinen verkrampften und unglücklichen Bruder hinter dem Lenkrad. Vor lauter Verlegenheit war sein Gesicht rot und aufgedunsen. »Du und ich, James, wir haben so viel gemeinsam durchgestanden. Nur wegen des Geldes? Von allen Menschen weißt du doch am besten, daß es nichts mit Geld zu tun hat. Es geht doch um die Familie und die Gerechtigkeit und unsere gemeinsame Suche nach einer Mutter.« James und Bob schwiegen. »Ich kann noch immer nicht verstehen, warum mich Niang enterbt und zum Narren gehalten hat. Morgen früh komme ich zur Beisetzung. Aber die Verlesung des Testaments ertrage ich nicht. Ich werde im Hotel auf dich warten. Kommst du dann und erzählst mir, was los ist? Und bitte bring mir eine Abschrift des Testaments mit.«

Das Testament wurde um vier Uhr nachmittags eröffnet, und um sechs Uhr dreißig kam James mit meiner Kopie. Er roch nach Alkohol und hatte es schrecklich eilig, wieder wegzukommen. Sie waren direkt von der Anwaltskanzlei in die Clipper Lounge des *Mandarin*-Hotels gefahren, um zu feiern. Für den Abend war ein Dinner im Shanghai Club vorgesehen. Susan, ich und unsere Ehemänner waren nicht eingeladen.

»Ich stehe zu meinem Wort«, erklärte James. »Hier ist deine Abschrift von Niangs Testament. Ich kann aber nicht lange bleiben, sie erwarten mich zum Abendessen. Schließlich bin ich der Gastgeber.«

»Was steht denn drin?«

»Gregory und Edgar erhalten je zwanzig Prozent. Ich bekomme fünfzig Prozent. Zehn Prozent gehen an Lydia, Susan erhält nichts, und du bekommst auch nichts.«

Ich blätterte die Seiten durch, überflog sie rasch, bis ich meinen Namen fand. »Adeline Yen Mah«, las ich laut für Bob. »Auf keinen Fall soll meine Tochter, Adeline Yen Mah, einen Teil meines Vermögens erhalten.« Meine Stimme versagte. »Warum, James, warum nur? Warum haßte sie mich so sehr? Hier steht ›auf keinen Fall‹ – ›*auf keinen Fall*‹!«

James, der die ganze Zeit stehengeblieben war, ging plötzlich hinüber zur Minibar und goß sich einen großen Whisky ein, den er in einem Zug austrank.

»Nimm es dir nicht so zu Herzen«, fing er an. »Schau, ich gebe dir etwas. Wie wäre es mit Niangs Wohnung? Warum nimmst du die nicht? Denk daran, wenn du vor Gericht gehst, verdienen nur die Anwälte daran. Außerdem hast du doch schon genug Geld – zehn oder zwanzig Prozent mehr ändern auch nichts an deiner Lebensweise. Ich muß jetzt gehen. Das Dinner beginnt um sieben Uhr dreißig, und ich muß noch einmal zurück, um Lydia abzuholen. Sie wollte noch ihre Kinder anrufen, um ihnen die gute Nachricht zu erzählen.«

»Es ist doch wirklich unglaublich, daß Lydia, die Niang haßte und von der sie bis vor vier Jahren nichts wissen wollte, zehn Prozent bekommt. Und ich, die ich 1986 das Flugticket für Lydia gekauft habe, damit sich die beiden versöhnen konnten, ich bleibe im Regen stehen?«

»So wollte es die alte Dame zum Schluß«, sagte James. »Wer weiß, warum? Auf jeden Fall treffen sich morgen vormittag alle in ihrer Wohnung, um die Möbel, die Antiquitäten und ihren Schmuck aufzuteilen. Ruf mich an, falls du kommst. Ich muß jetzt gehen. Bis morgen.«

29. KAPITEL

Ein kopfloser und sinnloser Fall

Wu Tou Gong An

無頭公案

Susan sah die Sache viel klarer als ich. »Was!« rief sie, »Lydia bekommt zehn Prozent, und du bekommst nichts? Das ist doch nicht gerecht!«

»Du hast auch nichts geerbt, Kleine Schwester, *Xiao mei* 小妹.« Ihr zorniger Ausbruch meinetwegen bewegte mich, obwohl sie doch das gleiche Schicksal erlitten hatte.

»Sie hat mich schon 1973 enterbt. Ich habe nichts erwartet und wollte auch nichts von ihr! Aber du, was hast du ihr getan? Wie gemein sie war! Wofür wollte sie dich denn bestrafen?«

Ich dachte darüber nach, wie traurig es für Susan sein mußte, daß ein solcher Mensch ihr eigen Fleisch und Blut, *gu rou*, war. Dann erinnerte ich mich an ihre Tapferkeit, als sie vor siebzehn Jahren einfach fortging. Dazu wären wir anderen nie imstande gewesen.

»James sagt, es hätte damit zu tun, daß ich Vater in eine Wohnung in Kowloon abschieben wollte und ihr nicht genug Dankbarkeit für mein Medizinstudium entgegengebracht hätte.«

»So ein Unsinn! Sie haben offenbar das Testament miteinander besprochen. Und wenn das stimmt, warum hat sich James nicht für dich eingesetzt?«

Meine kleine Schwester hatte meine empfindliche Stelle getroffen. »Ich weiß es auch nicht. Aber bevor ich Hongkong wieder verlasse, möchte ich herausbekommen, was in Vaters Testament stand. James hat mir Niangs Wohnung angeboten. Er hat uns außerdem alle eingeladen, morgen in die Magnolia Mansions zu kommen, um die Wohnung aufzulösen und Niangs Sachen unter uns aufzuteilen.«

»Das ist doch wohl ein Witz!« Susan lachte. »Dort gehe ich ganz bestimmt nicht hin. Niangs persönliche Dinge würden mich anekeln und mir nur Unglück bringen. Ich möchte auf keinen Fall an sie erinnert werden! Und die Wohnung ... interessiert mich auch nicht besonders. Die Preise sind stark gefallen und seit den Vorkommnissen auf dem Platz des Himmlischen Friedens auch nicht mehr gestiegen. James versucht, dich so billig wie möglich abzuspeisen. Wahrscheinlich hat er Angst, daß du das Testament anfechten könntest.«

In dieser Nacht schlief ich sehr unruhig. Um vier Uhr lag ich hellwach im Bett. Bob hielt mich lange im Arm, doch ich konnte nicht wieder einschlafen. Also machten wir einen Spaziergang rund um die Rennbahn in Happy Valley, der uns – wie zurückkehrende Brieftauben – unwillkürlich zu James' Wohnung brachte. Es war acht Uhr, und sie saßen gerade beim Frühstück.

Bald darauf trafen Gregory und Edgar ein. Edgar ging sofort wieder, als er mich sah. Gregory dagegen machte es sich neben mir gemütlich und trank in aller Ruhe eine Tasse Tee.

»Niangs Testament ärgert mich«, begann Gregory, »es ist ungerecht. Es ist nicht richtig, daß du nichts bekommst. Was können wir tun, damit Niangs Letzter Wille gerechter wird und du dich besser fühlst? Ich schlage vor, daß dir jeder von uns zehn Prozent seines Anteils abgibt, so daß du insgesamt zehn Prozent ihres Vermögens bekommst.«

Seine Worte rührten mich zu Tränen. Ich schluckte und wartete, bis meine Stimme wieder normal klang. »Ich danke dir von ganzem Herzen. Dein Angebot ist äußerst großzügig ...«

»Da ich den größten Teil bekommen habe«, unterbrach mich James, »entsprechen zehn Prozent meines Anteils fünf Prozent des Gesamtvermögens. Dazu gehört auch Niangs Wohnung.« Er blickte zu Louise, die still mit niedergeschlagenen Augen dasaß. Alle schwiegen. »Wie ich schon sagte, ich bin zu alt für Gerichtsprozesse. Ich möchte mein Geld genießen. Also sage ich ja.«

»Damit ist das geregelt«, fügte Gregory hinzu. »Ich spreche mit Edgar und Lydia.«

Louise schaute auf die Uhr und rief: »Wir haben Ah Fong gesagt, daß wir um zehn Uhr kommen. Jetzt ist es fast neun. Wenn wir noch Edgar und Lydia abholen wollen, müssen wir jetzt aufbrechen.«

»Ich gehe schnell noch zum Friseur. An Niangs Schmuck und Möbeln habe ich kein Interesse. Ich möchte eigentlich nur Vaters Testament sehen.« Ich drehte mich zu James um und fragte: »Können Bob und ich heute nachmittag in Niangs Wohnung danach suchen?«

»Das ist zwar pure Zeitverschwendung, aber wenn du willst, dann geh ruhig hin und suche danach. Nimm alle Unterlagen, die dich interessieren! Mr. Lu und ich haben Niangs Papiere sehr gründlich durchsucht und nichts gefunden!«

Nach dem Friseur fühlte ich mich erfrischt. Kaum war ich in meinem Hotelzimmer, als es an der Tür klopfte. Es war Gregory.

»Ich habe mit Edgar und Lydia gesprochen. Edgar lehnt es strikt ab, dir etwas abzugeben. Zuerst wollte Lydia auch nicht. Aber dann erinnerte ich sie daran, daß unsere Eltern sie ursprünglich enterbt hatten und daß sie es nur dir zu verdanken hat, daß sie überhaupt im Testament bedacht wurde. Schließlich war sie bereit, dir fünf Prozent zu geben, allerdings unter der Bedingung, daß du ein volles Geständnis ablegst.«

»Ein volles Geständnis? Was soll ich denn gestehen?« fragte ich ungläubig.

»Das habe ich sie auch gefragt. Genau wußte sie es auch nicht. Sie nannte deinen unerwarteten Ausschluß aus dem Testament einen kopflosen und sinnlosen Fall, *wu tou gong an* 無頭公案. Sie möchte, daß du die wahren Hintergründe gestehst. Das kommt von ihrer kommunistischen Schulung. Wenn sie Geständnisse hört, fühlt sie sich stark. Während der Kulturrevolution hatten die Menschen ständig etwas zu gestehen.«

»Lydia will also mein wahres Geständnis, die wahren Gründe. Die wüßte ich auch gern. Sag Lydia, sie kann ihr Geld behalten. Von ihr nehme ich nichts.«

30. KAPITEL

Den Dieb mit offenen Armen begrüßen

Kai Men Yi Dao

開門揖盜

Bob und ich schreckten um fünf Uhr hoch, wir hatten den ganzen Nachmittag geschlafen. Wir machten uns rasch fertig, riefen ein Taxi und ließen uns eiligst zu den Magnolia Mansions bringen. Auf dem marmornen Treppenabsatz des zehnten Stocks schlug uns der vertraute Geruch von Niangs Parfum, Mottenkugeln und abgestandenem Zigarettenrauch entgegen. Wie oft habe ich mit feuchten Händen und klopfendem Herzen an dieser Schwelle gestanden! Ah Fong öffnete die Teakholztür und das äußere Stahlgitter.

In der Wohnung war alles unverändert. An den Wänden hingen immer noch die antiken Gemälde von Castiglione, dem italienischen Jesuitenpater, der im sechzehnten Jahrhundert am Hofe des Kaisers Qianlong weilte. Niang hatte diese Meisterwerke so zurechtstutzen lassen, daß sie zu ihren Möbeln paßten. An einer Wand standen vier handgeschnitzte Stühle aus dem Holz der riesigen Sequoia, die angeblich einmal dem letzten Kaiser von China gehört hatten. Ihre nachgemachten Louis-seize-Sofas waren so aufgestellt, daß man einen freien Blick auf den Hafen hatte. Auf dem Tischchen aus der Qing-Dynastie lag die silberne Tiffany-Dose, die ich ihr vor sechzehn Jahren zum Geburtstag geschenkt hatte. Daneben stand Bobs Weihnachtsgeschenk, ein vergoldetes Feuerzeug. Vor Jahren riet ich ihr einmal, das Rauchen aufzugeben. »Laß mich in Ruhe!« hatte sie mich angefaucht. »Von dir muß ich mir nicht sagen lassen, daß Rauchen meiner Gesundheit schadet, es steht schließlich auf jeder Packung.« Nach einer Weile hatte sie, etwas ruhiger, hinzugefügt: »Es ist das einzige Vergnügen, das mir noch geblieben ist, seit dein Vater so krank ist.« Daraufhin schwieg ich, denn im Grunde hatte sie recht.

Ah Fong ging unauffällig herum und fragte jeden, ob er eine Erfrischung wünsche. Plötzlich fiel uns ein, daß wir noch nicht einmal zu Mittag gegessen hatten. In seinem unsicheren Kanton-Chinesisch fragte Bob, ob sie uns Tee und Toast bringen könne. Da wir die Sache nicht länger hinauszögern wollten, begannen wir mit der Suche nach dem Testament in Niangs Schlafzimmer.

Als Vaters Krankheit ausbrach, war Niang aus dem gemeinsamen Schlafzimmer in ein kleineres Zimmer mit Blick auf den steilen, grünbewachsenen Hügel hinter dem Haus umgezogen. Möbliert war das Zimmer nur mit einem Bett, einem antiken, chinesischen Schreibtisch mit Stuhl, einem Nachttisch mit einer sprechenden Uhr, die wir ihr vor Jahren geschenkt hatten, einem Garderobenständer und einem breiten Einbauschrank.

Ich nahm mir ihren Kleiderschrank vor, durchsuchte die ordentlich aufgehängten Kleider, Dutzende sorgfältig aufgereihter Schuhe und leere Handtaschen, die in einem oberen Fach säuberlich nebeneinander lagen. Kein Testament. Beim Anblick ihrer persönlichen Dinge wurde mir übel. Die schwache Deckenbeleuchtung und die kleine Tischlampe neben dem Bett warfen düstere Schatten. Ihr Geruch schnürte mir die Brust zu und benebelte meine Sinne.

Als nächstes machte ich mich an ihren antiken Schreibtisch. Vor sechs Jahren hatte Niang angeboten, dieses edle Stück Bob zu überlassen. »Von einem wahren Künstler der Ming-Dynastie aus feinstem Ebenholz geschnitzt«, hatte sie erklärt. Hatte sie damals schon gelogen? Ich sah mir die Details sehr genau an, prüfte das reibungslose Gleiten der oberen Schublade und zog sie heraus.

Stöße von Briefen quollen mir entgegen. Etwa zweihundert Luftpostbriefe lagen sorgfältig sortiert in mehreren Reihen in der Schublade. Ich starrte auf die Umschläge mit der vertrauten, kleinen, dünnen Handschrift und den bunten Briefmarken der Volksrepublik China. Sie kamen aus Tientsin, waren an Frau Joseph Yen adressiert und alle von Lydia.

Wie angewurzelt blieb ich vor der offenen Schublade stehen. Warum hatte Lydia fast jeden zweiten Tag an Niang geschrieben? Wie in Trance zog ich den obersten Brief aus dem Umschlag. Als ich zu lesen begann, ergriff mich ein Schmerz, der meine Brust wie ein Schraubstock zusammenschnürte. Mir wurde schwindlig, als stünde ich auf dem Dach eines Wolkenkratzers und sähe die Erde unter mir schwanken.

Brief um Brief war voll Lügen und Geifer, hetzte Niang gegen mich auf. Obwohl ich »brutal, egoistisch und geizig sei«, schrieb Lydia, riet sie Niang, in ihrer geschwächten Position mit der verachteten Adeline immer vorsichtig und freundlich umzugehen. Sie warf mir Ungehorsam vor, weil ich Kontakt zu Susan gepflegt und sie und meine anderen Brüder aufgefordert hatte, gemeinsam Taiwai zu helfen, nur um Niangs Befehle zu unterminieren. 1997 käme bald, und Hongkong würde dann an Peking fallen. Sie schürte Niangs Ängste und Paranoia, indem sie ihr weismachte, ich drängte James, möglichst bald auszuwandern, damit Niang zurückbleiben und ihre letzten Jahre allein verbringen müsse. Dann erklärte sie Niang, daß diese Information natürlich streng vertraulich sei.

Darunter lagen weitere Briefe von Samuel und Tailing mit ähnlichen Anschuldigungen. Schweren Herzens mußte ich erkennen, daß ich durch die Mißachtung von Niangs Wünschen und die Hilfeleistung für Lydias Familie den Dieb mit offenen Armen begrüßt hatte, *kai men yi dao* 開門揖盜.

Als ich mich umdrehte, um Bob Lydias Briefe zu zeigen, ertönte aus seiner Ecke ein Jubelschrei. Er hatte sich den Einbauschrank vorgenommen und war offenbar der bessere Schnüffler, denn er wedelte triumphierend mit einem Dokument. Es war Vaters Testament.

Wir setzten uns auf die Bettkante und lasen Vaters Letzten Willen immer wieder. Im Geiste hörte ich Vaters Stimme. Mir war, als sei er aus dem Grab gestiegen, um mich zu umarmen. Seine Wünsche linderten den Schmerz meiner Seele.

Vaters Testament, das er bereits am 2. Mai 1974, also lange vor seiner Krankheit, unterschrieben hatte, lautete völlig anders als das Testament, das Niang am 2. Juni 1988, knapp drei Wochen vor seinem Tod, verfaßt hatte. Vater hatte sein Vermögen in sieben Teile aufgeteilt. Einen Teil hinterließ er mir, einen Teil Gregory, einen Teil Edgar, zwei Teile James und zwei Teile allen Enkelkindern, die den Namen Yen trugen. Susan erhielt keinen Anteil. In seinem Testament stand auch noch folgender Satz: »Außerdem möchte ich festhalten, daß kein Teil meines Vermögens an meine Tochter Lydia Yen Sung gehen soll.«

Mit Vaters Testament in der Hand umarmte ich meinen Mann. »Letztendlich ist Niangs Testament unwichtig. Was auch geschieht, dies hier zählt für mich: der Letzte Wille meines Vaters. Er hat mich jedenfalls nicht ausgeschlossen. Vielleicht liebte er mich doch. Im übrigen wird James schon das Richtige tun«, fügte ich hinzu, »er ist schließlich der Testamentsvollstrecker und ein ehrlicher Mensch.«

Wir steckten einige von Lydias Briefen und das Testament ein. Während sich das Taxi mühsam durch den Verkehr quälte, nahm Bob meine Hand und sagte: »Denk daran, ich werde immer bei dir sein ...«

31. KAPITEL

Wer sich die Ohren zuhält, kann die Glocke nicht stehlen

Yan Er Dao Ling

掩耳盗鈴

Am nächsten Morgen traf ich mich mit James zum Frühstück in einem altmodischen chinesischen Restaurant. Es war sehr geschmackvoll im »Old Shanghai«-Stil der zwanziger Jahre eingerichtet, mit langsam drehenden Deckenventilatoren, vergitterten Fenstern, glänzendem Parkettboden, Photos aus jener Zeit, Topfbambus und großen Sträußen frischer Chrysanthemen. Wir waren die einzigen Gäste.

Draußen regnete es in Strömen. Wir bestellten Tee und eine Schale Nudelsuppe. Schweigend hielt ich ihm Vaters Testament hin. Er war sehr erstaunt, daß wir es so mühelos gefunden hatten, denn er und Mr. Lu hätten wirklich »alles« durchsucht.

»Ich möchte dieses Testament gern behalten. Es ist natürlich bedeutungslos, aber ich möchte es doch dem Notar übergeben.«

»Abgesehen von diesem Testament«, fügte ich hinzu, »haben wir in Niangs Schreibtisch auch ungefähr zweihundert Briefe gefunden. Die meisten waren von Lydia. Wir haben ein paar davon mitgenommen, als wir gestern abend Niangs Wohnung verließen.«

Ich zog das schmale Päckchen aus meiner Handtasche und legte es neben Vaters Testament. James sah es stirnrunzelnd an und preßte die Lippen zusammen. Ich hatte diesen Ausdruck schon oft gesehen, meist am Ende eines hartumkämpften Schachspiels, gerade vor seinem letzten Zug zum Schachmatt.

»Du hättest diese Briefe nicht anfassen und erst recht nicht aus

Niangs Schreibtisch nehmen dürfen«, sagte er mit eisiger Stimme. »Es sind persönliche Briefe!«

»Ich finde, du solltest sie lesen. Schau hier, dieser stammt vom 7. Oktober 1987. Während ich mich bemühte, ihren Kindern zu helfen, hatte Lydia nichts anderes im Sinn, als gegen mich zu intrigieren.«

»Ich will diese vergifteten Briefe nicht lesen.«

»Möchtest du denn die Wahrheit nicht erfahren?« fragte ich. »Wer sich die Ohren zuhält, kann die Glocke nicht stehlen, *yan er dao ling* 掩耳盜鈴!«

»Gibt es denn die absolute Wahrheit?« fragte er rein rhetorisch. »Es hängt doch immer alles von der jeweiligen Sichtweise ab. Außerdem ist es doch längst Vergangenheit. Laß es gut sein, *suan le*! Ich hasse Auseinandersetzungen! Denk daran, wenn du das Testament anfichst, forderst du mich heraus. Und wenn du und ich deshalb vor Gericht landen, dann sind wir Niang in die Falle gegangen, denn genau das hätte die alte Dame gewollt.«

»Du hast dich doch schon vor langer Zeit in ihrem Netz verfangen. Mit dir konnte sie doch immer schon machen, was sie wollte. Du konntest dich nie gegen sie zur Wehr setzen. Nur Lydia war hinterhältig genug, um es mit ihr aufzunehmen.«

James lachte. »Du hast recht! Diese beiden sind sich sehr ähnlich. Das hast du zu spät gemerkt und zu teuer bezahlt. Schließlich warst du es, die eine Versöhnung zwischen Lydia und Niang zustande gebracht hat. Wären sie sich 1986 nicht begegnet, hätten sich die Dinge wahrscheinlich ganz anders entwickelt.« Er legte seine Stäbchen beiseite und verlangte die Rechnung. »Du denkst immer, daß andere ebenso fühlen und denken wie du, Adeline. Du wolltest unbedingt, daß wir alle deinen Traum einer vereinten, harmonischen Familie teilen. Aber außer dir hat es niemanden interessiert. – Es wird spät. Ich muß jetzt gehen.« Unsere Blicke trafen sich, ruhig und dickköpfig. Er stand auf und griff nach Vaters Testament und Lydias Briefen. »Ich schicke dir eine Kopie des Testaments. Und diese persönlichen Briefe werde ich verbrennen.«

Wir traten hinaus in den strömenden Regen. Es schien, als weine die ganze Welt. In unserer Kindheit, Jugend und auch als Erwachsene hatten wir in wichtigen Dingen immer zueinandergehalten. Im Laufe der Zeit muß Niang dieses besondere Band zwischen uns zerstört haben. In dem Bestreben, es zu durchschneiden, hatte sie am Ende James dazu gebracht, sich gegen seinen Willen an ihrer Betrügerei zu beteiligen. Nichts hätte ihr mehr Freude bereitet, als einen Streit zwischen uns anzuzetteln, einen Kampf bis aufs Messer um ihren Nachlaß.

Als ich ihn gegen den Regen ankämpfend fortgehen sah, rief ich ihm nach: »Drittältester Bruder, *San ge* 三哥! Es war unser Mißgeschick, eine Stiefmutter wie Niang zu bekommen. Mach dir keine Sorgen, ich werde ihr Testament nicht anfechten. Sie soll nicht das letzte Wort haben!«

32. KAPITEL

Fallende Blätter kehren zu ihren Wurzeln zurück

Luo Ye Gui Gen

落葉歸根

An einem wolkenverhangenen Tag im März 1994 erhielt ich einen Brief von meiner Tante, die mich bat, zu ihr nach Schanghai zu kommen. Die Nachricht stimmte mich traurig und ein wenig trübsinnig, ebenso wie das für die Jahreszeit in Südkalifornien ungewöhnlich kühle Wetter. Während ich meinen täglichen Aufgaben in der Klinik nachging, fühlte ich immer wieder diesen stechenden Schmerz, wenn ich daran dachte, daß sie allein in ihrem großen Haus im Sterben lag.

Tief im Innern flüsterte eine ruhige Stimme, daß dies unser letzter Besuch sein könnte. Instinktiv verdrängte ich den unerträglichen Gedanken, daß Tante Baba bald für immer von mir gehen würde. Auf dem langen Flug von Los Angeles über Tokio nach Schanghai dachte ich darüber nach, daß ich sie nach Amerika bringen und von den besten Spezialisten untersuchen lassen könnte.

In den neunziger Jahren hatte sich Schanghai zu einer Stadt voller Energie und Vitalität entwickelt. Autos stauten sich auf den Straßen, hohe braune Kräne standen auf zahlreichen Baustellen. Der Horizont verschwand hinter dichtem Staub, der durch den Abriß alter Häuser aufgewirbelt wurde.

Wieder einmal bog das Taxi in die vertraute Straße ein, in der meine Tante seit fünfzig Jahren lebte. Jetzt lagen überall Betonbrocken und Baumaterial für neue Häuser herum. Mühsam suchte ich mir einen Weg zwischen den Motorrädern und importierten Luxuslimousinen. Ich ging durch den Garten und stieß die frisch gestrichene Terrassentür auf, trat in das ehemalige Wohnzimmer, das sie jetzt als Schlafzimmer benutzte, und stand vor ihr.

Sie war bettlägerig, seit sie sich bei einem Sturz die Hüfte gebrochen hatte. Auf dem Röntgenbild konnte man feststellen, daß sie Darmkrebs in fortgeschrittenem Stadium hatte. Zu meiner Überraschung war sie gut gelaunt und schmerzfrei, wahrscheinlich durch die geringe Dosis Morphium, die ihr regelmäßig verabreicht wurde. Nachbarn und Freunde waren Tag und Nacht bei ihr. In dieser gemütlichen, lärmenden und familiären Welt des typisch chinesischen Sterbelagers, die sich so sehr von der sterilen, starren Einsamkeit amerikanischer Krankenhäuser unterscheidet, war ihr Leben nun ein ununterbrochenes Abschiedsfest.

Bob, der mich begleitete, hatte inzwischen Mandarin gelernt. Er probierte seine neuerworbenen Sprachkenntnisse an Tante Baba aus, obwohl es wirklich nicht nach Mandarin klang. Nach einer Weile unterbrach ihn meine Tante mitten in einem langen und umständlichen Satz und fragte ihn, welche Sprache er denn spreche. Als sie erfuhr, daß es Mandarin war, kommentierte sie schelmisch: »Wenn du wieder einmal Chinesisch mit mir sprichst, mußt du vorher sagen: ›Ich werde jetzt Mandarin sprechen.‹ Ohne Ankündigung denken sonst meine alten Ohren, daß sie noch immer Englisch hören.«

Noch einmal war ich in die warme, herzliche Welt meiner Tante zurückgekehrt, des einzigen Menschen, der mich immer ernst nahm, dem ich immer wichtig war. Als ich nun an ihrem Bett saß, ihre Hände hielt und dem melodischen Singsang ihres Dialekts lauschte, vergaß ich fast den Schmerz in meinem Herzen, der nicht aufhörte, seit ich von ihrer Krankheit erfahren hatte. Tante Baba hatte keine Angst und war auch nicht unzufrieden, sondern schwebte in einer stillen Euphorie. Einen chirurgischen Eingriff oder eine Einweisung ins Krankenhaus lehnte sie kategorisch ab und neckte mich mit meinen großartigen Plänen für ihre Rettung, die sie als »makaber« und »unnatürlich« bezeichnete.

»Ich habe neunundachtzig Jahre gelebt. Es ist an der Zeit, das Ende zu akzeptieren. Da keine Hoffnung auf Heilung besteht, gibt es auch keinen Grund, den Todeskampf zu verlängern.«

Bis zuletzt sorgte sie sich um ihre Lieben, die sie zurücklassen mußte. Sie wollte mir Kraft geben, mit meinen Kränkungen und Verletzungen fertig zu werden. Ich kuschelte mich an ihren dünnen, zerbrechlichen Körper, wie ich es als Kind immer getan hatte, wenn ich nicht einschlafen konnte, weil mir das Leben schrecklich und hoffnungslos erschien. Wie früher tröstete sie mich, streichelte mein Haar und erzählte mir eine Geschichte, der sie den Titel *Die unheilbare Wunde* gab.

»Vor langer, langer Zeit lebte einmal ein Kind, Lingling. Sie war eine richtige Künstlerin. Nach dem Tode ihrer Mutter wurde sie von der Lieblingskonkubine ihres Vaters, die immer ihre eigenen Kinder bevorzugte, sehr schlecht behandelt. Lingling hatte keine Spielgefährten und malte die meiste Zeit. Ihre Bilder wurden berühmt und fanden Käufer, die viele Silbertaëls dafür bezahlten. Da wurde ihre Stiefmutter eifersüchtig. Eines Nachts kroch sie zu Lingling ins Bett und stach dem Kind einen schmutzigen Nagel, auf den sie Kot gestrichen hatte, in die Hand, um eine Infektion auszulösen.

Nach ein paar Tagen war Linglings Hand rot und geschwollen. Obwohl der Nagel entfernt wurde, quoll Eiter aus der Wunde. Doch Lingling malte weiter.

Da passierte etwas Seltsames. Die Wunde verheilte nicht, doch Linglings Gemälde wurden immer besser. Je mehr Eiter aus der Wunde quoll, um so herrlicher wurden ihre Arbeiten. In ganz China kannte man nichts dergleichen. Der Schmerz in ihrer Hand schien Lingling unbesiegbar zu machen und ihr die Fähigkeit zu verleihen, jede Schlacht zu gewinnen, jedes Unglück zu überwinden, *zhan er bi sheng, dou er bi ke* 戰而必勝、鬥而必克.

Sogar der Kaiser hörte von Linglings Meisterwerken. Sie wurde in den Palast gerufen und sollte ein Porträt des Kronprinzen anfertigen. Sie verliebten sich und heirateten. Doch trotz unzähliger Umschläge und Arzneien, die ihr von den besten Ärzten Chinas verabreicht wurden, wollte Linglings Wunde nicht heilen. Und bis ins hohe Alter, bis zu ihrem Tode, malte sie die herrlichsten Bilder.«

Ihre Worte waren wie eine sanfte Brise für mich, die die dunklen Wolken vertrieb. Ihr Glaube an mich hatte mir immer geholfen, hatte mich durch alle Schwierigkeiten getragen. Und nun berührte mich ihre Geschichte und erfüllte mich wie durch die Berührung mit einem Zauberstab mit Harmonie und Trost.

Tag für Tag saß ich an ihrem Bett, erlebte, wie sie langsam ins Koma fiel, aus dem sie nicht mehr erwachte, und glaubte, daß ihr die letzte Reise durch meine Nähe nicht schwerfiel. Als ich über die neunundachtzig Jahre ihres Lebens nachdachte, die fast das gesamte zwanzigste Jahrhundert umspannten, erkannte ich, wie klug meine Mutter gehandelt hatte, als sie mich in die Obhut meiner außergewöhnlichen Tante gab. In ihrer bescheidenen und zurückhaltenden Art hatte sie mich zu einer Selbständigkeit erzogen, die sie selbst bewiesen hatte, als sie Niangs Angebot zurückwies und in Schanghai blieb. Tante Baba empfand keine Bitterkeit wegen der Mühsal und Leiden, die sie während der Kulturrevolution zu erdulden gehabt hatte. Liebe, Großzügigkeit und Humor begleiteten sie ihr Leben lang.

Der Kreis des Lebens hatte sich geschlossen. Fallende Blätter kehren zu ihren Wurzeln zurück, *luo ye gui gen* 落葉歸根. Eine Welle der Ruhe überkam mich, und friedvolle, heitere Abgeklärtheit erfüllte mich.

Register

Die *kursiv* gesetzten Seitenzahlen beziehen sich auf Abbildungen.